HUGO VON HOFMANNSTHAL SÄMTLICHE WERKE

HUGO VON HOFMANNSTHAL

SÄMTLICHE WERKE
KRITISCHE AUSGABE

VERANSTALTET VOM
FREIEN DEUTSCHEN HOCHSTIFT
HERAUSGEGEBEN VON
RUDOLF HIRSCH, CHRISTOPH PERELS,
EDWARD REICHEL UND HEINZ RÖLLEKE

S. FISCHER VERLAG

HUGO VON HOFMANNSTHAL

SÄMTLICHE WERKE

XXI

DRAMEN 19

AUS DEM NACHLASS
HERAUSGEGEBEN VON
MATHIAS MAYER

S. FISCHER VERLAG

Freies Deutsches Hochstift – Frankfurter Goethe-Museum
Frankfurt am Main, Großer Hirschgraben

Redaktion:
Klaus-Dieter Krabiel

Die Ausgabe wird von der
Deutschen Forschungsgemeinschaft gefördert.
Die Erben Hugo von Hofmannsthals
und die Houghton Library der Harvard University, Cambridge (USA),
stellten Handschriften zur Verfügung.

© S. Fischer Verlag GmbH, Frankfurt am Main 1993
Gesamtherstellung: S. Fischer Verlag GmbH
Einrichtung für den Druck: Konstanze Berner
Printed in Germany 1993
ISBN 3 10 731512 5

LUSTSPIELFRAGMENTE

EINACTER

N

Einacter.

1 Scene. Daisy Margot

M – der einzige der dir nicht den Hof macht
D – der einzige der mich nicht langweilt
M. Du bist blasiert
D Und du quälst mich
M. Das auch noch!
D. Nein verzeih mir du bist gut, lieb reizend! Aber du hast keine Nerven!
M: Und du keine Logik.
D. Logik! Jetzt sag mir einmal wozu wir die eigentlich brauchen

Daisy's unbefriedigtes Suchen, findet keinen Reiz mehr an Büchern – der Schlüssel verloren, wie ein vergessenes Traumwort

2. Scene, Daisy Gaston.
Er hört ihrem Clavierspiel zu und vergleicht es dann mit Jugendglokken. Sie haben mir Blumen gebracht – sieht die Seerosen – Sie wollten also die einmal einstudierte Rede durchaus anbringen – Dann bedaure ich sie mein Fräulein. Aber wir sollen nicht böse von einander scheiden, – Scheiden – man sieht sich doch in der grossen Kleinstadt so oft – Ich werde sie wohl nicht oft sehen, und s'ist auch besser so. Gedanken aus Mussets Souvenir, verklungne Musik, schönes Augenpaar auf der Strasse. Sie werden in Gesellschaft prangen – bittre Antwort ihrerseits – Und sie der Wissenschaft leben. – sah Enttäuschungen. Es ist mehr Träumerei an unsrer Wissenschaft als ihr strenger Name gestehen will. Sie werden lieben – Mann à la Thackeray –. Und ich werde zu meiner ersten und zu meiner letzten Liebe zurückkehren, keine Duftige Blüthe, kein schlanker Baum sondern realistische Schilderung, aber bevor es zu einem vollendeten Individuum gibt müssen tausend zu Grunde gehen im Staub der Alltäglichkeit. – Und haben sie auch bedacht wie es den tausend unbeachtet verkümmerten

zu Muth ist, also auch die Naturwissenschaft ist nicht gerecht, so wenig wie das Leben. –
Wer hat ihnen das gesagt: D. sinnend. Mich dünkt, ich hätt es eben gehört, und doch seit langer langer Zeit gewusst, wie im Traum.

⟨ENTWURF EINES EPILOGS⟩

N

Léandre. (au public):

Die Angst ist fort, die Stimme kehrt uns wieder
Jetzt aber bitte seien sie nicht stumm

EINE MYTHISCHE KOMÖDIE

N

Eine mythische Komödie
(Im Lärm der Schlacht) .. hört ich die Götter
fürchterlich rufen, hört ich der Zwietracht
eherne Stimme schallen durchs Feld

Der Gott von Dodona mit triefendem Bart und Haar, den Eichenkranz auf dem Haupt, die Priesterinnen heissen Peleiae = Tauben

schreckhaft dunkeln Antlitzes fährt die Gorgo geschwollenen Leibes, in dem sie das geraubte Himmelwasser entführen will, am Himmel daher; Pallas öffnet ihren Schoss mit dem Blitzstrahl.
Athene mit hellem Auge als klärender Luftstrom durch die Gewitternacht hinfahrend

Der Schwan und der Delphin der auf den lichtbeglänzten ruhigen Wogen spielt ist dem Apollon geheiligt.

Dichter vergleichen sich mit den Melissen den Spenderinnen des begeisternden Honigtrankes

PROLOG ZU EINER FANTASTISCHEN KOMÖDIE

N

Prolog zu einer fantast⟨ischen⟩ Komödie

die Hexe, die mit dem Fürsten Cantacuzeno von Sparta nach Irland (auf eine Insel des Erne Sees) fliegt und jeden Abend von Teufeln vor ihm Theater spielen lässt. Wie er den Namen Gottes ausspricht zerstäubt das Theater (Tomaso Tomasi bei Bülow, italien⟨ische⟩ Novellen)

MAXIMILIAN I.

N

Maximilian I. (Komödie)

ce Station de psychothérapie: Dilettantismus; Prachtliebe und Geschmack für bourgeoisie; Humanismus; Unruhe; sich stilisieren (Ehrenpforte, Weisskunig, Triumpfzug, Theuerdank); Plan Papst zu werden.

MARIE B.

N 1

Scene einer Comödie Marie B.

Die kleine Addah mit der Wortarmuth, wo jedes Wort wie eine reife Frucht vom Baum fällt.
Das Kind lacht und weint unmässig bei unscheinbaren Dingen im Tiefsten Ergriffen
Was ist Glück: Obst, Tanzen, Schlaf

Sie verlangt vom Übersinnlichen Sinnliche Befriedigung, vom Wachen
die Unbefangenheit des Schlafes

N 2

Exposition einer Marie B.-Comödie
Lenbach malt sie und sie fühlt sich wie verletzt durch diese rücksichts-
lose Wahrheit.

COMÖDIE

N 1

Comödie.

I Act.

Francesca: sie hat die Gabe zu schweigen bis zum letzten Augenblick
Das gebrochene Herz von John Ford
Der Spartanerknabe mit dem gestohlenen Fuchs

Der Gärtner, ihr Vater. ein antiker Mensch, der den Baum des Lebens
nach ruhigen Bauernregeln pflanzt pflegt u. aberntet

Francesca: vielleicht ein Zug für sie, Bad (Hugo 1862)

zu ihm: Ich kenne Dich nicht, ich spüre nur so etwas von Dir

N 2

Eine Lebensphilosophie   Comödie
Goethe   westöstl⟨icher⟩ Divan. ein pessimistischer Dramatiker ist
ein Unding

Francesca Im Athemholen sind zweierlei Gnaden
            Luft einziehen, sich ihrer entladen
            So danke Gott wenn er Dich presst
            Und dank ihm, wenn er Dich wieder entlässt

I Act.   ausser dem kleinen Kind u. dem Oheim (Aestheticismus,
Haschischquietismus E. d. Goncourt)

viele Menschen, die von Dämonen getrieben werden: diese Grundtriebe müssen in deutliche prägnante Symbole zusammengepresst werden

    ehrgeiziger Page
    Schauspieldirector   (trieft dramatisches Leben)
    ein Hofmann   (Tact, Definition im Buch ›Hugo 1862‹)

von jedem dieser Menschen verlangt sie, dass er seinen Inhalt bis zur Idee heraustreibe

N 3

Das Kind hat eine ältere Schwester, ganz wesensgleich mit ihm, eins mit sich selbst, die als Page verkleidet dem Fernando (Ferrante) folgt u. dient.
Giocondo fühlt sich zu dem Pagen hingezogen, aber von seinem mädchen-knabenhaften Wesen doch immer wieder zurückgestossen
Er ist das ewig andere u. doch ewig gleiche für sie

Das Lebenseinheitsproblem löst sich in der vollsten Wahrhaftigkeit des äusseren und inneren Lebens, die auch mit dem Wachen zusammengehen kann

N 4

Comödie

I Act

Decoration die Terrasse des Schlosses Mirabell in Salzburg mit Aussicht auf Nachbargärten, offene Jalousien, Musikzimmer, Dachstübchen, Tulpenbeete, Lauben, Seitengässchen, Teich

N 5

Comödie

Ferrante Er geht ihrem Wesen nach, wie der Jäger den Wegen des Wildes.
er muss wissen, dass ihm etwas schweres bevorsteht, vielleicht der Tod
Pagendienst. Verhältniss des Knaben zum Mann in den Noten zum Schenkenbuch des W⟨est⟩ö⟨stlichen⟩ Divan
Ferrantes Melancholie.

parmy les dames et les ieux tel me pensait empesché à digérer à part
moi quelque ialousie ou l'incertitude de quelque espérance ce pendant
que je m'entretenais de je ne sçais qui, surprins les jours précédants
d'une fièbvre chaude et de sa fin au partir d'une fête pareille la tête
pleine d'oysiveté d'amour et de bon temps, comme moi …

N 6

Comödie

I. Act   Schema des Kaufmann a.V. in Hugo 1862

⟨ARLECCHINO UND DON JUAN⟩

N

Arlechino:
so viel ich auch der Männer Art
Und Wesen wechselvoll erschau:
Stets gleich und eins sah ich: die Frau

Don Juan:
Der Don Juan bin ich genannt
Von Frauen hab in manchem Land
Ich viel der Lust und Qual erfahren.

⟨VERKAUFTE GELIEBTE⟩

H

Arthur ⎫
Richard ⎬ *Italiener*
Loris   ⎭ *3 Freunde*
Fels   *Italie⟨ne⟩r*

Grenadine
Merisette } *Tunesierin⟨n⟩en*
Malaga
Auctionator.
Geiler
Sclave.

I. Akt

Dach der Taverne. Aussicht aufs Blaue und den Sand. Ruine *Sonnenuntergang. Thüre (Fallthüre).*

I. Scene

Sclave 3 Freunde. Herrichten zum Abschiedssouper. letzten Abend vergnügt verbringen. Morgen mit der Karavane nach dem Sclavenmarkt wegziehen. Sich verdingen als Poeten. (Tyrtäus, Anakreon, Pietro Aretino) Kleine Auseinandersetzung über Werth. Pasquillant hervorgehoben. Reden immer unterbrochen durch Vorbereitungen fürs Mahl. Absicht am Schluss den Geliebten zu gestehen. Wie werden sies aufnehmen? Skeptische Antwort. II. Mädchen kommen. Glocken von Mauleseln Warum verspätet? Motivierung. III. Souper, Mondlicht Fackeln Schakale heulen Lammsknochen hinunterwerfen IV Tischlied. Pointe durch Aufschrei abgebrochen: unten steht einer im Mond. Mädchen gehen sich schminken und putzen, Teppich, Eunuchen, Musikinstrumente holen, durch Fallthüre 3 Freunde wiederholen Abschiedsmotiv. einer der früher sitzen blieb, erkennt Fels. Fels tritt auf über Treppe. Pflückt Oleanderblüthe die Arbeit ist ihm ebenso zuwider wie das Elend, es wird ihm schon wieder besser gehen. Geschichte der Merisette Tänzerin; ich sie genommen, reich gemacht; warum nicht mir auch einmal so? subiectiv motivierter Fatalismus (er redet ruhig, mit dem Ton dessen, der die Dinge schon tausendmal durchgedacht hat) Kritik der Küche oder des Polsterarrangements. o h n e Verbitterung constatierend. Wie schaust Du aus? antwortet nicht gleich sondern erst nach 3 Versen. pantomimenhaft prägnant: Schicksal erzählen, kein Geld. Reste eines prachtvollen Gewandes. Wenn er jetzt unten (Säulen vor der Moschee Details Brunnenrauschen) schläft friert ihn und die Goldstickereien drücken ihn im Schlaf.

K e i n e K l a g e n. (Antrag der 3 ihm zu helfen, damit er in Italien eine Partie machen kann.)

Die 3: wir müssen doch etwas für Dich thuen! haben selbst nichts. Morgen wegziehen. Karavane. Er: verlange auch nichts, würde wohl nehmen, nicht philiströs. einer: wenn wir was für Dich thuen können, lassen sagen oder Komm zum Stadt⟨t⟩hor bei Sonnenuntergang (Karavane zieht vorbei) leb wohl. Er im abgehen: Bemerkung übers Wetter, = gleichgiltiges. findet Pantoffel an der Treppe: von wem? ah, gratuliere sehr hübsch, sehr schmal.

Possenmotiv. Frauenname an der Wand notiert.

3 allein: eigentlich sollten wir ihm doch helfen. der hilft sich nie. er ist der Sohn eines großen Dichters einer citiert etwas vom Vater und er erkennt es nicht Makamenspitzfindigkeit: in den Reden der 3 stark; contrastierend mit Fels und den 3 Mädchen, die sehr einfach sprechen; ohne Metaphern wenn wir weg sind, versumpft er ganz. Geld haben wir keines. was haben wir sonst: Pergament, Mantel, Dolch, ein Schmuckstück. Das letzte an Edelsteinen Stoffen hängt auf den Geliebten. (lachend) verkaufen wir die.
einer: bedenklich: Verkaufen?!
II. Warum denn nicht? Bist Du verliebt oder glaubst Du, dass sie uns lieben?
erster: Ja, aber, das sind doch keine Sclavinnen!
II: wir im Gegentheil ihre Sclaven
Iter (aber sie werden sich nicht lassen   per
IIter: wir reden ihnen halt ein, dass sie davonlaufen   Hetz
können. eine wirds schon glauben)
Iter: es geht auch nicht. lassen wirs, wir können ihm
halt nicht helfen.
Die Mädchen rufen. Ballet abgesagt. ein bischen Gelage. Pasquillant verräth die Absicht, die Mädchen zu verlassen oder verräth dass absolut kein Geld mehr da ist. Gekeife. M e r i s e t t e stumm. 2 gehen (individualisiert) und Du? Arthur: ich kann mit Dir nichts anfangen; wenn die nicht gegangen wären hätten wir Euch fortschicken müssen, wir reisen weg; Merisette: ich bleib bei Dir wenns Dir auch schlecht geht; Arthur: ich bringe mich weiter (wie? bleibt offen) für Dich kann ich kein Kameel miethen, Merisette: Verkauf mich, ich komm zu Dir zurück; Du hast das Geld. Plan: Markt von einem Tag für die Kaufleute??
intact!!

Arthur: Jetzt ist mir geholfen. bei ihrer Erwähnung des Marktes vor der Moschee erinnern sich die Freunde an Fels.

Vorhang

PHANTASTISCHES VOLKSSTÜCK

N

Volksstück

im Vorspiel ein Streit zwischen den Eheleuten über die Erziehung der Buben, (von kleiner Wurzel weitgeführt) im Nachspiel ein Paralleles dazu.

gegen das ›Drahn‹ der jungen Leute vom Brillantgrund (das er nie aus dem vollen genossen hat) sperrt er sich mit dem Motiv ab, das⟨s⟩ die Zeit dazu für ihn vorüber sei und entschädigt sich durch Wichtigthuerei: im 2ten Act wird ihm aber eine Gelegenheit geboten dieses Leben (noch mit einer raffinierten Nuance dazu) mitzumachen.

PHANTASTISCHE KOMÖDIE

N 1

phantast⟨ische⟩ Komödie:
Durchdringung von Kunst u Leben
oder »über die Redekunst«

Vorschriften des Oheims: das kleine Mädchen soll Racine hören, ohne zu verstehen, später die Pantomime sehen. Nichts unnöthiges reden. der fremde Cousin (ich) wirkt wie ein Kunstwerk, unheimlich, demoralisierend. Kein Ding beim Namen nennen und doch jedes kennen (die Monologe in der Klangfarbe): so wird das gemeine der Begriffe hintangehalten. Die Kleine glaubt an verschiedene Sonnen.
die Kleine setzt so zusammen:
Epoche: Erdbeeren, Monolog I, gewisse Hunde
Epoche: Himbeeren, Gewitter wo die Statue umgefallen ist, Schmuck
 von Mama angeschaut, Monolog II

den 2 Fremden die Geometer ihres Lebens sind, bedeutet die Pyramide mit den nach den Sternbildern orientierten Gängen sehr viel

N 2

Komödie enthält auch diesen Übergang:
elegance: καλοκαγαθία.

Geschichtsstunde des kleinen Mädchens: die Puppen werden ihr erklärt: die letzten schönen, guten Königlichen (reden hören darf sie sie erst später)

alle Ideen kommen in blitzenden Brüchen (an den Abgründen des Lebens) zur Offenbarung

das Dämonisch-Hilfreiche des Lebens kommt zum Ausdruck, indem im letzten Moment Tod oder Flucht der beiden Schauspieler gemeldet wird.
der fremde Cousin: sie sind nicht mehr nothwendig.

der Hauslehrer der Kleinen ist früher (in der Himbeerenepoche) auf gemeine und erschreckende Art verschwunden. Der fremde Cousin nimmt seine Stelle ein: er erklärt den Sonnenlauf

EIN MÖGLICHES LUSTSPIEL

N

ein mögl⟨iches⟩ Lustspiel

Cadett
Dragoner Schmidt
die Wirthin seit 2
Musiker

Motive: Witwe von Ephesus
Mozarts Weise sich die Welt und Schmerzliches bei der Arbeit durch forcierte Lustigkeit wegzuhalten

EINE COMÖDIE

N

eine Comödie: der Reisende, die Landgräfin, die Tänzerin, das Bauernmädchen (etwa auch ein Dichter)
(die Vortheile des Reisenden)

IDYLLISCHE COMÖDIE

N 1

Idyllische Comödie
die vierte Novelle des fünften Tages.

Der Vater   Lizio
die Mutter   Giacomina
das Mädchen   (Andreuola)
der junge Mensch Leonetto

I. ein Zimmer
II. eine geräumige Verandah über einem Garten

Andreuola: das hab ich nie gethan und meine auch es ist verboten darum thu ichs

meine nur nicht dass Du mir deswegen verpflichtet bist es ist nun so gekommen.

(uno amore, non da altra noja che di sospiri e d'una brieve paura con vergogna mescolata, a lieto fin pervenuto, intendo di raccontarvi.)

N 2

I er will auf Reisen gehen, redet davon wie von etwas nahe bevorstehendem. in II lachen sie darüber dass er in ihrem Bette die ganze Welt findet.
in ihm ist in dieser Nacht einer zum Mann worden

essendo la notte piccola!

oimè come faremo
Vater: farem bene

– : Signor mio io vi cheggio mercè per Dio. Io conosco, sì come
disleale e malvagio uomo, aver meritato morte

Lizio: Leonetto questo non meritò l'amore il quale io ti portava e la
fede la quale io aveva in te; ma pur poi che così è et a tanto fallo ti
ha trasportato la giovinezza acciò che tu tolga a te la morte et a me la
vergogna, sposa per tua ligittima ⟨moglie⟩ la Caterina, acciò che come
ella è stata questa notte tua così sia mentre ella viverà.

Verlobung mit einem Ring der Mutter

sie lassen zum Schluss die Verlobten allein

N 3

Leonetto: Reisehoffnungen: Jagd, Fischfang. Gelände wo die Statuen
im Boden stecken. Begegnungen Gelehrte, elegants in Florenz. Menschen um die man Verdienst erwirbt.

N 4

Andreuola: Madre mia voi dovreste dire ›A mio parere‹ e forse vi
direste il vero

Ora Dio il voglia ma non suole essere usanza che andando verso la
state le notti si vadan rinfrescando

LIEBESCOMÖDIE

N 1

6 I 99 Baden
ein sonderbares Stück: Verlobung des Dichters
    oder Liebescomödie
spielt in Niederöst⟨erreich⟩ auf dem Land, in einer Pension.

LIEBESCOMÖDIE

Hauptperson: ein Dichter. er will alle Sachen beim Erleben so einrichten, wie sie nachher ausschauen werden, schlägt nach was Goethe im gleichen Alter gethan hat. er könnte heirathen und kann sich nicht entschliessen; er vergißt immer über den Mitteln den Zweck

das Mädel geht ziemlich weit mit andern, die wissen was sie wollen, hat ihn aber doch gern

er will das Mädel die Liebe lehren, auch eine kleine Cocotte die noch vorkommt. kommt in eine unang⟨enehme⟩ Situation aus der ihn das Mädel rettet, nachdem sie auseinander waren.

2 Freunde: einer der heirathen möchte
    einer der seine Geliebte geheirathet hat

einmal sagt einer, das Mädel hat keine hübschen Augenbrauen, da kauft er crayons, um sie ihr zu richten.
er bespricht mit den Freunden die chancen (à la Carlos – Clavigo)
wie er von der Ménage Beer Hofmann kommt proponirt er dem Mädel vorher ein Verhältniss gehabt zu haben
manchmal kommt ihm die Hängelampenstimmung reizend, manchmal entsetzlich vor

Kierkegaard. Altenberg   Biogr⟨aphien⟩ von Lenau Grillparzer Raimund

N 2

Der »Dichter«
für eine Liebescomödie

er vergleicht sich fortwährend: mit Goethe im gleichen Alter   mit jenem Herrn von Jarnac dem in einer Affaire mit einer reifen, junonischen Frau von der Kammerjungfer in der Thür zwei Finger zerquetscht werden und der sich nicht rührt und keinen Laut von sich giebt

eine Art Geiz: (er hat eine Grossmutter, die Bäuerin war): ob in einer Situation genug drin war; ob er nicht das für eine Lebensepoche charakteristische schon versäumt hat   ob aus einem Charakter durch veränderte Situationen nicht noch mehr herauszupressen wäre   denkt immer über sein Alter und auch das der anderen nach, ob sie nicht die Momente für gewisse Erlebnisse schon versäumt haben.

Scenen: er sitzt mit dem Mädchen allein in einer Laube. dann klatschende Dienstboten er lässt gegen einen Freund durchblicken, dass er ein Verhältniss mit der Mutter oder der Tochter hat

mit einem andern bespricht er die Möglichkeit, die Tochter zu heirathen.

N3

der Dichter

er schwankt in der Beurtheilung seiner selbst immerfort, je nach den Urtheilen der andern; sucht manchmal zu ergründen, was denn eigentlich an ihm dran ist.

eignet sich leicht die Weise des andern an etwas anzusehen (Carlos – Clavigo); ja entwickelt die von dem andern angedeutete Ansicht sogleich aufs entschiedenste weiter

MUTTER UND TOCHTER

N1

Lustspiel
die Mutter
die Tochter
der junge Mann.

die Maschinerie wie Kommen und Gehen, Beschluss einer Abreise etc behandelt wie bei Goldoni, Marivaux.

N2

Dramatisches (insbesondere: Mutter und Tochter)

feststellen: wodurch charakterisirt sich eine herausgebrachte Figur: Geschwister Julia von Hebbel Grillparzer Ibsen

wie ist bei Musset das Detail über die jungen Mädchen gebracht

N 3

Comödie: Mutter u. Tochter.

Der Kammerdiener: immerfort seinen grossen Schmerz seine tief aufregenden Schicksale als etwas Subalternes empfindend.

Dem schlechten teuflischen verstorbenen Grafen, der Gräfin, seiner Geliebten, der jungen Gräfin, seiner Tochter, so gebunden gegenüberstehend. Dabei erhält er das ziemlich bedrohte Vermögen. Die Gräfin seit der Beziehung zu dem jungen Musiker nicht ohne einen Hang zur Phantasterei und Verschwendung. Des Kammerdieners Haltung gegen das Mädchen durchaus die des Vertrauten Dieners, niemals etwas von Autorität ausser der, die ihm seine Treue im Haus giebt

N 4

Comödie: Mutter u. Tochter

Der Musiker: hat etwas parvenühaftes. Wenn er über Kirchenmusik spricht und über den Eindruck den er damit auf den Hof u. s. f. erzielen will. Er ist kein Künstler Er hat einen erstaunlichen Willen. ihm ist vor allem um den Erfolg zu thuen.
Was die Mutter verführt hat, ist eine gewisse jugendliche Härte in seinem Wesen. Er ist gleich neidisch, eifersüchtig, bedacht wen er kann zu demüthigen. Ist im Stand, der Mutter ihren alternden Hals vorzuwerfen. Die Mutter ist ein Geschöpf mit grauendem Haar, voll Güte und Süssigkeit, wie jetzt die Duse. Sie wird von dem angezogen, der Macht hat, sie recht zu quälen.

N 5

Comödie: Mutter u. Tochter.

Die Tochter: aus einer Erziehungsanstalt der grossen Welt mit einer vollkommen christlich höfischen, sehr hochgespannten Weltanschauung zurückgekehrt. Verfängt sich in die Liebe zu dem Musiker am meisten dadurch dass sie ihre Mutter ihm gegenüber äusserst verändert, fast demüthig sieht. sie giebt sich der einmal eingestandenen Liebesempfindung und ihren Consequenzen mit derselben rücksichtslosen Energie hin wie früher dem Hochmuth.

die Gräfin
Marie Thérèse
Xaver der Kammerdiener
Herr Castelli der Musiker

Abbé Sonnleithner
Netterl
Fohleutner ⎫
Zehetner ⎬ Bauern aus dem Dorf

N 6

Comödie: Mutter & Tochter.

I. Act. Mutter bringt um sich das Zusammensein zu erleichtern (vor dem Kammerdiener zu maskieren) den Musiker in immer grössere Intimität mit der Tochter. Sie speisen jetzt zu drei. die Tochter (zu dem Musiker hingezogen parallel zur Mutter) hochmüthig, voll Bewunderung der Mutter, erfährt im II Act, dass der Diener ihr Vater ist. nun bricht ihre ganze aristokratische Weltanschauung zusammen (sie hat immer sehr viel von dem todten Vater phantasiert) und sie entschliesst sich der Mutter alles zu gestehen. Die Mutter erfährt hieraus das falsche Spiel des Musikers und entlässt diesen aus dem Schloss. Die Tochter nimmt das sehr schwer, findet sie ist zu weit gegangen (hat sich von diesem Menschen vor dem Kammerdiener küssen lassen): sie **muss** dem Musiker gehören. Mutter: das ist unmöglich. Tochter: wieso unmöglich? da ich ja meinem Blut nach nicht von ihm getrennt bin? da muss ihr die Mutter eingestehen, dass sie selbst etwas mit dem Musiker gehabt hat. Schlusscene: Gräfin und Kammerdiener sich ganz aussprechend an dem Bett der Tochter; Diese selig: Papa! Mama! beide umarmend.

N 7

Das Thema »Mutter und Tochter« vertieft.

nach der erklärten Verlobung mit der Tochter ein nächtliches Gespräch mit der Mutter. Sie fühlen sich einander entfremdet, wie einen Schleier zwischen Ihnen; er ist unsicher im Ton, küsst ihr Haar – sie schaut das Seelische, wie sie es nie geschaut hätte, wenn sie die seinige geworden wäre. Dass der Tod hinter allen steht, macht sie duldsam, lebenslustig mit einem Schatten von Cynismus.

PARACELSUS UND DR SCHNITZLER

N1

Paracelsus und der Dichter. ein Phantasiestück.

P. legt sich aufs Canapé. nimmt die Gestalt von einer schönen Frau an, in der sich Schnitzlers Jugend concentrirt.
Es kommt zur Sprache, was man eigentlich der Seele einer historischen Figur anthut, indem man sie dramatisiert; und nicht nur einer historischen sondern einer jeden: einem Mädchen, ein⟨em⟩ Schauspieler, einem Professor Pilgram

P. eröffnet schließlich das Fenster in eine wunderbare unverlierbare Morgenlandschaft

Schnitzler: ich habe dich (meine Seele hat deine Seele) als eine Metapher von mir gebraucht.

Personen.
Dr Arthur Schnitzler
ein Bursch
Theophrastus Aureolus P.
Evestrum ⎫
Trarames ⎬ Geister
etc ⎭

N2

Paracelsus u. der Dichter

das tiefe unendliche Verhältnis des Dichters zum Stoff
der Dichter und die Raupe (Verschwinden der Dimensionen)
wie sich der schwere Paracelsus setzt, kracht der Sessel.

N3

»Das Unverwesliche ist im Verweslichen gesät«

Paracelsus: Du hast mich herausgestellt
ich will Dir Dich zeigen.

Thiernatur	physische und astralische Welt
Feuergeist	werfen ihre Schatten aufeinander:
Trarames	das verursacht trüger⟨ische⟩ Träume
Evestrum	Visionen, Erscheinungen;

Trarames: innere Stimme: »das ist alles nichts«, jähe Wendungen; schauspielerisch anticipierte Gute Geberden; Region der Halbwahrheit; heilsame Angst vor dem Vergehen; Begleiter gewisser Stunden, Mitwisser gewisser Geheimnisse, Seine Anspielungen verwirrend.
Evestrum wirft sich in durchsichtiger Nacktheit leicht über das offene Fenster. ist allem verwandt: Sterbestunden Thierexistenzen, Bergeinsamkeiten: es ist Quell der wundervollen Erinnerungen.
nächsthöheres Wesen schwebt, ein⟨en⟩ Augenblick als Anhauch und Glanz erkennbar, draussen vorüber

N 4

Paracels⟨us⟩ fragt: Wie gehts dir Evestrum, was siehest du?

Evestrum: ich sehe alles sein ich fühle alles fühlen. Ich spüre die Existenzen der andern so stark wie meine eigne. Thürm⟨e⟩ spür ich ragen, Menschen lieben, Blumen blühen – – –

N 5

Doctor Arthur Schnitzler und Paracelsus

der einführende Klosterzögling-Kellner: sonderbar verzerrtes Weltbild.
die erscheinungen successive:
Schnitzlers Thiernatur: wälzt sich am Boden, stöhnt, hat ein lebendiges, ein todtes Auge, fürchtet mit Schaudern die Auflösung.
seine Feuernatur (aus dem Spiegel hervortretend)
ein Geschöpf wie d'Annunzio, wie Anatol, wie Filippo und der Herzog, wie der fingierte Paracelsus

Paracelsus: höhere Naturen deiner selbst kann ich Dir nicht zeigen, je gerechter Du mir wirst mir dem Todten, mir dem Ausser-Dir, desto höher (in höhere Formen Deines Selbst) wirst Du Dich selbst hinaufsteigern.

er kommt im Anhauch der Morgenlandschaft dazu, sich schweben und jenen Todten der da sitzt und jene andere Todte nicht todt zu finden:

unzählige begangene Ungerechtigkeiten strömen wie sanfte schmerzlose Feuerblasen auf ihn ein, alle zu Licht zergehend

eine der ersten Fragen des Paracelsus: wie fühlst Du Dich mir gegenüber. Wenn er hier stumpf und verhärtet antworten würde, wäre das Weitere unmöglich.

N 6

Paracelsus.

der Klosterkellner:
Da hätt ich eine Botschaft: dass mir der Glaube fehlt: wenn Sie mir das einreden wollten, dass sie nicht lieber mit einer Frau schliefen.

er hat etwas unheimlich insinuierendes alle möglichen Erinnerungen aufwühlendes und durch die Berührung seines Mundes mit fehlenden Lippen erniedrigt er diese Erinnerungen sehr.

eine verborgene Thür zeigend, den Bettvorhang berührend, winkt und zwinkert er: lässt auch über schlafende junge Klosterschüler etwas fallen

Schnitzler steht dann halb schlaftrunken einen Augenblick und hat das Gefühl: jetzt müssen Stunden vergangen sein

COCOTTENCOMÖDIE

N 1

eine Cocotte
Details von dem Aufenthalt des Cle und der Mrs Kittinger in Rom.
einen 16jährigen Burschen, Umberto, den sie in einem Hotel wo er lift-boy war, kennen gelernt hat, will sie als Diener nehmen. er kommt; das Haar von Pomade glänzend, will nur mit der Dame sprechen;
ein junger armer Abbate will sich von ihr entführen lassen; (wie sie dessen elendes Leben schildert, mit der ihr plötzlich aufblitzenden Einsicht; (Lisl!))
gegen eine sehr bösartige teuflische Declamation von ihr schützt sich der Cle durch Applaudieren;
Anette will dass sie immer etwas besonders auffallendes trägt;

wie sie mit Cle bös ist, will sie mit der Anette in einem Bett schlafen.
Anette ist eine so ausgezeichnet raffinierte Köchin dass man unwillkürlich denken muss: Giftmischerin. (wie sie über die richtige Art, Fische und Geflügel langsam zu Tödten, spricht)

N2

Der junge Kaufmann   London Merchant

Edler von Trattnern   Hofbuchhändler
Karl Edler von Trattnern   sein Sohn
Mrs Kittinger
Anette   Creolin   ihre Dienerin.
Graf St Julian (= Victor Taxis)

Karls innerer Entwicklungsgang   alles an sie zu verschleudern, alles wertlos zu finden, weil sie alles = nothing findet; successive vergeudet er: eigenes Vermögen, Erbtheile der Geschwister, Ehre einer verheir⟨ateten⟩ Schwester, Existenz des Vaters. Kennen lernen: wie sie einen Bettler übermässig beschenkt
Familienscenen
eine Scene wie sie ihn zurückgewinnt

N3

Cocottencomödie.
ein Zug von der Kittinger: ein Ordensbruder will, dass ich ihm das Geld gebe um loszukommen. Seine Familie ist so und so. In der Kindheit war er so und so (erstaunliche Perspicacität   Lucidität). Vielleicht entführ ich ihn – (dieses vielleicht bringt ihn zur Raserei weil er weiss, dass sie es nie thuen wird, dass sie eigentlich auch gar keine Lust darauf hat; er widerspricht, sie bespricht aber ruhig mit Rosanette die Sache weiter) ich würde dann mit dem Geistlichen dort und dort hingehen etc. Er steht mit dem Freund beiseite kann sich gar nicht helfen.

N4

Cocottencomödie
die Mulattin ist eine Person die alles erfährt: Adressen und Einkünfte der alten Herrn, Bezugsquellen der Esswaren. (zu⟨m⟩ B⟨eispiel⟩:

Coquilles) in einem kleinen Ort wo absolut keine andere Unterhaltung und Zerstreuung zu finden, weiss sie dass im Thurm ein Schuster sitzt der seine Frau gemartert hat
Gespräch der Mrs. Sampson mit diesem Wahnsinnigen.

Scene beim Anziehen: wo sie sie schmückt, zum Theil mit wertvollen Sachen, zum Theil mit Flitter, damit sie die schönste, die glänzendste, die unwiderstehlichste wird.
und dabei rasender schwärmt, flüstert, kniet als wie ein Liebender. Wie sie alle Leute, auch ihr Kind zum Dienst herantreibt.

EPICOENE

N

Epicoene (Schlussrede)

während die Musik und alle abmarschieren, redet Delphin immerfort auf den am Boden strampelnden in die grüne Decke gewickelten los, erklärt ihm die Eitelkeit der Welt, wie alles nur Schein, Überrumpelung, Schattenspiel ist. (Den grossen Lärm leitet Delphin von einem Balcon rechts wie ein Capellmeister)
wie Delphin mit ihm unterhandelt wird es ganz still, man hört eine Uhr schlagen.

Exposition: grillenhafte Misshandlung der Diener; seine schönsten Bilder in einem verschlossenen Saal: die Frau geheirathet, um ihm in der Nacht umschläge zu machen und seine Hypochondrie auszureden

VOLKSSTÜCK

Im Volksstück könnte im ersten Act die Frau beim Tanzen der Schlag treffen und dies das erste Glied in der Kette seiner Schicksalsveränderungen sein.

DAS MONDSCHEINHAUS

N 1

erster Act einer Wiener Faschingscomödie

im Haus zum Mondschein mit gross⟨en⟩ offenen Fenstern zu ebener Erd oder im ersten Stock, bis in die Dachluken, 7–10 Existenzen exponiert

die Nanni exponiert; eine Hausmeisterin und ein Tratsch wie im »Unbedeutenden«
alle Liebhaber kommen bei der Hausmeisterin intriguieren

N 2

Faschingscomödie

Christine Wögerer
der junge Fürst Grassalkowicz
ein fürstl⟨ich⟩ Mansfeldischer (Läufer für Colloredo)

N 3

Figuren zu einem Wiener Stück: das Mondscheinhaus

Figur: Wiener Mädchen, Kleinbürgerleute: Die in St Veit dem Kutscher so ausführlich erzählt hat, dass ihr Auswurf so ekelhaft war, dass ihr vor ihr selbst gegraust hat. So wie die mit einer leicht angestochenen Art von étourderie von allen Sachen mit einem leichten Lachen die grauenhafteste Wahrheit erzählt und auch so nach der Wahrheit fragt. Ihre Reden wirken wie ein Fraß im Fleisch, der die Knochen bloßlegt.

andere Figur: (die zum Schluss Selbstmörderin wird) in der ein überspanntes sentimentales Ehrgefühl: sie hat als Kind weinen können, weil ein Hund sie schief angeschaut hat; findet nirgends verdiente Liebe und Zartheit
eigentlich hat sie nie an etwas Freude: die erste Communion wird ihr durch ein Nichts beschmutzt und vergeudet, der Geliebte durch seine Vergangenheit

eine ältere Person, dieser fast gleich, nur weil sie eben nicht jung gestorben, sondern etwas verledert, in ihrer Idee zur Märtyrerin geworden;

eine Mutter, in der Nettigkeit und Reinlichkeit bis zum äußersten, fast wahnsinnigen entwickelt ist, als ein Kampf gegen das Zugrundgehen; in der That ist in ihrer Wohnung das vergänglichste auch noch unglaublich erhalten: ihr Geist ist eigentlich hysterisch melancholisch, die Idee dass alles zugrunde geht, die in ihrer großen Folge übermächtig auf ihr lastet (sie denkt eigentlich n u r ans Sterben) sucht sie im Kleinen unablässig abzuwehren.

(die 2 älteren Frauen sind Schwestern, die Mädchen ihre Töchter)

GÜNTHER DER DICHTER

N1

Friedels Ringen das ist doch nur die Jugend in ihm das reine heiße Wollen und die tiefe Bescheidenheit vor der Kunst

Man sollte sich was schämen (geht coquett weg)

von Shakespeare bis auf unsere Tage, die Fürsten die gekrönten Häupter, nicht die Kammerlakaien und Kutscher

Wenn man den Humor nicht hätte, das Drüberstehen!

N2

Auftreten des Agenten:
feiner bedeutender Kopf! das ist er; sieh Ilse, ironische aber doch gütige Augen

der Agent sagt: das ist ein freier Beruf sozusagen, da heisst es nicht heute muss die Glocke werden
Günther: heu heu

N3

meine Gefährtin –
sagen wir einfach Menschengestalter –
Agent: für sie ist es ja besonders wichtig für den Erlebensfall – Günther: fein, ein feines Wort spricht er da aus, hör zu Ilse.
Günther zum Agenten: so bin ich freilich (bei meinem unsichern Erwerb auf sie angewiesen)

mit der Frau: Und wie war es, bevor Du sozusagen ein Mensch geworden warest?

(Bilder von Heine, Kleist Byron und Ibsen)

Die Frau ist einfach und künstlerisch gekleidet.

Es ist solche stille dankbare Feierlichkeit über mich gekommen (nach Abgang des Alten)
schlägt dann begeistert donnernde Accorde an
Emerson, Unterhosen.
Günther trägt Jagdhemd, schwarze Beinkleider Hausschuhe.

Die Frau irrt sich in einem Detail (erzählt etwas was ihr nicht mit ihrem ersten Mann sondern einem Cousin passiert ist)

VOLPONE

N1

Volpone.

Das grotesk-grässliche bösartige des Stoffes muss von einer starken Idee erleuchtet werden wie eine wilde bösartige Landschaft von dem brechenden Auge der Sonne zwischen fliehenden Wetterwolken.
Dies ist die Idee: es ist die welche mich so verfolgt: ist der, welcher im Narrenhaus sitzt, noch derselbe, der mein Onkel war, zu dem ich fühlte, wie das Kind zum Onkel? Und ist der, der stahlgrau im Gesicht ist und abgemagert wie ein Skelett, von dem es seit 4 Jahren heißt, er stirbt, und der trotzdem noch ins Amt sich tragen läßt, unterschreiben, der noch höfliche Gespräche führt, ist er noch er, noch derselbe?

Was der Wahnsinn und der Tod, das vermag jede innere Katastrophe, jede Leidenschaft, jede Krankheit, jeder Augenblick vermag es. (So in der Scene, wo der Ehemann aus Gier nach Volpones Erbschaft die Frau zwingt, sich jenem hinzugeben. Sie fragt sich nur entsetzt: Kann das mein Mann sein?)

Wenn die Menschen das mit Grausen einsehen, dann erhebt sich leuchtend alles was Folge Dauer Vernunft in sich trägt, was nicht von den grässlichen Zuckungen des Individuums erschüttert werden kann: dann ist ein borniter Richter eine Wohltat (die Frau bittet den Richter: richte nach dem Buchstaben, nicht nach deinem Sinn! denn du bist ein Mensch, aber der Buchstabe entsprang dem Geist eines Menschen in dem Augenblick, als er sich über sich erhob)

Volpone und die Kupplerin:
Die Kupplerin bietet ihm verschiedene Frauen an
Volpone: Ich habs bis daher, die schüchterne und die freche, die schlanke und die vollbusige, die verlogene und die ingénue zu bespringen. Das Weib allein feuert mich nicht mehr an. Es muss mir zubereitet serviert werden. Es muss die Schlechtigkeit der Welt daran hängen, das Ganze muss eine aparte Figur machen. Ich kann nur eine besitzen, die zittert vor ihrem Mann, oder die eben ihren Liebhaber vergiftet hat. Man muss immer tiefer hinein in die Welt. Das Böse ist die Positur, die meine Kräfte weckt. Ich hatte einmal eine Frau. Die Unschuld selbst, der Rossellino ist zu dumm ihre Büste zu machen, Laurana zu plump, Mino zu fad ... als ich sie zum erstenmal betrog, spürte ich nicht, die unter mir lag, sondern ich spürte nur meine Frau, deren Seele der Tod umkrallte. Dann ging ich zu meiner Frau. Ich sagte es ihr. Der Blick mit dem sie mich ansah, war unglaublich.

als Bekannter kommt Wedekind, ein Kerl der nie etwas erlebt hat (er lässt ihn hinauswerfen, worauf dieser weint.)

N 2

Volpone

Volpone ist ein furchtbarer Hypochonder: er glaubt sich rückenmarksleidend. Es kommen 3 Ärzte vor. Die Kraft seines Hirns ist der ihrigen weit überlegen. Er drückt sie an die Wand. Aber als der Laie, der Patient muss er sie schließlich entspringen lassen und bleibt zurück, schäumend vor Wuth und zitternd vor Angst.

Er schickt den Diener ins Vorzimmer nach, was sie beim Weggehen miteinander reden. Nun weiß er aber wieder nicht, ob der Diener ihm die Wahrheit sagt.
Volpone ist 40. Die neurasthénie de la quarantaine

Wie er einen Freudentanz, eine Art cancan getanzt hat, verändert er auf einmal die Farbe: er hat gespürt, dass er den linken Fuss schwer hebt. Er übt auf dem Strich zu gehen.

COMÖDIE

N

Comödie

2 Gegenfiguren:

Vous ne voulez pas vous occuper de pareils problèmes, dites vous. Vous vivez, vous cherchez votre bonheur sans songer autrement à la philosophie. Mais où se trouve, je vous prie, le bonheur? Ne savez vous pas que précisément l'objet primitif de la philosophie est de déterminer où gît le bonheur?

mystische Situation: einer der für eine Encyclopädie den Artikel: Glück zu schreiben hat und dem darüber der Verstand stehen bleibt: im Hintergrund eine Revolution.

LYSISTRATA

H

I

Die Frauen, gruppenweise: Die ersten: Sind wir hierher bestellt? es hieß hinter dem Tempel? oder vor dem Tempel? vielleicht ist es in der Nebengasse? (gehen wieder hinaus)

Andere: Sind die Hetären auch herbestellt? ich freu mich, die Salabaccho aus der Nähe zu sehen. Sie soll ein vollkommen durchsichtiges Gewand tragen. – Aber du wirst es nicht sehen, weil es noch dämmert. Vielleicht kommen welche mit Fackeln, dann werd ich mich so stellen, dass sie zwischen mir und einer Fackel steht. (Viel später ruft die eine: Hast du sie jetzt sehen können?)

Gespräche in den Gruppen. 1.) Ich kann mir den meinigen gar nicht mehr vorstellen. (weint) 2.) Ich arbeite den ganzen Tag in der Wirtschaft wie eine Verrückte. 3.) Mein Schicksal ist das ärgste. Der meine wurde in der Hochzeitsnacht abgeholt. Dieses Klopfen ich bringe dieses Klopfen nicht aus dem Leib Ich erlaub nicht dass Fleisch geklopft wird. (Später klopft Lysistrate mit dem Stock auf den Boden, da muss diese Kleine unter großer Unruhe ohnmächtig weggebracht werden) 3.) Ich habe ein so sonderbares Mittel gefunden – nein! das thust du – ja was denn? – ja was meinst du denn? – was meinst denn du – schamlose! – Hündin – .. (nähern sich wieder) sag mir dein Mittel: ich bad in einem Wasser wo Gründlinge drin sind. Die andere erkundigt sich genau: gestandenes Wasser? und was für Gründlinge, welche Größe?

Alle: Pst! pst! (treten zurück) Der Blinde mit dem Hund. Kinder, nämlich ich weiß doch dass hier Kinder sich in einer Hausflur versteckt haben, es sind Knaben ziemlich große hübsche Burschen und auch Mädchen – ich bitte euch Kinder erschreckt mich nicht, und werft keine Steine nach meinem Hund. Es ist ein guter Hund, immer führt er mich. Nämlich ich schlafe bei meinem Sohn, und essen giebt mir meine Tochter und da muss ich immer in der früh hin, es sind Reste vom Nachtmahl die sie mir giebt, darum muss ich immer ganz früh hin, sie mir abholen. Meine Tochter hält darauf. Wenn ich nicht vor Sonnenaufgang hin komme, hat die Sclavin den Auftrag, die Reste anderwärts zu verschenken, meine Tochter hält so sehr auf Ordnung, und mein Hund führt mich immer gut, eine Straße, dann rechts, dann links, dann ein Durchgang, dann links dann rechts, dann eine sehr enge kleine Gasse, dann ein Platz, dann – und da ist heute eine läufige Hündin gewesen, ihr müsst wissen Kinder, zu Zeiten sind die Hunde so, und mein Hund ist zwar 12 Jahre alt aber er ist ein sehr lebendiger Hund, und so hat ihn das ganz verwirrt, nun möchte ich Euch sehr bitten, liebe Kinder, nämlich dass eines von Euch so gut wäre mich nach dem Haus der Hetäre Nikeno zu führen es ist leicht zu finden, neben ihr ist eine Gemüsehändlerin, gegenüber der bucklige Schuster, ich gebe dir was liebes Kind. Wollt ihr nicht? Nämlich ich kann mich schon auch allein zurechtfinden, da müsste ich Thür auf Thür anrühren und die Ecksteine und die Hermen – aber ich fürchte mich nur ich würde wo hineinkommen wo der Thürhüter roh gegen mich wäre – und darum bitte ich so sehr. Wenn aber nicht so bitt⟨e⟩ ich Euch erschreckt mich nicht, ich weiß ja ihr wollt nur einen Scherz machen, es ist ja auch komisch so ein alter Mann der nicht sieht … wollt ihr mir gar keine Antwort geben … Siehst du, Nestor, nun müssen wir zwei schon allein wandern .. geh, sei ein guter Hund, sei ein guter Hund (geht ab)

Frauen: Solche Männer lassen sie uns zurück
eine: es werden aber auch welche vorbeigehen, die nicht blind sind. Für diesen Fall müssen wir etwas verabreden. – Wir wollen ein gemeinsames Gebet sprechen. Für den Adonis ist nicht die Zeit. Wir wollen alle zugleich die Artemis anrufen. Das macht sich gut, die Göttin der Keuschheit

Alle: pst! pst!

Ein lallender Greis und ein Greis auf Krücken ..

Alle: crescendo, durcheinander Artemis! Artemis! Artemis!

N 1

II.

vor einer Thür zuerst der Mann fortgehend. Dann der Liebhaber, flehend, die Qualen der Erwartung schildernd: er sieht ein Licht an einem der Fenster

Schluss: offener Platz, Stadtthor. Die Trompeten. Rathsherr. Dann aus aller Mund Hymne des Friedens, vielstimmig, von den Dächern. einzelne heben ihre Gattin ins Fenster. andere lassen sich in ihre Arme (in einem Gärtchen) dann paarweises hinaustanzen: letzte Verwandlung, Hain und Wiese: heraustanzen, hintaumeln

Anfang II.C. fahle Morgendämmerung verworrenes Durcheinanderlaufen der Männer. Der Mann und der Liebhaber tauschen ihren Ärger aus. Rathlosigkeit.

II A. Myrrhino auf dem Dach mit ihrem Mann in einem durchsichtigen Gewand, dann sich mit Helm u. Schwert bewaffnend

N 2

Lysistrate II.a

Sclavin: o meine Herrin, deine Freundin Myrrhe

Lys⟨istrata⟩ Was ist mit ihr?

Sclavin: Sie floh vor meinem Herrn, nur bekleidet mit einem Schleier. Er ihr nach. Durch Gassen über Plätze: an das Ufer des heiligen Flusses: stürzte schreiend sich ins Wasser drüben stehen Frauen zehn nein, hundert, die Arme werfen sie ihr zu empor, wie nackte Blumen reißen sie den Leib der Fliehend⟨en⟩ zu sich auf ihr⟨e⟩ Arme, die triefend wird sie emporgehoben, indess m⟨einen⟩ Herr⟨n⟩ – mit Fackeln scheuchen sie, mit brennenden, von denen Harz abströmt den Wütend⟨en⟩ zurück. o Herrin. Welch eine Nacht.

I. Lampito zeigt wie die Spartanerinnen tanzen werden ihre Männer zu verführen. Zuerst spricht sie eine finstere Beschwörungsformel, dann mimt sie das Zusammensein mit dem Mann

N 3

Lysistrata

II b.

Bei der bösartigen kleinen Dirne Laidion. Kl⟨einer⟩ Hof mit Weinlaube, links Eingang (mit Vorhang) ins Schlafzimmer, rechts Thür auf die Gasse. Rückwärts und links anstoßende Häuser. das rückwärtige flache Dach durch Ziegelstufen zu erklimmen.

Zuerst 2 Männer bei ihr. Der reiche junge Mann u. der Philosoph. Dann kommen noch 3 angetrunkene.

Laidion freut sich die Männer immer mehr zu excitieren. Die Thür in ihr Schlafzimmer steht offen. Sie berauscht sich an dem Gedanken, die Männer so zu demüthigen. Sie sagt dem reichen jungen Mann bösartige Dinge über seine Eltern.
Wie großes Getümmel entsteht, wehrt sie sich mit der Fackel. Auf dem Dach zur linken erscheint eine Frau. auf dem mittlern dann Lysistrate. Andere, an der Thür: meldet den allgemeinen Kampf: bei Cynalopex floß Blut, manche Frauen warfen Dreifüße auf die Köpfe der Männer. Es ist eine Raserei ausgebrochen: Laidion tanzt vor Freude korybantisch. Der Kampfruf Lysistrata: erfüllt die ganze Luft

Laidion: freut sich bei der Erzählung grausiger Dinge. Thut dem Blinden etwas Arges an. (läuft ihm nach und sagt ihm: da ist ein Graben)

N 4

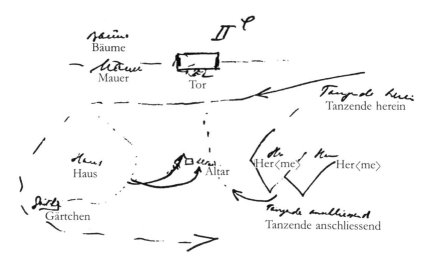

N 5

II C.

Lysistrata etwas hebt sich aus dem Meer, nackt mächtig aufragend
Stimmen: was? was?
es kommt auf uns zu, das Göttergebild ..
(wer? wer?)   der Friede.

FERDINAND RAIMUND. BILDER

N 1

Ferdinand Raimund
Bilder

Der Tod des Vaters.

Im Wald mit dem alten Weib und der ersten Geliebten.

Verheirathet.

Auf dem Theater. Die Bitte um Verzeihung an das Publicum.

Auf dem Gang vor der ehelichen Wohnung.

der letzte Tag { im Zimmer
im Wald.

H

1tes Bild.

FERD⟨INAND⟩
Mutter wir sind ja einander so gleich

MUTTER
wenns nur nicht vom Vater auch was hätt'st. Das Aufbrausende, Harte, Heftige, das was leicht an Mord begehn kann.

FERD⟨INAND⟩
Mutter, du machst mir Angst

MUTTER
brauch ich dir den Vater erklären? Du trägst ihn doch innerlich – – hast Manchetten und Unterwäsch zum Waschen. brings mit.

FERD⟨INAND⟩
Ja ich brings mit. Mutter ist denn der Vater schlechter.

MUTTER
Er hadert wieder mehr mit unserm Herrgott seit der Rudolf das Unglück gehabt hat. Er wird so zornig wenn er sich ohnmächtig fühlt. Er ist jetzt anders wie sonst. Neulich bin ich wegen der Wäsch um halb vier aufgstanden war er wach und sitzt in Bett und schaut vor sich hin. Da schaut ein Mensch in die andere Welt und dann lebt er nimmer lang.

DIE MUTTER
Ferdinand, Ferdinand, ich gieb dir heut dein ganzen Namen wie man an Kind a weiß Taufkleidl anzieht – – Ferdinand nimm dich in acht:

die Jahrln sind allerliebste Leut bringen Geschenk ins Haus wie nett gescheidt, aber auf einmal fangen mit'n Forttragen an.

FERD⟨INAND⟩
Mutter wie i klein war hat mi der Vater öfter mitgnommen auf Hernals. Und wie i da neben ihm herzepperlt bin und er ka Wort gredt hat, das war in der Zeit wo sich der Nachbar Sattler wegen Schuld 'n Hals abgschnittn hat – – hab ich immer dacht der Vater denkt drauf sich ihn auch abzuschneiden.

MUTTER
warst halt allerweil a schwermütig's Kind.

FERD⟨INAND⟩
Mutter, hätt's mir halt nit das Kammerl neben Eurem Zimmer geb⟨en⟩ sollen. Da hab i z'viel ghört.

N 2

Scene mit der Schwester: wie sie hereinkommt sieht sie ihn im Spiegel (den er gut fertig geputzt hat) Gesichter schneiden. Im Gespräch mit ihr (sie ist unglücklich verheirathet, näht auswärts isst aber bei den Eltern) sie ist bei ein⟨em⟩ Geizhals bedienstet, nachts sieht sie ihn Geld zählen, unter der Diele, in der Uhr vergraben. Raimund glüht die Welt auf, in der die Leidenschaften wohnen: er mimt den Geizigen. Er sagt: steht er nicht so wie einer der sich auf ein Weib werfen will – und ihm gegenüber liegt das Gold.

N 3

Bild: auf dem Theater.

er ist zuerst ganz dabei, um Verzeihung zu bitten. Spricht in diesem Sinn mit gesetzten Personen und Collegen sowie Theaterfreunden. (Man lernt einen Theil der concipierten Rede kennen.) Indessen entzieht sich die Frau gerade dem kritischen Moment und wird, nach Suchen, in einer Loge (?) entdeckt. Nun hält Raimund eine Strafrede auf das kupplerische Wien.

N 4

Bild auf dem Gang vor der Wohnung.
Zuerst die Hausmeisterin und eine Nachbarin.

Dann die Poldi Raimunds Frau. Kauert sich auf der Schwelle nieder.
Raimund nachhauskommend.
Scene der Gatten. (zum Schluss flüchtet die Frau.)
Raimund: Hast nicht so viel Schamgefühl, dass d' d Parteien nicht aufweckst.
Nachdem alles vorbei ist, bittet er die Hausmeisterin in den rührendsten Tönen um Verzeihung für das Ärgernis das er gegeben hat. Gegen alle komm ich mir schuldig vor, sogar gegen die Spatzerl am Dach und gegens Hundl da

N5

letztes Bild.

Ferdinands Einsicht in sein Wesen und sein Schicksal. Ich hab der Liebe zuviel aufgebürdet. Die Liebe! Giebts die denn auf der Welt? Haben Sie's vielleicht schon begegnet? Aber das ist mein verfluchter Geschmack an Allegorien!
Stumm ist die Wesenheit. Prediger bin ich geworden und hätt mir die Zung abbeißen sollen. In meiner Mutter Leib möcht ich zurückkriechen! verstehn Sie wie ich das mein? nicht allegorisch, Herr. freilich es war meiner Mutter ihre Sprach, meine Muttersprach is die einzige die mir gegeben ist: unter ihrer Hand ist alles zu an lebendigen Wesen worn: die Jahrln, a Heferl, a Rehhäutel Meine Mutter, die ist die ganze Welt: in der war die Liebe getödtet und wieder lebendig geworden. Meine Mutter war die That, die fleischgewordene. Wenn auch ihr Thuen nichts war als Kochen und Wäsch waschen Staubabwischen. Aber auch mir ist die That nicht verschlossen, die einzige bei der kein Tröpferl Comödie dabei ist.

DIE FRAU VON FÜNFZIG JAHREN

N1

(September 1908)

Die Frau von fünfzig Jahren. Comödie

Die Schwiegermutter ist viel jünger als die Schwiegertochter und der Sohn

für sie sind Compromisse und Wendungen zweimal unmöglich, die für die beiden jungen Leute beidemal möglich sind.
Zugleich schämt sie sich ihrer Unverbrauchtheit.

Die Schwiegertochter steht zu einem geistreichen nicht mehr ganz jungen Mann im Verhältniss halbverliebter Freundschaft. Sie ist in diesem Verhältniss die Puppe dieses Herrn, in den sie übrigens verliebter ist, als sie weiss, und dessen points de vue sie nachplappert. Die Schwiegermutter steht zu dem gleichen Herrn in einem sehr tiefen freundschaftlichen Verhältniss. Er ist sozusagen der Entdecker ihrer so vernachlässigten und versteckten Weiblichkeit. Die Schwiegermutter ignoriert jene amitié amoureuse aus Zartgefühl, nur als die Schwiegertochter einmal die Möglichkeit solcher Beziehungen verteidigt, wird die Schwiegermutter sehr scharf, weil sie das Nachgeplapperte nicht erträgt und die Usurpation nach beiden Seiten gegenüber dem Sohn und dem Liebhaber. Die Schwiegertochter, unfähig die andere zu verstehen, erklärt sich brutal das Ganze mit Eifersucht wegen des Verehrers.

»Es gibt kein Thier das uns schneller zur Vollkommenheit trägt, als Leiden.«

N2

Die Frau von fünfzig Jahren (Comödie)

Gespräch zwischen der Schwiegermutter und dem Freund, worin es der Schwiegermutter, fast wider willen, entschlüpft, dass sie die Schwiegertochter für eine borniete und vulgäre Person hält – besonders seit einem flirt mit einem ganz ordinären Menschen und snob den die Schwiegertochter voriges Jahr gehabt. Ein Zug der Schwiegertochter, alles zu verleugnen, z.B. über diesen Herrn wenn über ihn medisiert wird, herzlich zu lachen.

ein Zug für den Freund: er ist 38. er schämt sich einigermassen, noch kein präcises Gefühl seines gesetzten Alters zu haben, auch sich noch immer gewisse Dinge zu erwarten, gewissen Dingen nicht adieu gesagt zu haben u.s.f.
Geständnisse der Mutter. Dass sie fühle, gewisse Bewegungen passten nicht mehr zu ihr. Sie möchte eine lustige gescheidte Alte Frau sein aber sie fühlt dass es noch nicht so weit ist.

N 3

Die Frau von 50 Jahren.

Gedanken über die Erziehung eines jungen Mädchens
Schwierigkeit des Erziehens. Das Entgleitende des anderen Menschen.
Häutchen über Häutchen.
Ihr einen Besitz zu geben: den Begriff des Soliden – gegen die allgem⟨eine⟩ Verworrenheit. Sie braucht die Verworrenheit nicht abzuwehren sondern nur nicht aufzunehmen.
das Solide in Verhältnissen Diener u Herr. Höhere und Niedere. Glänzendere und Unscheinbarere. Elegant und vornehm.
Geschmack: ein Bauernhaus appreciiren. Eine gut gefallene Weise. Eine gut gebaute Stadt:
Phrase:
die unharmonische Natur:

DIE MISSVERSTÄNDNISSE

N

Komische Situation. Bruchstück aus einer Comödie: die Missverständnisse (in der Form eines geschlossenen Kreises zu componieren)

(eine verwandte Formel jene vom Hündchen Wackerlos welches recht pathetisch klagen wollte und verhindert war zu klagen über die ihm geraubte (gestohlene) Wurst.)

ein Versteher besucht einen complicierten Menschen: der »Versteher« glaubt sich zu insinuieren indem er dem andern immer Motive unterschiebt, die diesem höchst widerwärtig sind.

(der complicierte Mensch auch ein Verehrer der jungen Witwe: zwischen ihm und ihr auch ein Missverständniss)

im gleichen Stück unterzubringen: der snob der unglücklich ist, dass ein anderer parvenu den kleinen Unterschied zwischen sich und ihm immer geflissentlich übergeht; so etwa: in Leuten wie wir sind sehen die dort oben immer nur Bediente. Sie behandeln mich wie einen Schu⟨h⟩fetzen .. der erste: aber mich gar nicht desgleichen, die dilettantisch sentimentale Dame, die den Künstler zu verstehen glaubt und immerfort seelische Katastrophen supponiert, wogegen der Künstler sehr trocken.

der Kurpfuscher, Brahmane, à la Zeileis. Zeitweise »abwesend« wie der Grosscophta

die Witwe die ihn heirathet. deren Vater ein vornehmer Herr, der nie zuhört was ein anderer redet.

der Hausarzt: Freud. über Träume, über den Witz. (zuerst gut, dann zerstritten mit dem Kurpfuscher)

DIE LÜGNERIN CORALINA

N

Die Lügnerin Coralina: ihr Mann weiss durchaus nicht, woran er ist. 2 alte Weiber 2 Liebhaber 2 Diener. Sie ist während des Stückes beschäftigt, eine langsam Kochende Speise (stuffato) für ihren Mann zu überwachen: welche Speise dann zum Schluss fertig ist. Sie reisst Fenster auf, ruft ihm entgegen: es ist fertig! (So schliesst sich das Ende an den Anfang, indem sie am Anfang das Menu machen;
hier kommt die erste Kupplerin als Gemüsehändlerin = alte Köchin und bedient sich einer verborgenen Sprache worin Lauch den Liebhaber und Petersilie die Dame bezeichnet.)

DIE BEIDEN LIEBHABER

N1

Gartencomödien

la chance du mari.

der Mann ist ein Geizhals erfreut über die Geschenke der Liebhaber und zugleich wütend darüber.

N2

Die beiden Liebhaber.
Der Gatte ist ein leerer Bramarbas (Kassian) Er hat 2 Parasiten.
Es kommt zu einem Duell Motiv von chance de Françoise.

DER MANN VON FÜNFZIG JAHREN

N1

Aussee 17 VIII 1909
Comödie: der Mann von fünfzig Jahren.

in Wien, und auf einem böhm⟨ischen⟩ Schloss. im Costüm der 70er Jahre

der Prinz von Ligne
die Schwiegertochter
die Stiftsdame (= junge Witwe)
der Vetter

Der Prinz als Liebhaber
            als Vater (besorgt das Eheglück seines Sohnes zu erhalten)
            als Zeitgenosse (im Kampf mit Gläubigern)

Die Handlung. Der Prinz hat eine seit Jahren laufende Liaison mit der Stiftsdame. Die Schwiegertochter langweilt sich in ihrer Ehe und hat den Vetter eingeladen. Der Prinz bemerkt dass die Schwiegertochter über sein Treiben ungeduldig in einer Art worin etwas von Eifersucht liegt. Er verbringt eine der andern bestimmte Stunde bei ihr wodurch er sie abhält den Vetter unter 4 Augen zu sprechen. Die Argumente des Prinzen gegen alle leichtfertigen Verbindungen kehren sich gegen ihn.

N2

Der Mann v⟨on⟩ 50 Jahren.

Der Prinz: das Abenteuer mit der hübschen Bäuerin die er vor 20 Jahren geliebt hat.

Antoinette die gerne die Diener ausholt lässt sichs vom alten Extraweib erzählen, wo man den Schimmel des Prinzen meist grasen sieht. Antoinette hat mit ihrem kleinen cynismus für sich den Vetter, für den Schwiegervater die Stiftsdame eingeladen.

Der Prinz definiert den Weltmann: seine avantagen gegenüber dem Bürger der alles aus der Froschperspective sieht, gegenüber dem professionell geistigen Menschen, dessen Gedanken unsubstantiell werden und dessen Empfindungen futile; den wahrhaft heiligen Mann schliesst er mit Respect aus seiner Vergleichung aus

Die Schwiegertochter: sie ist sehr stark in der Dialektik, ähnlich wie Leopold Andrian. Sie verstattet sich und andern nicht die sentimentale Beschönigung – trotzdem bringt eine dedaignöse Bewegung des Vetters sie zum Weinen.

N3

Mann von 50 Jahren.

Die »Stiftsdame« ist keine solche, sondern eine junge naive ländliche Witwe. Ihre Vorstellung von dem Fürsten als von einem impitoyablen railleur, kalten Menschen. Furchtbarer Gedanke für sie, wenn er sich betrogen wüsste. Scene dann im Gegentheil, wo er reizend ist, attendriert über ihre Confusion.

Geschichten die über den Prinzen im Gange sind: die vom Getreidefeld wo er den unfreiwillig Indiscreten furchtbar prügelte.

N4

Schluss: dem Prinzen ist es gelungen, der Empfangsstunde des Gatten einen ewigen Gehalt im voraus zu geben
er soll bei Nacht ankommen. alle Gänge erleuchtet. Die junge Frau kommt noch schnell, im Nachtkleid, dem Schwiegervater danken. Er ist unschlüssig ob er den Sohn erwarten oder sich zurückziehen soll.

Episode: die Nurse die wütend ist dass kein neues baby kommt.
Man hat sich von Seiten gewisser financiers das Leben des Prinzen versichern lassen. Gespräch mit dem Versicherungsagenten. über Werte.

die Stiftsdame in kritischem Alter: dreissig. Sie ist, in ihrem Verhältniss zu dem Prinzen, den sie angebetet hat, auf dem Punkt aus Verzweiflung auch die Liebe selber zu verleugnen. Von diesem traurigen cynismus wird sie curiert, indem sie eine Liebschaft mit dem Vetter anfängt; sie ist dann strahlend vergnügt, findet alles schön u gut. Schreibt in dieser Laune an den Prinzen.

die junge Frau von einem verstockten einigermassen cynischen Realismus. Ein kleines refrain-artiges: was weiter. Sie hält den Schwiegervater zunächst für einen Tartuffe. Sie ist nicht übel im Begriff sich par dépit wegzuwerfen.

für den Prinzen ist es eine Lebenskrise: er sieht und spürt, in unbeholfener weltmässiger Art: etwas hinter den Dingen. Selbst das rein mondäne Treiben verachtet er, wenn er ausgebrannt, dephlegmatisiert ist.

N5

Mann von 50.

Schema. Das Hin und Her: Prinz verteidigt Liebe als das einzige welches dem todten Daliegen des ganzen Daseins (wie öde wenn die Lampe⟨n⟩ angezündet werden ..) Reiz und Inhalt zu geben vermag. später: die Schwiegertochter nimmt diesen Standpunkt: er spürt dass sie zu dem banalen intoxicating greife, attakiert ihren Standpunkt.

umgekehrt: Prinz über die junge Witwe: was hat sie denn gehabt. halt die Ehe was ist das auch weiter. Sie selbst ist eine delic⟨i⟩öse kleine Naturperson.

Prinzessin: (später) Die Ehe, was ist das auch weiter .. worauf der Prinz die Gegenpartei vehement nimmt.

Die Witwe naiv-sentimental. ein weiches Gesicht. eine ähnliche Figur bei Marivaux – Band I

N6

Der Mann von 50 Jahren.

Die Schwiegertochter. Sie lässt im Gespräch den andern nicht an sich herankommen. hat einen weltlich resignierten Ton

Chesterfield lesen!

Der Prinz. er ist ein Spieler. trotzdem mag er den jungen Vetter nicht der auch ein Spieler ist, aber ein verzweifelter; der Prinz ist ein seigneuraler. er empfängt einen Versicherungsagenten, refusiert aber die Unzartheit einer Untersuchung aus Rücksicht auf die Stiftsdame.

Er bietet dem Agenten der ihn interessiert, eine bessere Stellung an.

Der Prinz Ansicht über bedeutende Geister. Irgendwo vermutet er in jeder ausserordentlichen rein geistigen Betätigung die verborgene bosse. Stillschweigend stellt er diese Leute eine Classe unter die welche, ohne hervorzutreten, vornehm und rein gelebt haben. Diese Classierung scheint ihm die selbstverständliche.
Er adoriert seinen Sohn; eben um dessen anspruchsloser Vornehmheit willen. Der junge Prinz ist militär-attaché im türkischen Lager. (Berichte eines Kriegscorresp⟨ondenten⟩ nachlesen)

N7

Mann von 50 Jahren.

Die Schwiegertochter zum Schwiegervater: Hervorbrechen dessen was Sie sich erwartete: als Frau am Männerschicksal teilhaftig zu werden. (Stimmung von Eugenie. Act I)

was ihrem Dasein mangelt, ist das Salz des Lebens

Dem Prinzen den Zug des geistesgegenwärtigen Lords geben, der seine Gegenwart durch einen Feueralärm erklärt, als der Gatte zugleich mit ihm das Schlafzimmer betritt: wecken Sie sie nicht auf, es ist nichts.

N8

Aussee 25 VIII

Mann v⟨on⟩ 50 Jahren.

Der Prinz entdeckt, dass Franz unwahr gegen seine Frau ist. Wie ist dies möglich – und wo ist Wahrheit. Die Prinzessin skeptisch dem zuneigend, es gäbe keine Wahrheit in diesem Sinn zwischen Individuen. Der Prinz schliesslich. Finden der Wahrheit, für sich und die andern erlösend.

N9

Der Mann von 50 Jahren.

für Marie: Die meisten Frauen wollen geliebt werden – ich will lieben können.

N 10

Der Mann mit 50 Jahren.

Marie sagt dem Fürsten Adam findet mich so und so …
Der Fürst: Er lügt! (gleich darauf: ja er hat ganz recht)

notieren: Testamente das des alten Lauzun
                     das des Sängers Weigl in der Bauernfeldbiographie
Sorglosigkeit. Mozart. P. Desiderius Lenz.

N 11

Mann v⟨on⟩ 50 Jahren.

Marie: Parallelismus mit Mad⟨ame⟩ de la Carlière
Determinierte Geringschätzung des Urteils der Menschen. Eine Mutter, die dem Schein ergeben war. Die Möglichkeit, erbärmlich verheirathet zu werden. Vorsatz, dies durch Höflichkeit zu eludiren.

Marie in I. α.) ganz versteckt unnahbar unter Höflichkeit
            β.) ganz epanchiert mit der Stiftsdame. »du hast ihn lieb,
                du hast recht mein Kind. Ich bin auf deiner Seite.«

N 12

8 VII ⟨1⟩911 nachdem ich Arthur Schnitzler diesen Stoff erzählt

Der Mann von fünfzig Jahren. (als Comödie)

Adam, der Vetter. polnische Mutter. Erscheinung wie ein vornehmer Herr, von Grassi gemalt schöne Hände
Der Mensch ohne Fonds. Er pointirt selbst darauf, die Seele sei unfash⟨i⟩onable.
Er wechselt zwischen dem härtesten Cynismus – (mit Männern) und der zerfliessendsten Seelenhaftigkeit. Er lügt. Er desavouirt das eben Gesagte oder Gethane ganz übergangslos. Er hat eine gewählte Lecture, Fetzen von subtilerer Bildung.

eine Scene wo er den Erfolg bei Marie forciren will. (im Anfang
III. er spürt schon seine gefährdete Position und verdirbt sie nun ganz)

des Fürsten Ärger wenn man ihn parallel stellt mit Adam.

Marie pointiert auf die Verwandtschaft mit Adam. Die Grossmutter Massalska, von Grassi gemalt.

Die Stiftsdame eine haltlose Person. Zu Marie: wir Frauen! unter dem Einfluss Adams verändert sie sich sehr. Plötzlich ein fast ekstatisches: Nimmst du mich mit? zu Karl.
(in einer andern Phase copiert die Stiftsdame die Art Mariens)
Adams: dämonisches Nirgends-daheim-sein. Schön ist es auch anderswo …

Eine Scene wo Adam (mit den beiden Frauen) sagt, wie er ist, sehr blendend, sehr paradox. (Bevor der Onkel Karl kommt.) Sein sehr geschicktes Bestreben, Marie en garde zu setzen gegen den Onkel Karl. Der Onkel Karl habe viele facetten. Aber die letzte Zartheit fehle ihm (dies wenn die Stiftsdame nicht dabei ist) So sei die Wahl dieser Geliebten zu erklären. Dann (in Abwesenheit Mariens) zur Stiftsdame: »dieses Zittern gilt nicht dem ältlichen Geliebten, es gilt der Liebe. Sie sind eine amoureuse – « (in III?)

Alles typisch behandeln. die miteinander eingelebten, in deren Kreis ein dritter störend eintritt. ferner: Adam, der zwischen 2 Frauen, die eine ausspielt, um die andere zu erobern.

LUSTSPIEL FÜR MUSIK

N

Lustspiel für Musik.

Chor als Einzelner: immer die Stimmung errathend, sich als Vertrauter insinuierend; manchmal spricht er: ad spectatores: Haben Sie schon bemerkt dass wenn zwei alberne Menschen einander begegnen ….

Das Mädchen dann, nach der Enttäuschung, allen andern gegenüber bezaubernd, entflammt u. entflammend; Scene mit einem alten Herrn, dem sie sich als Freundin anbietet. (Vater des Bräutigams, Mann von 50 Jahren)

Die Eltern des Mädchens / der Vater des jungen Menschen / das Mädchen / der junge Mensch / die geschiedene Frau / eine Freundin des Mädchens/

COMÖDIE

N

Comödie, Anfang⟨s⟩situation einer

Ein eleganter junger Herr liebt eine Frau aus der Welt, die mit einem parvenu verheirathet ist. Er selbst hat eine sehr schöne Frau, die nicht aus der großen Welt ist. (Silvia, II^{ter} Theil.) Er hat seine Frau gezwungen, das andere ménage mit ihm auf dem Land zu besuchen
Der erste Act in 2 Theilen: Zuerst im Salon des Schlosses: der parvenu als Hausherr, seine Frau und der Gast. Verwandlung: die andre Frau (die wegen Ermüdung auf ihrem Zimmer geblieben ist) die Hausfrau und der Herr. (Diese Scene analog jener spanischen von dem mit einer Bäurin verheiratheten großen Herrn)

Der parvenu beklagt sich, dass es eine qualvolle Situation ist, wenn man mit Leuten beisammen ist, die nicht realisieren dass man mehr ist als sie, die sich wundern und einen fragen: wie kommen Sie zu der Bekanntschaft, ah ja durch ihre Frau; – kurz die wie ein boshafter Spiegel einen so reflectieren wie man sich durchaus nicht sehen möchte
im Nebenamt ist er brutal: läuft den Mägden nach

Der höfliche Onkel. (ein Mann à la xxtxxxx – der ohne es zu wollen alles verräth)

In diesem Stück das verhinderte Duell (la chance de Françoise)

COMÖDIE DER ZWEI JUNGEN COCOTTEN

N1

Weimar Ende Februar 1910.   Comödie

2 Cocotten lieben einen schönen jungen Mann. Jede hat einen alten Herrn, der sich geliebt glaubt. Colin liebt A. (die etwas älter wie er) er läuft ihr nach. Sie sagt ihm dass er ihr ganz gleichgültig ist. (obwohl sie mit ihm schläft.) Er lernt B kennen, die Tänzerin ist. Sie verliebt

sich in ihn, er hat sie auch sehr gern. A erfährt dieses kommt zu ihm, macht ihm eine furchtbare Scene weint, sagt sie will sich erschiessen. Aus Mitleid behält er sie die Nacht bei sich. (sagt ihr: ich fühle, ich kann dich nicht mehr lieben, du hast mir zu weh gethan.) Sie sagt: dann musst du diesen Brief (den sie aus der Tasche zieht) abschreiben und an B schicken: er hätte sie nie geliebt; er hätte sie immer nur gefoppt, um zu sehen wie sie aussehe wenn man ihr zusetze etc. Er schreibt ihn wirklich ab, weil ihm der Brief so komisch und daher ungefährlich vorkommt. (z.B. in dem Brief steht: er hätte 8 Tage mit B gelebt, während es Monate waren)

N 2

Comödie

An das Sterbelager von B holt die Mutter den Colin. Dieser wird dem Alten Herrn als Bruder vorgestellt. Der Alte Herr betheuert immer, er habe das Mädchen nicht in den Tod getrieben. Währenddessen lärmt A im Stiegenhaus. schiesst schliesslich, fehlt sich.

N 3

Comödie der 2 jungen Cocotten

der Geliebte. ein Tänzer, derzeit ohne Stellung. Ruffian, äusserst stolz, ombragös, immer misstrauisch
hat um sich einen Juden, dessen Adoration er duldet.

DIE LÜGNERIN

N 1

Die Lügnerin
(Wiener Kleinbürger oder Perchtoldsdorfer)
Anfangssituation der beiden Gatten gegeneinander analog elle et lui. Dem Gatten lügt sie vor sie habe was mit dem Clavierlehrer. (Hinterm Paravant der hämische Vater (ihr Vater) der dem Schwiegersohn was unangenehmes gönnt. Arnold)

Rufinatscha der zärtliche Clavierlehrer, dem sie wieder vormacht er komme zu spät, sie habe längst ganz einen andern Liebhaber.

N2

Die Lügnerin.

Der Vater des Mannes und der Mann unaufhörlich bemüht, die Lügen aufzulösen. Schliesslich muss man froh und ihr dankbar sein, sie bitten n i c h t die Wahrheit zu enthüllen.

N3

Die Lügnerin

Der Mann
die Frau
des Mannes Vater
Rufinatscha
ein fremder junger Mann

Der Vater für und gegen den Sohn

EINE KLEINE COMÖDIE

N

3. XI. 11   angeregt durch Médecin malgré lui

Eine kleine Comödie worin die Rolle eines Mädchens das sich stumm stellt. für Grete Wiesenthal.

Moderne phantastische Costüme.   Schematisch behandeln.

Die Mutter
das Mädchen
der Bewerber
der Geliebte
der Professor
der Assistenzarzt
noch andere Ärzte

EINACTIGE COMÖDIE

N

einact⟨ige⟩ Comödie
ein Ball, zum Teil maskiert. Kleine Räume durch Bänder abgeteilt, an
denen Schellen. Das Thema aus der Physiol⟨ogie⟩ du mariage.

DER VERFÜHRER

N

Der Verführer. eine kleine Comödie.

Anfang nach Spiegls Anekdote. dann verführt er das junge Mädchen,
ohne es zu wollen, ja indem er es bewahren will.

KOMÖDIE

N

B⟨erlin⟩ 23 I. 1916.

für eine Komödie: Holländer kommt herein, um Reinhardt zu sagen,
dass er gegen ein ihm zur Regieführung anvertrautes Stück solche
Bedenken gefasst habe, dass es ihm nicht möglich sei, die Arbeit
durchzuführen.
Reinhardt erwidert ihm, den einen u andern Punkt, Schwächen des
Stückes, Bedenklichkeiten zugebend.
Holländer repliciert, hierin sehe er gerade besondere Schönheiten,
geräth ins Feuer, ihm schwebt vor, er habe die Aufführung des Stückes
zu befürworten, Reinhardt sei die Gegenpartei, die er überzeugen

müsse, er ereifert sich immer mehr – Also, sagt Reinhardt – wir spielen das Stück – es bleibt dabei, und Sie führen Regie, das ist mir sehr lieb. Ich danke Ihnen.

KOMÖDIENMOTIV

N

Komödienmotiv: Einem winkt die Gelegenheit eine Frau zu gewinnen, da sie mit ihrem Gatten schlecht steht, ja nahe daran, ihn zu verlassen. Der Verehrer kommt, findet die Situation wohl günstig, aber das Urteil der Frau über den Mann ungerecht, schief, lieblos – plädiert für diesen und bringt schliesslich die Ehe wieder zusammen.

DER SOHN DES GEISTERKÖNIGS

Phantasie über ein Raimundsches Thema

N 2

Greisslerische. Aber mein Herr, das tu ich nicht!
Kleines Stüberl aber rein ghalten – So bin ich halt amal. Es gibt Madeln die sich gem⟨ein⟩ machen. – A lustigs Wort – aber kein⟨en⟩ Brief .. das mögen die Hofratstöchter tun, die in der Schul lernen – bei uns lernt mans a b c – um die Wahrheit zu sagen .. aber die sagt mer nit schriftlich

N 4

Scenen der Mädchen:

Es riecht nach Streusand, nach Leder von einem Sitz – nach wir sind bei einem Hofrat … nach Kampfer er ist pensioniert – – – Bücher aus der Leihbibliothek – Noten aus der Musikleihanstalt –

mit Longimanus:
L⟨ongimanus⟩: aber du musst bewegt sein – damit du die Welt besser kennen lernst. Die Welt ist doch reizend!
Eduard: wie werd ich sie zum sprechen bringen
L⟨ongimanus⟩ durch deine Schüchternheit – die gibt Vertrauen

N 5

Eduard in II Das reizende Eingehen auf die Art der Mädchen – wie ein Träumender
Eduard: Das ist aber lieb!
in III. wie leicht gieng dies alles! eins wäre schnell aufs andere gefolgt!

Prüfung ob er Brillant ist oder Raute!

1 H¹

Vor den Thoren der Stadt.

EDUARD
Die Thore streng verschlossen, drinnen alles Todtenstill, obwohl es mitten am Tage ist, ein gewisses ich weiss nicht was von Ernst und Gehaltenheit ringsum – kein Zweifel es ist die Stadt der Sitte und der Aufrichtigkeit. Wir stehen am Ziel. er läutet

ALADIN von innen
Seid ihr es die beiden Fremden, der⟨en⟩ Kommen uns angekündigt ist.

FLORIAN
Gehn wir wieder weg gnädiger Herr, das is ein Wortverdreher!

EDUARD
Was hast du?

FLORIAN
Er sagt wir sind die Fremden. Aber das is net wahr. Gar net fremd sind mir, kein Stäuberl is fremd an uns, i bin der Florian und sie sind der Junge Herr, aber hier is fremd sehr fremd is hier. Hier kriegt ma Heimweh. Sehr stark Heimweh kriegt ma hier. er weint

EDUARD
Schliess auf Türhüter oder wer du bist. Es ist nicht mein Wille der mich hierher treibt sondern das Geschick.

FLORIAN weinerlich
    Werd ich denn hier sterben müssen?
    Soll ich nicht die schöne Gegend
    drausst bei Währing wiedersehn – –   Seite 29.

ALADIN tritt hervor in einem bunten Frack
Fremdling. König Veritatius der Herrscher dieser Stadt

FLORIAN singt weiter, lauter

ALADIN
Mein König Veritatius der Herrscher dieser Stadt

FLORIAN singt zu Ende
> Denn mir liegt nix an Stammersdorf (und nix an Paris)
> Nur in Wien is am besten (dös weiss ma scho gwiss)
> Ma weiss dass in 100 Jahr a noch es is –
> Nur in dem Landel wo mein Mariandel

ALADIN
König Veritatius ist von deinem Kommen unterrichtet. Er heisst dich in seiner Stadt ja in seinem Palast willkommen. Man verhalte sich! Er weiss wer du bist und dass du gekommen bist, dir unter den schönen u unschuldigen Mädchen dieses Landes eine Braut zu erwählen

FLORIAN
Wer is denn der?

ED⟨UARD⟩ leise
Ein Diener des Königs dieser Stadt

FLORIAN
Das is ein Bedienter. Sehr ein fremder Bedienter. riecht an ihm Riecht auch sehr fremd. Gehn mir fort.

ALADIN
Er selbst hat eine Tochter. Ihr Name ist Modestina. Noch hat kein Mann sie unverschleiert gesehen – aber die Kunde von deiner vornehmen Geburt, deinem Reichtum – der Reinheit deines Herzens

EDUARD
Vergib, wenn ich dich unterbreche. Vielleicht ist mir bestimmt, mit meiner Werbung vor die Tochter des Königs zu treten. Vielleicht birgt ein Haus eines schlichten Handwerkers das Wesen, das mein Glück zu begründen ausersehen ist. Veritatius erlaube dass ich mit meinem Diener frei und unbeachtet die Strassen dieser Stadt durchstreife

FL⟨ORIAN⟩
Ja, gehn mir heim.

EDUARD
frei und unbeachtet das eine oder andere Haus betrete. Er ist ein gütiger Herrscher – jede seiner geringsten Untertanen muss seinem Herzen nahe stehen wie eine Tochter – meine Wahl, auf wen immer sie fällt, kann nicht anders als ihm genehm sein.

FLORIAN
Sehr schön redt mein junger Herr.

AL⟨ADIN⟩
Die Strassen dieser Stadt sind deinen Schritten offen, Fremdling. Tritt ein.

FL⟨ORIAN⟩
Ja, gehn mir fort, is eh gescheidter.

EDUARD
Bleib bei mir, Florian. Beide hinein.

6 D³

EDUARD UND DIE MÄDCHEN

Phantasie über ein Raimundsches Thema

EDUARD, ein junger Mann
FLORIAN, sein Diener
MALI, eine Greislerstochter
MALWINE, eine Hofratstochter
CLOTILDE, eine junge Gräfin
MODESTINE, eine Königstochter

König Veritatius; Aladin, Höfling; ein kleiner Bub; Malwines Mutter; eine Kammerjungfer und andere Nebenpersonen.

Eduard, der Sohn eines Hausherrn und Zauberers namens Zephises, erhält vom Geisterkönig den Auftrag, für diesen ein junges Mädchen zu suchen, der noch nie eine Lüge über die Lippen gekommen sei. Als Zeichen, woran er die Richtige erkenne, bestimmt der Geisterkönig dieses: Sooft Eduard einem Mädchen die Hand reicht, das von der Lüge befleckt ist, wird sein treuer Diener Florian ein peinliches Reißen, wie von heftigen rheumatischen Schmerzen fühlen. Dieses Motiv, von Raimund im »Diamant des Geisterkönigs« gebracht, aber nur in der flüchtigsten Form, eigentlich pantomimisch, in einer einzigen Szene, und mit Verzicht auf Individualisierung ausgeführt, gab das Thema der nachfolgenden Improvisation.

I

Greislerswohnung, Hinterzimmer. Links eine Glastür in den Laden, rechts eine Tür in die Wohnung. Eduard tritt ein mit Florian von rechts.

FLORIAN schnuppert

Es riecht nach Brennöl, nach Hering und nach Sackleinwand – nach Kohl, nach Unschlittkerzen und Salami. Wir sind bei einem Greisler! Nach Waschblau riechts auch, *gerührt* grad wie der Mariandl ihre Händ an einem Dienstag! Oh, das ist gut, das ist sehr gut, junger Herr, daß wir auf einen Greisler gestoßen sind. Greisler sind sehr aufrichtige Leut. Ich hab einen Greisler gekannt am Rennweg, Eck von der Marokkanergass'n, das war der aufrichtigste Mensch, mit dem ich jemals in Berührung kommen bin. Jetzt sind wir aus'm Wasser. Sie

nehmen die Greislerische bei der Hand, der Herr Geist macht einen
Diamanten aus ihr, und wir schaun, daß wir nach Haus kommen.

MALI ist hereingekommen aus dem Laden. Sooft die Glastür aufgeht, klingelt es.

FLORIAN
Da steht sie. Schnuppert. Nach Weinbeerln riechts und nach Zimmet.

EDUARD tritt verlegen zurück.

MALI
Ja, was wär denn jetzt das, daß die noblen Kundschaften bei der Hintertür in den Laden hereinspazieren anstatt von der Gass'n. Der Herr wünscht gewiß ein Briefpapier. Mit oder ohne Linien? Dumme Frag, der Herr wird doch nicht mit Linien schreiben wie ein Schulbub. Geht an den Schrank. Da wär ein sehr feines, mit handgemalten Buketten, aber von denen sind uns die Kuvert ausgangen. Es klingelt draußen. Peperl, schau dich um die Budel um. Das ist halt jetzt a so, weil ich allein im Gschäft bin, es dauert ja nur drei Tag. Die Mutter hat zu der Polditant' aufs Land hinausmüssen wegen die Zwilling, die unversehens ankommen sind. Wird rot, zupft an der Schürze. Schweigen.

FLORIAN
Fangen der junge Herr schon an, daß wir nach Haus kommen!

MALI spricht durch ein kleines Guckloch in der Glastür hinaus
Sechs Kreuzer kostet das Dutzend Wascheln, dummer Bub. Sechs Kreuzer für Sie, Frau von Wimberger, weil Sie eine Stammkundschaft sind, sonst müßt ich sieben Kreuzer verlangen, heilig und wahr. Der Vater sagt, ihm kosten sie heuer selber sechs Kreuzer. Sie sind halt auch so teuer worden, sagt der Vater, grad so wie der Prager Schinken, weil die ungarischen Ochsen in dem Jahr nit haben fressen wollen und dadurch mit dem Hochwasser auf der Donau die Kagraner Gäns' in Rückstand g'raten sind. Kehrt sich wieder um ins Zimmer.

FLORIAN zupft Eduard.

EDUARD
Allerdings – ein Briefpapier. Schreiben Sie selbst viele Briefe, Fräulein – Fräulein – ?

MALI
Mali ist mein Name.

EDUARD
Fräulein Mali! Ein hübscher, aufrichtiger Name.

FLORIAN ungeduldig
Ja, sehr hübsch! Wir könnten schon am Retourweg sein, junger Herr.

MALI indem sie Papier herausnimmt und einwickelt
Briefe? Ja, für was soll denn ich Briefe schreiben – wo nehmet ich
denn da die Zeit dazu her? An der Glastür Mein Gott, der Bub versteht
die Kundschaft nit. Schreit hinaus Kranzfeign, keine Faßfeign, da hängen
die frischen, ich schneid von dem frischen Kranz ab, für Sie, Fräuln
Netty, weil Sie's sind. Schließt wieder die Tür. Zu Eduard Das heißt, an wen
ich schreiben sollt, das hätt ich dann und wann im Leben vielleicht
schon g'wußt – aber ich hab halt nit g'schrieben. An der Glastür Nach
Zwiefel? Wie käm denn ein Zwiefel in die Kranzfeign. Fräuln Netty,
nein, da sind S' stark im Irrtum, das ist pure Einbildung. Vielleicht
daß Sie die Türschnalln ang'rührt haben, es ist grad früher ein Zwiefelkrawat bei der Tür nausgangn. Sie müssen ihm begegnet haben!
Schließt die Tür. Zu Eduard Und warum ich nit g'schriebn hab und warum
auch künftighin kein Mannsbild von mir ein Brieferl kriegn wird? –
warum, darum. Mit voller Treuherzigkeit Weil das geschriebene Wort für
unsereins nicht paßt. Unsereins hat sein Abc g'lernt, damit es seinem
Vater und seiner Mutter in der Haushaltung oder im Gschäft zur
Seiten stehen kann und später einmal mit Gottes Hilfe seinem Mann.
Aber das Briefpapier, wo ein Wort das andere gibt und sich ein Satz
in den andern verhaspelt und aus einer halberten Aufrichtigkeit bald
ein doppelter Strick gedreht wird, da paßt die Mali nit hin, ah nein!
Lacht treuherzig. Einen guten Blick nach'm Tanz kann einer von mir
haben, vielleicht auch ein Busserl beim Pfänderspiel, aber schon nit
mehr als eins, aber ein Brieferl – nix da – schwarze Tintn auf weißem
Papier is schon dem Teufel sein Schuldschein. Halt da. Sie steckt den
Finger in den Mund. Warum erzähl ich Ihnen denn das alles? Ich hab doch
mein Lebtag zu niemanden so von der Leber weg von diese Sachn
g'sprochen. Vielleicht weil Sie so ein ehrliches Gschau haben.

FLORIAN nähert sich ihr
Sie, Fräuln, is wirklich früher ein Zwiefelkrawat bei der Tür nausgangn?

MALI treuherzig
Herr Bedienter, was man zu der Kundschaft red', das derfen S' nit auf
die Goldwag' legen.

EDUARD *für sich*
Bezaubernd! Ich danke dir, gütiger Geist, daß du mir einen so reizenden Auftrag gegeben hast! *Zu Mali* Bereuen Sie, daß Sie mir so schön von sich erzählt haben?

MALI *nickt.*

EDUARD
Reut es Sie wirklich? Antworten Sie mir, Fräulein Mali!

MALI *läuft plötzlich quer übers Zimmer zu einem Vogelkäfig, der beim Fenster hängt*
Ja, du hast ja kein Futter, du armes Viecherl, nein, daß ich auf dich hab vergessen können. Siehst du, so bin ich. *Füttert eifrig den Vogel.*

FLORIAN *flüstert mit Eduard.*

EDUARD *zu Mali*
Hat er wirklich kein Futter gehabt?

MALI
Sie haben mich immer so g'spassig und zugleich so ernsthaft ang'schaut, und da hab ich ausweichn wolln, und wenn ein Frauenzimmer sich was zu tun machn will, da ist sie nie um eine Ausred verlegen.

EDUARD
Du kannst nicht lügen, reizendes Kind, deine Notlügen selbst sind noch mit dem Schimmer der Aufrichtigkeit umflossen. Reich mir die Hand.

MALI *verlegen*
Ich Ihnen die Hand, ja warum denn? Ich weiß ja nit einmal, wer Sie sind. *Wischt sich die Hand an der Schürze ab.*

EDUARD
Wir haben stillschweigend einen Handel abgeschlossen, sein Inhalt ist Geheimnis, ein Händedruck mag ihn besiegeln.

MALI *streckt unwillkürlich die Hand hin, Eduard ergreift sie.*

FLORIAN
O je! Auslassen, schwächer auslassen. *Seufzt kläglich.*

MALI *erschrocken*
Was ist denn das? *Zieht ihre Hand weg.*

FLORIAN
Nix, es is schon vorbei. Wir wissen schon, was wir wissen wolln. Gehn wir, gehn wir.

EDUARD betroffen
Florian, du mußt dich irren, es ist nicht möglich. Nimmt abermals ihre Hand, zu Florian Beherrsche dich!

FLORIAN
Ah, ah! Auslassen.

MALI
Hat er Zahnweh? Ich bring ihm einen Melissengeist!

FLORIAN
Is nit wahr.

MALI
Die Mutter hat öfter Zahnweh, da hilft er ihr immer!

FLORIAN
Is alles nit wahr. Jedes Wort is erlogen.

EDUARD für sich
Ich weiß nicht, was ich sagen soll?

SCHORSCHL ein kleiner Bub, kommt durch die Wohnungstür verstohlen herein
Fräuln Mali, pst, Fräuln Mali, da ist das Brieferl für Herrn Rudolf. Ich hab mirs nit abzugeben traut, weil der Herr August grad die Stiegn runtergangen ist, und's Brieferl für Herrn Ferdinand hab ich beim Kuchelfenster neing'schmissen, aber es is ins Schaffel g'fallen, da hab ichs wieder rausg'fischt. Und's Brieferl für den Mann von der Frau von Huber hat mir der Gschäftsdiener wegg'nommen und hat g'sagt, er muß es seiner Gnädign zeign, die wird dann dem Herrn Gemahl schon zeign, wieviel es g'schlagen hat, und mir wird ers zeign, hat er g'sagt, wenn er mich derwischt, und Ihnen wird sie's zeign.

MALI
Fahr ab, dummer Fratz.

SCHORSCHL wirft die Briefe auf den Boden
Da habn S' Ihre Brieferln und tragn Sie sichs selber aus. Die Zuckerln habn eh nach ranzign Brennöl g'schmeckt und die Abziehbilder sind nit gangn!

EDUARD stiehlt sich leise zur Tür hinaus, Florian folgt ihm.

II

Zimmer in einer Hofratswohnung. Malwine am Klavier spielt und singt »Des Mädchens Klage«; bricht ab, steht auf, geht an den Spiegel, sieht hinein, lächelt sich zu, macht ein sentimentales Gesicht. Betty, die kleine Schwester, kommt hereingestürzt ganz nahe an sie, als ob sie sie küssen wollte.

MALWINE *bös*
Was gibts? Kann man keine Minute im Tag ungestört sein?

BETTY *triumphierend*
Da schau die Mama, sie hat mein korallenes Kreuzerl um.

MUTTER *tritt in die Tür, vorwurfsvoll*
Malwine!

BETTY *schaut auf Malwinens Füße*
Da, und meine guten Kreuzbandelschuh.

MALWINE
Ist nit wahr!

BETTY
Da, ich hab sie markiert!

MALWINE
Sie hat sie mir geliehen.

BETTY
Lügnerin.

MALWINE
Spionin.

BETTY
Putzgredl diebische.

MALWINE
Neidhammel verleumderischer.

BETTY
Die Person!

MALWINE
Die Kreatur!

MUTTER
Bettine, Malwine, wie könnt ihr euch so vergessen!

BETTY schießt aufs Klavier zu

Da, die Noten, schau die Mama! Wieder nicht umgetauscht! Sie war zu faul, sie zurückzutragen! Ja, wo war denn die Mamsell heut vormittag, wenn sie nicht in der Musikleihanstalt war. Frag doch die Mama, schlag Sie doch da auf den Strauch.

MALWINE schlägt mit den Noten nach ihr.

BETTY kratzt sie

Schlechtes Gewissen macht grantig.

MUTTER

Euer Benehmen, Kinder! Eure Erziehung!

BETTY

Pfui Teufel, der Staub! Überzeug sich die Mama von der Fräuln Malwin ihrer Reinlichkeit. Fährt übers Klavier.

MALWINE reißt sie an den Haaren zurück

Ich vergreif mich an dir.

BETTY

Putzgredl schlampige.

MUTTER neigt sich übers Klavier, muß niesen.

DIE MÄDCHEN zugleich, knicksend

   Ihre Würde hat sich geneigt.

MUTTER

   Eure Höflichkeit hat sich gezeigt.

DIE MÄDCHEN zugleich, knicksend

   Es war nicht bloß Höflichkeit, sondern
   Es war auch Schuldigkeit,
   Und unsere Lippe spricht,
   Was aus dem Herzen bricht.

MUTTER reicht beiden die Hände zum Kuß

Schön, meine Kinder, das ist der Ton, den ich hören will. Vertragt euch doch, Kinder. Du, Malwine, bist die ältere.

MALWINE

Darum ist sie mir Achtung schuldig.

BETTY
Wenn sie zwischen Mein und Dein unterscheiden lernt, werd ich ihr
Achtung erweisen.

MALWINE
Mama, hör Sie die Keckheiten, die gemeinen Schimpfreden, mit denen
sie mich überhäuft.

MUTTER
Malwine, ich bitte, Bettine, ich befehle.

MALWINE
Ihr wird befohlen, ich werde gebeten. Es ist nur merkwürdig, Mama,
Sie bringen den Befehl heraus, daß er wie eine Bitte, und die Bitte,
daß sie wie ein Befehl klingt.

MUTTER
Was soll das heißen?

MALWINE frech
Das soll heißen, daß die Gerechtigkeit eine himmlische Tugend ist und
daß ... Sie stopft sich das Taschentuch in den Mund.

MUTTER
Malwine!

MALWINE steht trotzig, klimpert auf dem Klavier, dem Weinen nahe.

BETTY trällert.

MALWINE weint.

BETTY
Der sitzen aber die Tränen locker. Das hat sie nicht von Ihnen, Mama,
aber vielleicht von Papa!

MUTTER gibt ihr eine Ohrfeige.

BETTY heult, läuft ab.

MUTTER an der Schwelle
Sie hat sie bekommen; ob nicht jemand anderer sie verdient hat, das
überlasse ich dir zu bedenken. Geht ab.

MALWINE schüttelt sich, geht an den Spiegel, richtet sich die Haare, trällert, setzt sich
mit übergeschlagenen Beinen, freut sich an den Schuhen, geht ans Klavier, präludiert.
Macht zuerst ein spitzbübisches Gesicht, dann ein sentimentales. Eduard, gefolgt von

Florian, tritt leise ein. Malwine singt und spielt, scheinbar als ob sie niemanden bemerkt hätte: Der Eichwald brauset, die Wolken ziehen. Plötzlich springt sie auf mit gespieltem Erschrecken.

EDUARD
Oh singe weiter, reizendes, unsagbar liebenswürdiges Wesen.

MALWINE
Sie haben meinem Singen zugehört, da muß ich ja in die Erde sinken.

EDUARD tritt ans Klavier
Theklas Klage. Bin ich Ihnen nicht würdig, Theklas Klage von Ihrem Munde anzuhören?

MALWINE
Ich kann nicht, ich kann nicht, ich kann nicht.

EDUARD
Auch nicht, wenn ich knieend bitte?

MALWINE an die Tür gedrückt
Nein, nein, nein. Stehen Sie auf, oh mein Herr, Sie beschämen mich, ich kann Sie nicht so sehen.

FLORIAN
Gehn wir gleich fort, ich g'spür schon was.

EDUARD springt auf, nimmt sie bei der Hand, führt sie sofort ans Klavier zurück.

FLORIAN zuckt, fällt auf einen Stuhl, leise, grimmig
Auslassen.

MALWINE ist am Klavier.

FLORIAN zu Eduard
Alsdann vorwärts, hat schon g'schnappt, gehn wir.

EDUARD zu Florian leise
Du betrügst dich selber, ein Nachzucken des früheren Schmerzes.

FLORIAN
Oha! Das war von einer ganz neuen Lieferung, so da herüber zu, wie rheumatische Koliken mit gichtischen Zufällen vermischt. Sowie wir nach Haus kommen, müssen Sie mich nach Gastein schicken.

MALWINE spielt und singt.

EDUARD leise zu Florian
Kann in einer solchen Seele die Lüge wohnen?

FLORIAN
Reden S' nit auf mich.

EDUARD
Die Wahrheit selber kann keine andere Stimme haben.

MALWINE singt weiter.

FLORIAN
Wenn er nit hören will, muß ich fühlen.

EDUARD
Liebliches Mädchen, ich weiß deinen Namen nicht, aber im Traum habe ich dich schon gekannt und habe dich Laura genannt.

MALWINE
Nennen Sie mich Laura. Hauchend Laura am Klavier.

EDUARD
Entzückung.

MALWINE mit geschlossenen Augen
Entzückung.

EDUARD
Äonen schweben dahin.

MALWINE wie oben
Äonen schweben dahin.

EDUARD
Der Augenblick trägt auf seinen Schwingen den Flügelstaub der Ewigkeit.

MALWINE sieht ihn tief an
Der Ewigkeit.

EDUARD hebt das heruntergefallene Buch auf
Jean Paul.

MALWINE hauchend
Titan.

EDUARD
Liane! Ein Tempel ist um dich, Mädchen. Alle himmlischen Geister lächeln dir zu, ihre Tränenperlen sind Tau auf deiner Seele.

MALWINE
Ihre Seufzer der Wind, der auf der Äolsharfe spielt.

EDUARD
Die Äolsharfe –

MALWINE
Mein ganzes Selbst, einsam im Nachtwind, von Menschen nicht gehört.

EDUARD
Du bist allein? Sie setzen sich nebeneinander.

MALWINE
Mit den Eltern lebe ich. Der Vater ist ein hoher Beamter. Ehrfurcht der Seinigen umgibt jeden seiner Schritte. – Die Mutter ist gütig und streng. Ich lese ihr von den Augen ab, was sie befehlen möchte; eh sie es ausspricht, ist es befolgt. Ein Schwesterl ist noch da, ein halbes Kind und doch schon ein Mädchen.

EDUARD
Ist sie dir nah?

MALWINE
Sie hängt an mir mehr noch als an der Mutter. Sie trippelt mir nach von früh bis spät. Ich bin ihr Orakel und ihr Beichtvater. Was ist nur an mir, daß ein Kind mich so liebhaben kann?

EDUARD
Liebes, süßes, erfülltes Dasein!

MALWINE
Erfüllt, und dennoch ist noch für vieles Platz drin. Für vieles? Nein, für eines vielleicht. Keine Leere – Raum – weiter, dunkler, sternleuchtender Raum, durch den unendliche Sehnsucht hinschwebt, Träume, Musik, ein Gebet ohne Worte!

EDUARD
Deine Hand, sie mit feuchten Augen zu küssen.

FLORIAN wird ängstlich.

MALWINE
Nie hat ein Mann diese Hand geküßt. Sie flüchtet.

FLORIAN will Eduard halten.

EDUARD
Liebe stürmt von Erkennen zu Erkennen! Ihr nach.

FLORIAN
Junger Herr! Haben Sie doch ein Einsehen.

EDUARD
Deine Hand ist ein Bote der Seele wie dein Gesang, aber die Stimme habe ich nicht küssen können.

MALWINE
Was soll ich tun, was soll ich tun!

EDUARD ergreift ihre Hand, küßt sie.

FLORIAN schreit auf
Auslassen, auslassen, das ist ein rasender Schmerz, gegen den war das Frühere noch ein Mailüfterl.

EDUARD bestürzt
Oh Geisterkönig, bin ich es, den du auf die Probe stellst? Soll ich deinem Barometer mehr trauen als allen meinen Sinnen? Ergreift abermals ihre Hand Bleib bei mir, holdes Wesen.

FLORIAN wirft sich herum vor Schmerz, schreit durchdringend
Ah!

EDUARD läßt die Hand aus.

MALWINE
Ihr Bedienter hat das Hinfallende! Jesus, Maria und Joseph! Betty! Ich fürchte mich.

EDUARD steht entgeistert
Dies die Larve einer Lügnerin. O Welt, Welt!

FLORIAN reißt ihn weg, beide eilen ab.

BETTY kommt herein
Was ist denn, Malwine?

MALWINE
Der schönste Mann, den ich je gesehen hab!

BETTY aufgeregt
Erzähl, erzähl mir doch! Beim Fenster? Oder war er herinnen?

MALWINE steht in ihr Geheimnis versunken.

BETTY
So erzähl doch, Malwin, erzähl mir doch. Ich schenk dir das korallene Kreuzerl, wenn du mir alles erzählst.

MALWINE
Alles läßt sich gar nicht erzählen.

BETTY
Mir kannst du alles erzählen.

MALWINE
Bring den Spiegel her.

BETTY
Ja, aber dann erzählst du mir.

MALWINE
Schenkst du mir dein Kreuzerl?

BETTY
Ja, aber erzähl.

MALWINE
Gibst du mirs schriftlich?

BETTY
Ja, aber zuerst erzähl.

MALWINE
Kann man Blicke erzählen!

BETTY
Na, es wird schon außer Blicken auch noch was gegeben haben.

MALWINE
Ein Blick, der dich einwickelt wie ein Kaschmirschal!

BETTY
Hat er um dich angehalten? Nimmst du ihn? Oder bleibst du dem Albert treu?

MALWINE *richtet sich den Ausschnitt am Kleid, läßt den Gesichtsausdruck wechseln.*
Der spitzbübische bleibt zuletzt.

BETTY
Erzählst du mir, oder nicht?

MALWINE
Wenn du keck bist, gewiß nicht.

BETTY *schmeißt den Spiegel zu Boden.*

MALWINE
Sieben Jahr kein Glück, ätsch, sieben Jahr kein Glück, wirst eine alte Jungfer! Lacht unmäßig.

BETTY läuft ab, Malwine ihr nach.

III

Gartenpavillon. Gräfin Clotilde, Jäger, Jungfer.

CLOTILDE
Der Fremde, der mich interessiert, ist auf unbekannte Weise angekommen, nur von einem Bedienten begleitet. Ich wünsche zu wissen, in welchem Gasthof er abgestiegen ist und wie er seinen Tag verbringt. Welche Lieferanten er sich ins Haus kommen läßt und welchen Friseur. Von wem er Briefe empfängt und an wen er welche abschickt. Ob er in Schuhen ausgeht oder in Stiefeln. Jede Kleinigkeit, auch die, die dir unwichtig erscheint, wird mir berichtet. Ich schicke nicht deinen Verstand aus, sondern deine Ohren. Bin ich begriffen?

JÄGER
Sehr wohl.

CLOTILDE
Es ist gut.

JÄGER verneigt sich, tritt ab.

JUNGFER
Er soll auf eine geisterhafte Weise überall plötzlich hereintreten.

CLOTILDE
Eine reizende Eigenart für das erstemal, für später vielleicht unbequem. Was hast du noch erfahren?

JUNGFER
Die einen machen einen zehnfachen Millionär aus ihm, die anderen einen Prinzen, der inkognito reist. So viel ist sicher, daß die Wohnung einer hübschen Greislerstochter der erste Palast war, den er betreten hat. Dann war er allerdings bei einer Hofratsfamilie, aber die Leut geben sich die größte Müh, die Visite zu vertuschen. Überhaupt ist gar nix Bestimmtes herauszukriegen außer dem einen, daß er der schönste Mann auf der Welt ist.

CLOTILDE
Wenn du nichts weißt, warum langweilst du mich da mit deinem Geschwätz.

JUNGFER
Darf ich abtreten?

CLOTILDE
Bis ich es dich heißen werde. Für sich Ein schöner Mann – sie wissen es nicht, wieviel uns ihre Schönheit bedeutet. Wir sind geschickter als sie und haben ihnen Einiges zu verbergen gewußt. Die Diskretion gegen uns selber haben wir voraus vor diesem unsagbar eitlen Geschlecht. Grübelnd Ein Mann, der alles auf einen Wurf setzt, ist offenbar entweder ein sehr großer Herr oder ein Hasardspieler. Große Herren und Gauner haben die Ähnlichkeit miteinander, daß sie meinen, es müsse alles im Handumdrehen gelingen. Bürger und Bauern erwarten alles von einer stumpfsinnigen, stupiden Ausdauer. Ein schöner Mann! Wie aber, wenn es nicht meine Art von Schönheit ist? Sie steht auf, zur Jungfer Du verschwindest, bleibst aber in Hörweite. Jungfer ab. Und wenn er meine Schönheit ist – so ist damit vielleicht nicht gesagt, daß auch ich ohne weiters die seine bin. Sie geht ein paar Schritte auf und nieder. Dumme Kreaturen, von denen man umgeben ist. Wieviel schlechter bin ich von ihnen bedient als auf der Jagd von meinen Hunden. Nichts mir von ihm zu melden, das mir für den ersten Augenblick eine Waffe in die Hand gibt. Der erste Moment ist alles. Ein schmelzender Blick oder ein koketter. Parfüm oder kein Parfüm. Der Ton des ersten Gespräches, munter oder gehalten. – Die Stimme ist ein gefährlicher, verräterischer Apparat. Halblaut Berta! Läutet gleich darauf scharf mit der Handglocke.

JUNGFER herein, eilig.

CLOTILDE
Ich hatte befohlen: in Hörweite.

JUNGFER
Ich war im Nebenzimmer.

CLOTILDE
Spitz deine Ohren. Ich hab mich anders entschlossen. Das gelbe Negligé, hier ins Kabinett.

JUNGFER fliegt weg nach der anderen Seite.

CLOTILDE pfeift
Das Haar so richten, daß ich es mit einem Griff zum Aufgehen bringen kann.

JUNGFER tuts.

CLOTILDE vor sich
Er sei schön, aber nicht so schön, daß er mich überwältigt. Wenn er so schön ist, daß ein einziger Blick von ihm mir mein ganzes Blut ins Herz wirft – daß ich in Flammen stehe von oben bis unten – laß es mich nicht gleich gewahr werden, lieber Gott, erst später, bis er mir gehört. – Aber laß ihn so schön sein, daß die Frau, der ich ihn wegnehme, es nicht überleben kann.

JUNGFER an der Tür knicksend
Das Negligé ist vorbereitet.

CLOTILDE
Warten! Dreht sich jäh, sieht im Spiegel Eduard kommen, über die Schulter zurück Verschwinden!

JUNGFER verschwindet, schließt die Tür zum Kabinett.

CLOTILDE die Augen auf den Spiegel, sehr schnell, laut denkend
Sehr schön – und nicht zu schön – ein bezaubernder Glanz auf seiner Stirne. Nicht der Gang eines großen Herrn, und doch nicht der eines Bürgers. – Ferner auch würde sich ein Emporkömmling schämen, einen säbelbeinigen, seltsam aussehenden Diener hinter sich gehen zu lassen. Ein Etwas von Arglosigkeit um ihn – von Unberührtheit – die unberührte bescheidene Natur muß ihre wahlverwandte Gewalt über ihn haben. Ein zu kluges, ja ein kühnes Wort könnte vor dem Richterstuhl dieser Augen alles verderben. – Es sind die Augen eines Kindes – sie sollen finden, was sie suchen, diese Augen. Sie kauert sich auf den Boden.

EDUARD auf der Schwelle
Du bleibst hier, Florian.

FLORIAN
Ah nein, ich geh schon mit, sonst könnt Ihnen so ein Handerl zu lang in der Hand bleiben, und mich täts zerreißen.

CLOTILDE beobachtet beide von unten im Spiegel.

EDUARD
So bleib hier am Fenster.

FLORIAN

Aber wenn ich schrei und Sie tun nix dergleichen, dann sind wir g'schiedene Leut.

EDUARD

Verlaß dich auf mich.

FLORIAN

Hier bin ich, der Barometer muß inner'm Fenster hängen. Stellt sich rückwärts ans Fenster.

EDUARD geht nach vorn, Clotilde nickt ihm zu wie ein Kind, sieht ihn mit großen Augen an. Eduard verneigt sich.

CLOTILDE wie laut denkend

Wozu die Leut ihr Buckerl machen? Wenn mein Hund hereinkommt, macht er kein Buckerl; er grüßt mit den Augen, das ist mehr. Wenn ich in den Wald komme, grüßen mich alle Vögel – aber anders: schön.

EDUARD

Es ist wahr, die kleine Pantomime tut nicht viel zur Sache, wir absolvieren sie aus Gewohnheit. Ein kleines Schweigen.

CLOTILDE

Ja, aus Erziehung. Ich bin nicht erzogen. Ich bin da. Man kann sich setzen da oder da, man kann denken, das wäre ein Baumstrunk, eine Moosbank, man kann schweigen und miteinander dasein. Die Menschen, die das nicht können, mag ich nicht.

EDUARD

Mir ist, als hätte mir einmal von einem Wesen geträumt, das so zu mir spräche, leise aber das Wesen war nicht so schön.

FLORIAN für sich

Hat ihm schon wieder einmal geträumt!

CLOTILDE

Der Mensch dort soll auch sitzen. Ich spüre seine Beine. Sie sind schwächlich in den Gelenken. Ich möchte ihn schlafen sehen, er muß träumen wie ein Jagdhund.

EDUARD winkt, Florian kommt nach vorn und setzt sich seitwärts.

CLOTILDE

Ich weiß nicht, wer Sie sind. Vermutlich ein Fremder, der gekommen ist, die Glashäuser meines Onkels zu besichtigen, und den die Gärtnerburschen den falschen Weg gewiesen haben. Ich bin die Nichte des Grafen. Ich betrete die Glashäuser nie. Es ist ein gelogener Palmenwald mit einer gelogenen Luft, da ersticke ich. Sie sind wie die Konzertsäle, in denen ersticke ich auch. Ein Wasserfall im Wald, vor dem man die Kleider abwirft, und hinein wie ein Hecht in das kalte Wasser, und das Gurren der Waldtauben in das Rauschen hinein – von fern der Kuckuck – das ist meine Pastoralsymphonie. Aber man muß die Nacht vorher im Heu geschlafen haben. Da sie wühlt in ihrem Haar, ich hab immer Heu im Haar!

FLORIAN gepreßt
Junger Herr, mir is ein bisserl schlecht! So ängstlich is mir.

CLOTILDE
Im Heu, und vom ersten Wachtelruf unter den erblassenden Sternen erwacht sein. Dann kommt eine Melodie in einen hinein. Die alte Mühle stampft nach der Melodie, der Mühlbach plätschert nach ihr, und wenn man dann im Erdbeerschlag sich hinwirft, dann klopft das Blut in den Händen nach ihr. Verschränkt die Hände im Nacken. Was kümmert mich die Welt! Was kümmert mich die Welt! Was kümmert mich die Welt! Hören Sie die Melodie? Ein kleines Schweigen. Ihr Gesicht kenne ich noch nicht genug, um darin zu lesen, aber Ihre Hände sehen fast aus, als ob sie diese Melodie verstehen könnten, – obwohl Sie ein Mann sind. Haben Hände Verstand? Eduard hebt die seinen empor. Clotilde streift ganz leicht seine Hand. Nein, aber Rasse, und das ist mehr.

FLORIAN zuckt zusammen, verbeißt seinen Schmerz.

EDUARD vor sich
Sie oder keine. Ich danke dir, Geist, daß du mich vor diesen reinen Spiegel geführt hast.

CLOTILDE trällert die Melodie, flicht sich ihr Haar halb auf.

EDUARD tritt zu Florian hin, triumphierend
Wie steht nun dein Barometer?

FLORIAN
Auf Lügen.

EDUARD heftig
Nein.

FLORIAN
Gehn wir heim.

EDUARD erregt
Nein und noch einmal nein.

FLORIAN
Haben Sie Erbarmen, ich muß auf viele Jahre nach Gastein oder Pystian.

EDUARD
Ich habe ihre Hand nicht berührt.

FLORIAN
Mich hats g'rissn, ich hab g'nug.

EDUARD
Nein, nein, nein! Ich lasse mich nicht zum Narren halten. Willst du einen Tantalus aus mir machen, boshafter Geist? Sei's, ich will noch einmal meinem Schicksal ins Gesicht sehen.

FLORIAN ängstlich
Ins Gsicht schaun schon, aber nit anrührn.

EDUARD auf Clotilde zu
Du kennst mich nicht, wunderbares, seltenes Wesen? Sags noch einmal, du weißt nicht, wer ich bin und was mich hieherführt?

CLOTILDE
Sie sind ein wohlgekleideter Mensch, der da hereingelaufen ist. Das ist vielleicht noch mehr als ein Bettler, vielleicht noch weniger als ein Graf, was geht mich an, was Sie sonst sind. Wenn ein Tier des Waldes aus dem Unterholz auf mich äugt, so bekommt es seinen Blick zurück. Wahrheit für Wahrheit. Das ist mehr, als man von den Begegnungen bei unseren Festen und Assembleen sagen kann.

EDUARD
Das ist der Goldklang der reinen Natur! Florian, wie ist dir?

FLORIAN
Im voraus miserabel.

CLOTILDE trällert vor sich hin.

EDUARD
Ich bin wie ein Kind vor einer Harfe – es möcht hineingreifen, um die silbernen Saiten noch einmal klingen zu machen, und es getraut sich nicht. Sprich noch einmal von dir!

CLOTILDE
Was hilfts. Sie sprechen Ihre Sprache, und ich rede für mich. Der Bach und Wind und Hund und Baum verstehen mich, Sie sind aus der Welt – Welt – haha! Man heißt es Welt, und es ist doch ein armseliges Gefängnis. Da gibt es Große und Kleine, Hohe und Niedrige, Gefürchtete und Erbärmliche, Herren und Diener. Sie sinds gewohnt, zu befehlen, sich bedienen zu lassen. Ich kanns nicht ertragen, wenn man die Menschennaturen herabwürdigt zu Bedienten und Kammermädchen. In meiner Welt dient die Jugend dem Alter, die Stärke dem Schwachen, die Liebe dem Geliebten. Aber wo ist meine Welt?

EDUARD kann sich nicht länger halten
Reich mir deine Hand!

CLOTILDE mit kindlichem Blick ihn ansehend
Das hat noch keiner zu mir in diesem Ton zu sagen gewagt, und gerade darum will ich's tun. Wenn es in den Augen der Welt ein Unrecht ist, was kümmert mich die Welt! Sie reicht ihm die Hand.

FLORIAN schreit furchtbar auf.

EDUARD
Nein, nein ... hält ihre Hand fest.

FLORIAN fällt vom Stuhl, stöhnend.

EDUARD hält sich die Ohren zu.

JÄGER tritt hastig auf, stellt sich in Positur, meldet laut
Ich habe alles in Erfahrung gebracht. Es ist ein ganz gewöhnlicher Mensch, aber sein Vater war ein Zauberer und hat ihm zwanzigtausend holländische Gulden jährlich hinterlassen. Er wohnt im Silbernen Schild, trinkt in der Früh Kaffee, mittags gewässerten Wein, abends ein Glas Punsch. Er geht immer ... Clotilde versucht Eduard mit sich ins Freie zu führen.

EDUARD tonlos
Bemühen Sie sich nicht.

FLORIAN stöhnend zu Eduards Füßen.

JUNGFER ist leise aus dem Kabinett getreten und macht dem Jäger Zeichen, still zu sein.

JÄGER mißversteht die Zeichen und wird viel lauter
Er geht nirgends hin ohne seinen Bedienten, dieser soll ein dienender Geist sein, der mit dem Geruch alle Geheimnisse erraten kann. Er heißt Florian, hat einen blauen Frack und gelbe Hosen wird Florian gewahr, erschrickt und hält inne.

JUNGFER läuft hin, drängt den Diener hinaus.

EDUARD hat alles verstanden
Komm zu dir, Florian, ich bin schon bei mir.

FLORIAN
Na, da sein wir ja beisamm. Umklammert ihn.

EDUARD ihn mehr tragend als führend, schon nahe der Tür
Gott sei mit Ihnen, schöne Gräfin, er schenke Ihnen einen Mann, der die Sprache der Unschuld geläufiger spricht als ich und der da. Vergib mir, mein armer Florian, daß ich noch immer nicht ausgelernt habe.

IV

Appartements der Prinzessin Modestina. Vorsaal, kleiner Hof versammelt, einige Herren und Damen. Flügeltür links öffnet sich, Alladin tritt ein als Kammerherr, mit dem Stab nach rückwärts schreitend. Dann kommt Veritatius im geblümten Morgenkleid.

VERITATIUS in der Mitte des Gemaches, indem er die Verneigungen durch einen Wink mit der Hand erwidert hat, zu Alladin, herablassend, halblaut
Die Nachrichten über seine Einkünfte sind verläßlich? Er ist dermaßen reich?

ALLADIN
Monströs. Man hat keine Beispiele.

VERITATIUS
Ich brauche diesmal keine Enttäuschungen zu fürchten? Scharmant. Von dem Wunsch durchdrungen, meinen Untertanen stets das Beispiel – stets und immer das unentwegte Beispiel vorurteilsloser Menschlichkeit zu geben, für sich kann man von sich selbst sagen Menschlichkeit, das Wort atmet eine ungeheure Bassesse. Überhaupt zu offiziell das Ganze, hat ein Odeur von Staatsrede, beinahe ein Gerüchlein von Zeitung, unmöglich! – Ganz einfach, ganz einfach, alles entwickelt sich wie zufällig – leichte, vertrauliche Andeutung, aus der sie nichts und alles erraten können, die durch eine veränderte Haltung eventuell wieder desavouiert wird. – Nichts was aus dem Stil

fällt, die berühmte Leichtigkeit Veritatius' XIII. in der Behandlung des Kleinen wie des Großen, das Leichte mit Grandezza, das Schwere wie wenn es ein Scherz wäre. Laut Mein lieber Alladin, Ihr ungereimter Einfall, mir einen jungen Fremden von Distinktion in den Gemächern der Prinzessin zu präsentieren, amüsiert mich, ich genehmige ihn. Leiser Ich bin hier wie zufällig, ich beschäftige mich damit, die Lektüre meiner Tochter, ihre Fortschritte in den Wissenschaften und Künsten zu kontrollieren. Laut Wie sind Sie mit ihrem Anschlag zufrieden, liebe Hagelstange?

HOFDAME
Der Anschlag zeugt wie alles, was die Prinzessin von sich gibt, von großer Festigkeit des Charakters.

VERITATIUS
Das sollte er nicht, liebe Hagelstange, gerade das sollte er nicht, wenn sie eine Musikantin werden wollte; aber da sie eine Prinzessin ist, wird das Klavier sich wohl fügen müssen. Eintreten lassen. Ganz ohne Formen eintreten lassen. Ganz konversationell. Früchte und Wasser servieren lassen, wenig Früchte mit viel Wasser; à l'Orientale.

ALLADIN winkt, eilt an die Tür.

VERITATIUS zu der anderen Hofdame
Der Eigensinn der Prinzessin in dem gewissen Punkt hält an?

HOFDAME
In dämonischer Weise – ich bin nicht imstande ein Wort zu placieren, ohne daß ich die ferocesten Antworten –

VERITATIUS
Scharmant, scharmant, ein reizendes Kind – ah. – Bewegt sich der Tür entgegen.

EDUARD ist aufgetreten, hinter ihm wird Florian von vier Dienern hereingetragen, Eduard sieht sich ängstlich um.

ALLADIN
Ich bin ratlos – ich war nicht informiert, er insistiert seinen Begleiter, der gelähmt zu sein scheint, in dieser Form mitzubringen, ich weiß nicht –

VERITATIUS
Scharmant, scharmant! Man muß enorm reich sein, um sich selbst an diesem Ort so auffallende Seltsamkeiten zu gestatten!

ALLADIN
Befehle ich, ihn zu entfernen?

VERITATIUS
Wozu? Was wir nicht zu bemerken kondeszendieren, das existiert nicht! Ich sehe einen scharmanten jungen Mann, weiter nichts. Lassen Sie die Prinzessin avertieren. *Hofdame mit Alladin ab.*

VERITATIUS *winkt Eduard mit der Hand, der sich ihm unter Verneigung nähert*
Guten Tag, guten Tag. Sie sind viel gereist, die Welt war Ihnen offen, unsere Hauptstadt ist die letzte, die Sie aufsuchen?

EDUARD
Verzeihung, Majestät, es ist der Befehl einer höheren Macht, der mich nunmehr –

VERITATIUS
Ohne Zeremonie. Ihre Situation erlaubt Ihnen viel, wir sind gesonnen, Ihnen viel nachzusehen. Ich zähle nicht zu den Monarchen, die keine höhere Macht über sich erkennen. Ihre Ankunft hier war mir der Fingerzeig einer solchen.

FLORIAN *zu den Hofherren*
Aufstellen! Ich muß stehen! Damit ich wieder hinfallen kann! *Die Hofherren stellen ihn auf.*

VERITATIUS *ist indessen in Konversation mit Eduard.*

FLORIAN *zu den Höflingen*
Ich tu's für den jungen Herrn. Ich hab der Mariandl versprochen, daß ich ihn niemals im Stich lassen werd.

VERITATIUS *zu Eduard*
Meine Bankiers und Grundbesitzer, meine guten Manufakturinhaber usw. überbieten sich vermutlich in einem solchen Falle in verlockenden Anerbietungen. Meine Situation ist eine andere. Die Prinzessin bringt dem Mann, der das Glück haben sollte, sie die Seine nennen zu dürfen, außer der traditionellen Schönheit der Töchter unseres Hauses nur eine Habe mit, aber es ist die, welche die Feen in die Wiege der Höchstgeborenen legen: jenes gewisse Etwas, an das bis heute, Dank sei Gott, weder die Tiraden der Dichter noch die Perfidien der Zeitungsschreiber heranreichen.

PRINZESSIN *tritt ein, verschleiert; wechselseitige Verneigung.*

VERITATIUS mit etwas erhobener Stimme
Darf ich dich bitten, mein Kind, einen jungen Fremdling, den ich selbst dir vorführe, so zu begrüßen, wie du wünschen würdest, einen deiner Brüder von der Prinzessin eines souveränen Hauses begrüßt zu wissen. Meine Tochter, die Prinzessin Modestina. Lautlose Stille.

MODESTINA entschleiert sich.

EDUARD zittert.

FLORIAN
Hinten bleiben, daß ich mich nicht anschlag!

MODESTINA sie ist sehr schön; wie sie spricht, begleitet eine leise Musik ihre Rede
Gewohnt, den Befehlen meines Vaters zu gehorchen –

FLORIAN schreit leise auf, taumelt nach vorn
Die muß schon g'logn habn, bevor s' auf die Welt kommen is! Junger Herr, wenn ich sterben muß, so lassen S' mich zu Haus sterben.

EDUARD vor sich
Geist, ich habe genug von deinen Lektionen. Schleudere mich, wenn du etwas noch für mich tun willst, in die kümmerlichste Hütte zurück, aber daß ich keines dieser Gesichter zu sehen brauche! Es könnte kommen, daß ich die funkelnden Sterne für Lügen und die Mienen der Blumen für heuchlerisch ansehe!

FLORIAN
Ja, beten wir, daß wir schnell heimkommen.

EDUARD
Nimm uns hinweg, gütiger Geist. Sie versinken vor aller Augen. Die Hofleute springen entsetzt zurück.

VERITATIUS ohne sich herabzulassen, das Ganze zu bemerken, zu Alladin
Keinen Eifer. Zu Modestina Die Hagelstange sagt mir von deinem Anschlag das Beste, liebes Kind, – ich verbiete Ihnen, Hagelstange, das Bonmot zu wiederholen, mit dem ich Ihre Bemerkung erwidert habe, mögen Sie es noch so gut finden. Die Prinzessin hat genug gesunde Vernunft –

PRINZESSIN zu der Hofdame wütend
Das, Kanaille, hat Sie mir eingebrockt. Wendet sich scharf und geht.

VERITATIUS *nimmt eine kandierte Frucht aus einer Schale*
Scharmant, scharmant.

ALLADIN *kann sich noch nicht fassen, zittert.*

VERITATIUS
5 Scharmant, lieber Alladin, scharmant! Eine Morgenstunde wie diese, im Appartement meines lieben Kindes, im Kreise meiner Engsten, ohne die Beschwerde, auch nur ein fremdes Gesicht sehen zu müssen, ist mir selten vergönnt. Scharmant. *Er geht ab mit seiner Begleitung.*

Vorhang

N 6

ad Act I.

Florian ängstlich, wischt das Bild noch ab – Sehr reinlich! tut lauter unnötiges. Ah so.
Marianne männlich fest.

Florian: Mariandel! da sein mir sehr niedergeschlagen!
M⟨arianne⟩ I net!
Florian: Na ja, aber mir halt!

M⟨arianne⟩ Das Mädel is ja so dumm! Aber s' Herz hats am rechten Fleck
Der Affe im Käfig: Florian copiert ihn. Dem Viecherl is nit gut zumut. So eine Angst hat er. Fremd is ihm halt.

Act I. Eduard auch am Vater irre.

Florian: Ich fürchte ….
denkt sich aus: (Dialogisch)
Hoffnung tritt aus der Wand hervor – –

Das Mädel schaut aus wie eine Ruben

N 7

Eduard: o hätte ich das Herz wie Indius das gleich alten Tempeln stumm u dunkel aber weit u voll heiliger Bilder ist

ein Bettler mit Königsträumen –

die Not

hätt ich Gräber – Todtengeniste – im Traum gesehen – aber ich habe dich verlassen und du mich – hast du dich meiner denn nicht erinnert o m⟨ein⟩ guter Vater!

War ich zum ersten Male mit mir selbst allein – war alles nur Musik von dir um mich, ist Vaterliebe solche Zauberei

N 8

Eduard IIter Monolog.
o Geld – du über alles mächtiger Zauberstab –

zur Hoffnung: Vergessen die Flecken u Schwäche meines Herzens unter dei⟨nem⟩ Blick bist du die wunderbare ohne die von Augenblick zu Augenblick das Herz erstarrt –

H⟨offnung⟩: Ihr Herz ist ungeprüft –

E⟨duard⟩: zu wem kommen Sie denn? – der den Sie suchen bin ich nämlich nicht!

Hoffnung: Wie – der wären Sie nicht – der wäre an das Aussen gebunden!

N 9

III 1.

Eduard. – das Wertbewusstsein geschwunden. Sehr düstere Träume. Die Zeit ist auch unwichtig. Alles gleicht dem früheren Zustand. Die Blumen riechen schlecht. Ein Glas das sind zusammengeklebte Scherben. – Schmutz überall. Träumerisch düstere Vorstellung von dem bösen Gebrauch, den er vom Reichtum machen würde. Gastmähler zählen, bei denen Orgien gefeiert werden.

Kommt sich selbst ausgetauscht vor. Gießt die magische Flüssigkeit aus. – findet den Schiller: seine Handschrift.

N 10

Act III. Anfang

Eduards Zustand.

Ich habe mich weggeworfen, ich habe mich befleckt, zweimal.

I. Das Lesen von Schiller: Ich war ein Geist wie der nach allen Seiten hin durchdrang ich die Welt, in die wie in einer goldenen Schale mich wieder zu sammeln – Ahnung himmlischer Wissenschaften –

N 11

Scene I.

Absagebriefe von falschen Freunden Bild weggetragen. Pferde weggeführt

Eduards Monolog. Du sprichst von Freiheit – es gibt keine für den armen Mann – du singst von Entzückungen – sie sind mir verschlossen – – die ganze Welt ist Lug u Trug nur deine Stimme schön wie die Stimme der Wahrheit – ich bin wie der Geist in der Flasche – –

ohne Witz ohne Würde (Zauberer – reicher Mann) Frauen werd ich nie kennen – für einen Bettler sind die Frauen nicht – Wollust des Schmerzes –
Anfang Florian leitet den Abtransport. Morgen wird die Bibliothek abgeholt An dem Bild hängt sein Herz. Mariandel empfängt Briefe: Absagen, Rechnungen, Mahnungen u Versprechen. Barbara hasst das geschriebene, ist froh dass sie nicht schreiben kann, das ist eine Teufelskunst. (sie beobachtet Eduard, wie ihm die Briefe weh tun, stürzt sich auf sie und wirft sie ins Feuer) Eduard: es gibt Geschriebenes das Kunde gibt von Abwesendem, von Höherem Barbara stürzt hin, Zeilen von seiner Hand zu finden .. Sie kann sie nicht lesen! oder sie rettet Schillers Gedichte.

(Zwischenscene. Mariandel: .. die Zeit – – das is ja gar nit mehr wahr – –
Barbara: bäumt sich auf
Sie hat Schillers Gedichte gerettet.)

N 12

I. B.

Ensemble. Chor.
Florian. Mariandel. Anna. (Der Schiller)

Eduard herein. Der Küchensessel. (Er will ihn hinausschaffen, sie sagen: sie haben ihn eigens gebracht.)
Eduard: Ich brauche nichts zu wissen. Es ist alles beschmutzt. Auf allem haben sie die Hände gehabt. Ich hab es durch die Wand gehört. Es ist nichts mehr wie früher. – Florian, warst du bei dem Fräulein?
Fl⟨orian⟩ Ein Reitknecht war da, hat diesen Brief gebracht.
E⟨duard⟩ will lange den Brief nicht lesen, erbricht ihn endlich.
Monolog Eduards, endend mit der Stimme des Papageis.
Eduard allein im Dunkeln.
Anna kommt aus der Falltür hervor, mit der Lampe.
Eduard: sie soll aus dem Haus. Er sei arm. Früher konnte er erlauben, dass sie im Haus gehalten werde.
Anna: Nein. Sie sei hier nötig. Es is nur angschafft. Bis 4 Uhr. Frühstück machen für die Dienerschaft. Stiefel putzen dem Stallmeister. Gemüs putzen. Gschirr waschen. Sie solle zu reichen Leuten, sich beliebt machen, sich an die Reichen halten. Verstehst du mich? Es ist Zeit, dass du das verstehen lernst. Ehrlich dienstbar sein.

Anna (zittert)
Eduard: Leg dich schlafen. Wo schläfst.
Anna: Ich? In der Kammer. Hinter der Tür.
Ed⟨uard⟩ Was für eine Tür
An⟨na⟩: Bodentür.
Ed⟨uard⟩: Bessere Träume sicherlich.
Küsst ihm die Hand.

N 13

I B.

Der Dichter: Also so sieht es hier aus! Wer oder was sind sie denn überhaupt – 2 Füss und ein Magen – ansonsten verflucht wenig – die Worte in ihrem Mund sind von uns, dass sie an Rose⟨n⟩ riechen gelernt haben ist durch uns geschehen

Jetzt hat der Tod ff gemacht (er bläst über seine Lippen) und sie haben seine Farbe angenommen. So viel Livreen gibts gar nicht als in ihrer Garderob hängen – und noch jetzt wie sie dastehen erbärmliches Chamäleon, ist alles an ihnen der Tanzmeister, und der Herr von Gunkel. Kann sein dass ich an ihrem Tisch den frappierten Champagner und den homard a belle vue kennengelernt hab, so haben jedenfalls Sie durch mich in einem Sandkorn die Welt sehen gelernt. Adieu Schmarotzer. Ihre Existenz ist ein mattes Plagiat.

Eduard: Es muss sie incommodieren mir das alles stehend zu sagen. Wollen Sie nicht Platz nehmen.
Tut als hätte er Botschaft von Valerie.
D⟨ichter⟩: Das ist auch das einzige was ich hier noch nehmen könnte.
G⟨rünspan⟩: Ja Herr ich möcht nur wissen wie Sie sich das gedacht haben!
D⟨ichter⟩: O ich habe sie studiert – und dann hab ich Valerie über sie aufgeklärt – ich hab Ihnen die Larve vom Gesicht gezogen. Das Mädchen ist gründlich fertig mit ihnen! sie ist mit Goldma⟨nn⟩ abgereist. Und diesen Brief hat sie mir für sie übergeben.
E⟨duard⟩ (zieht die Hand zurück): ich will ihn nicht lesen Herr Grünspan
D⟨ichter⟩: So werd ich ihn ihnen vorlesen
E⟨duard⟩: Das werden sie nicht.
D⟨ichter⟩: O vor ihren Augen fürcht ich mich nicht!
E⟨duard⟩: geht zur Thür

D⟨ichter⟩ O sie weisen mir nicht die Thür. Sondern wo immer sie gehn und stehn, dort weise ich ihnen die Tür.

N 14

Scene des Dichters: Ja wer sind sie denn? wollen sie wissen was Valerie von ihnen gesagt hat!
Lindor hat sie mit einer Puppe verglichen, aus der der Häckerling fliesst – wir waren uns einig, werter Herr!

In III. ⟨Longimanus⟩ ich will dich behalten! ich will ein Kind von dir haben! ich will durch dich noch einmal auf die Welt kommen!

N 15

Scene des Dichters.

Sie ahnen ja nicht einmal was ein Mensch ist
Da mögen sie recht haben.

über den Vater: er legte seinen Arm um mich – wie wenn er eine Wanderschaft mit mir antreten wollte –

N 16

Scene des Dichters: Deine abscheuliche Gemessenheit auch jetzt – oder: warum haben sie dem Tier nicht Gift vorgeworfen – o ich ziehe ihn⟨en⟩ ihre 7 Häutchen herunter
Überschwang ist der Weg zur Weisheit
Ich zerwerfe mich an die Melodie des Daseins

N 17

Pfändungsscene:

Florian sieht ein, dass die Leute im Recht sind.
Mariandel: In ihrem Recht – die unsere Sachen wegschleppen! Red nit auf mich (sie versteckt in der Fallthür). Die sind im Recht? Sag's noch einmal! – Na ja sie sind im Unrecht, aber sie könnens halt so gut ausdeutschen, wie Recht sie haben, das Unrecht zu tun –
Gerichtsdiener klopft auf den Boden lässt sich die Sachen von Florian reichen (Silber u Tischwäsch) und zsammwickeln.

Mariandel: Der Tisch kommt nit weg. Da frühstückt der junge Herr allweil.
Gerichtsdiener: Das is eine sehr harte Arbeit. Dafür verdient unsereins ein Trinkgeld. Oder ein Glas Wein.
Marian⟨ne⟩: Was war?
Florian: Discuriert haben wir?
Marian⟨ne⟩: Discuriert
Florian: Na ja. Disputiert. I bin sehr grob worden. I hab'n Tisch beim Fuss packt – und er bei der Platte. Dann hab ich ihm's zeigt wo der Zimmermann s Loch glassen hat.

Gerichtsdiener: Is Er ein Lump?

Eduard: herein. Bibliothek verhängt. Briefe. vorher: Anna will dass ihr Mariandel die Briefe vorliest. Versteht nicht dass diese geschlossen sind. horcht, meint, die Tant kann also auch geschriebenes nicht lesen. Eduard. Briefe. Ich will kein fremdes Gesicht sehen. Ach so es war die Person. Ich erkenne sie nie wieder. Briefe. Bin ich zu feig sie zu öffnen? Diese Nacht hat mich ganz schwach gemacht. Was war mit den Pistolen! Ich zweifle an mir selber. Ich bin nichts. Lasst niemanden vor.
Mariandel: Der Herr von Altenberg.
Der Dichter beschimpft ihn. ab.
Eduard. nimmt den Schiller. enttäuscht. Das Gesicht in den Händen. Dämmerung. Die Hoffnung aus der Wand: ein Kerzenschimmer Leuchter. Sie vergisst ihm zu sagen in welcher Lade. ab. Anna (auf allen vieren) will ab. Eduard mit der Kerze. Geheimfach durch Anna aufgehend. Kerzenstummel. ihr verbrennt die Hand.

N 18

Scene in Eduards Haus.

Eduard will das fremde Gesicht nicht sehen. Sie läuft immer aus Angst. Am Schluss weint sie furchtbar.

Die Hoffnung flackernd. zerstreut wie er selbst. Sobald er weiss dass sie ein Geist wird er gesprächig: er kennt sie aus dem Gedicht von Schiller. Hoffnung: Der hat uns alle gut gekannt.

N 19

Der Papagei den M⟨ariandel⟩ nicht wegbringen lässt.
Eduard: Er ist irgendwo. Aber ich weiss nicht wo. Er wollte mir noch
etwas geben – und er glaubte er habe mir es gegeben! s o sagte er! s o!
dieses s o! meine ganze Kindheit ist in diesem s o! Er war Vater u
Mutter für mich! in diesem s o wohnen sie! das zweite so war nicht
mehr der Welt zugekehrt – Der Papagei hat den Tonfall seiner Stimme
gelernt: Eduard! – aber dieses s o das möcht ich nicht verlieren.

N 20

Eduard: (nach Grünspans Abgang) versucht im Schiller zu lesen ..
trifft es nicht: Da ist niemand! Er hat r e c h t der Grünspan! Da
sagt eine Stimme: Ist nicht wahr! ist nicht wahr! Papagei: Eduard mein
Buberl! Eduard, wo bist du?
Eduard: Vater! (er betet) Musik. Die Hoffnung tritt aus der Wand.
Marie herein den Papagei zudecken.
Eduards Aufschrei: Ein Brief von Papa! Florian! Ein Brief von Papa!

N 21

Eduard: zur Hoffnung:
Und weil ich zufällig der Herr von Zephises war – deshalb das
Anrecht – ich war dabei nicht im Spiel – T y c h e alles Z u f a l l seine
Schwester das G l ü c k

Also ein Glücksritter muss man sein?

Hoffnung: Ich kam zu Ihnen weil ich halt geschickt worden bin zu
ihnen – und wenn ich sie verlassen haben werd werden diese Hypochondrien dahin sein.

N 22

Scene der Hoffnung

Eduard: Mit Ihnen bin ich – wie wenn ich allein wäre – o nein es ist
viel mehr – verzeihen Sie

Bleiben Sie bei mir – wenn ich mit Ihnen gehe werde ich lauter guten
Menschen begegnen Hoffnung: Mit mir kann man nicht gehen

Ich bin ein unbeschriebenes Blatt kein vollgekritzeltes ich durchsteche
Continente – leite Schiffe aus einem Meer ins andere –
Hoffnung: im Abgehen: Sei etwas auf dir das unverlierbar ist

N 23

Hoffnung:
Muss ich mich wirklich legitimieren. (wie die Jungfrau von Orléans?)
über Valerie: erinnerst du dich eines gewissen Nachmittags – einer
Landpartie – – da hab ich dich aber sehr begleitet – dann waren wir
beim Juwelier ein Medaillon machen lassen – und dann – waren Sie
dann zu schüchtern? Am Heimweg im Fiaker zu verschämt – nein –
das war unser schönstes Zusammensein – da war ich sogar ein bissel
mehr als eine schwesterliche Freundin!
Eduard: Wie alles ausschaut! Ist das das Zimmer das wie ein Gefängniss ausgeschaut hat! Die Welt! und ich gehör dazu! Das Pferd bewacht
die Krone – der Adler fliegt – die Wurzel in der Erd bewacht die
Maus –
Hoffnung: Jetzt sind sie so wie sie mir gefallen. Ich gehör nicht zu den
Frauenzimmern die einen Mann schwach haben wollen. Adieu und
vergessen sie nicht ganz ein Mädchen –

Florian: Und sie haben nicht gfragt?
Eduard: Fragen, wenn sie mir Seligkeit in die Adern giesst …

N 24

I Ein alter Merlin.

Longimanus: Seltsamer elysischer Zustand, wo man nichts mehr verschuldet! Damals – da hab ich noch was angstellt!
Mein alter Speci der Zauberer Merlin soll lebendig im Grab sein – mir
is a aso zu Mut!
Scene mit den Jahreszeiten. Die Menschen beschweren sich über euch!
fragt sie, wie es mit den Menschen steht.
I weiss wie's war, aber ich gspürs nimmermehr!
Motiv des Abenteurers mit dem Sohn.

Der Sommer: sie klagen über die Vergänglichkeit! Weil die Tag kürzer sind!
Herbst: Esel sie sein halt nit wirklich kürzer!

Longimanus: Die Narren! ich leb allerweil (gähnt) Wie hat der Philosoph gsagt: Das Leben is ein Stück Ewigkeit das die Menschen mit einem hinten vorgehaltenen Tod auffangen!

Sein Hof: die Träume – die bösen Träume Eduards (er kann sich nicht mehr erinnern) die Leidenschaften als Zauberinnen:
Sein Wunsch: einen lebendigen Menschen hier haben! Träume von einem Schatten sind so traumlos – so gedächtnislos – so ohne das eigentliche der Individualität: diese steckt in den Träumen: Sie sind grad so unschuldig wie ich; stellen auch nix mehr an – – – –
Longimanus: Welch Schauspiel, aber ach ein Schauspiel nur!
nachdem er die Jahreszeiten empfangen und mit ihnen geplaudert:
Ah gebts mirs zurück, gebts mirs zurück! Die schlechteste Stund, der verregneteste Sommertag wo mich der Trud gedruckt hat –
mit Zephises: Der Plutus soll kommen!

N 26

I. Longimanus.

zu Pamphilius: Schafskopf! kann unsereiner sterben! ist es nicht das prae, was sie vor uns voraushaben, dass sie sich ihr Stückerl Ewigkeit mit einer hinten vorgehaltenen Grablaterne farbig durchleuchten können – wenn ich hätt sterben können dann lebe ich ja noch!

Die Quadrille der Jahreszeiten:
Was nützt mir Euer Reigen, wenn Furcht u Hoffnung ihn nicht zu einem Prokrustesbett machen!
Die beiden will ich aber nicht sehen, sie sind mir erz-zuwider!

über Plutus: Zu der Weisheit hat er gsagt: dass er sie ziehen kann wie Spargel –
er unterschreibt sich jetzt: das Geld
Die Furcht und die Hoffnung machen ihm den Hof.

I weiß nit renommiert er so – oder war ich doch kein richtiger Mensch, er sagt es gibt überhaupt außer ihm nix auf der Welt

N 28

so schlimm!
Einer! die Träume e i n e s Menschen!

Pamphilius: A paar böse Träume. Im Galopp! (Huschende Musik, die Träume herein laufen zum Bett)

Longimanus: Ich hab einen Sohn! ich hab einen Sohn! – Den Zephises holen! Die Kleinen sollen ihn holen!
Die Balletmädchen kommen getanzt holen Zephises. Während der Conversation leise Musik.
Longimanus blasiert müdes sattes im Ton. Zephises schläft ein. (vormittag von der Luftveränderung.) Eduard! Burscherl!
Zephises: Es is merkwürdig! Es geht mir gar nit so nah das⟨s⟩ i gstorben bin! so leicht is einem!

N 29

Longimanus – Zephises:

L⟨ongimanus⟩ Das hübsche Theater! das hübsche Theater! der buckliche Souffleur

Z⟨ephises⟩ Auch daran erinnerst du dich

L⟨ongimanus⟩ Ja weinen können wir zwei nicht mehr, dazu reichts nicht.
Z⟨ephises⟩ Das is schad. Sehr schad. Ah pardon – ich bin ja sehr gern hier bei dir. Nur dass ich meinem Burscherl gar keine Nachricht geben kann – weißt du ich bin kein pardon ich war halt nie ein Meister des Ausdrucks. Das Briefschreiben ist mir immer sehr schwer gfallen. Na mit meiner seligen Bettina wars nit nötig sie hat mich gnommen wie ich bin – und mit meinem Burscherl der hat mir nie einen Kummer gmacht – sonderbar – wenn ich das unten gsagt hab, hab ich immer die Augen feucht ghabt – es is doch eine merkwürdige Luftveränderung. Na wenns mir nur nit schadt – es is nur wegen m⟨einem⟩ Eduard damit er keine Aufregung hat – ah so – pardon! Weißt du wie ich so glegen bin, hat mich das geplagt dass ich ihm nicht sagen kann wie mir zumut is. Pardon, dass ich von so einem lugubren Gegenstand sprech – Whist gespielt wird ja hier sehr gut – ich weiß nicht ob du mich deiner Partie zuziehen wirst –
(geht auf und ab.) Ich bin noch nit ganz zuhaus da heroben. Es ist mir alles so leicht. – Ich muss immer denken – ob der Eduard.
L⟨ongimanus⟩ Is er sauber?
Während Z⟨ephises⟩ weiterspricht, spricht Longimanus monologisch daneben: er wird dem Burschen die Hoffnung hinunterschicken!

N 30

Zephises: I bin dir so dankbar – du bist so freundlich – na wenn du schon erlaubst – weisst – es wär nur falls sie auf mich gerechnet hätten zu einer Whistpartie – ich kenn die Herrn weiter nit – nur eins nit wahr – dass du dich meinetwegen nit incommodierst – ad Geld: ich hab mich halt ganz auf dich verlassen – ich hatts unbescheiden gefunden dich zu molestieren –
L⟨ongimanus⟩ Ja was fällt denn dem Plutus ein? was nimmt sich denn der für Eigenmächtigkeiten heraus. Ich hab doch ein für allmal angeordnet! Den Plutus her! Nein – will ihn nicht sehn.

N 32

Es sind vier Stück draussen die grad zusammen nachhaus kommen sind!

Die bösen Träume:
Der grosse Dicke: ich hielt ihn: wo bin ich schreit er! wer bin ich! Eduard! Eduard! Ich schlag ihm aufn Bauch! ich schmeiss ihn! ruck ihn, lass ihn wieder fallen! tief! Du Aas, schwaches – du ganz gewöhnliches Stück Fleisch, du schlappes Zeug – Blähungen deines Urgrossvaters! du Dreck!
Die Sorge: schleppt ihn weiter u weiter: er sieht alle Gesichter   alles ist vergeblich! dies ist für nichts! Er is halt nix, er hetzt sich ab! Ich ruf ihn Edi! und er meint die Stimme seiner Mutter!
Die mit dem Spiegel, halbnackt, halbschuhe mit Hakensporen, eine Art Reitkleid, Reitstock, decolletiert, Schmuck: Ich geh ganz extra zu ihm hin, ganz separat. Ich hielt ihm den Spiegel zwischen meinen Brüsten vor; er macht schwindlig, mein Spiegel. Es geht darin eines ins andere über: alles erscheint möglich. Meine Augen: da grinst das Chaos herein!
Junger Gauner, mit zwinkernden Augen: kommt zutraulich näher (geniesst es, den nicht ganz schlafenden zu martern:) Ich spiele für ihn! er spielt falsch! ich winke kleinen Mädchen! Er weicht aus. Wovor fürchtest du dich – sag ich – vor dir selber – Du existierst ja gar nicht – du bist ja ihrer m e h r e r e – du bist ein Tänzer – Er klammert sich an – es schaukelt; er stürzt er ist am Meeresgrund: ein neuer Boden thut sich auf! unendlich so fort
Long⟨imanus⟩: Das is ja wie das verhexte Cabinet im Wurstelprater!

Longimanus: Vor euch könnt ei'm schon graussen. Ihr seid schon a Gsindel. Bei was für einem alten Sünder habts Euch denn umtrieben. Ich werd doch wieder amal die Dächer abdecken.

Die mit dem Spiegel: Wenn die Alten könnten und wenn die Jungen wüssten Wir gehn jetzt auf die jungen, hübschen Männer! Die unverbrauchten! Jugend is halt ein gfährliches Wechselfieber. Da sieht man doch wo hinaus. Die kann man an sich selber irr machen. Irr ist fesch! (grinst ihn an)

Gauner: Die Hauptsache ist, sie nicht ganz wach werden zu lassen. Sie beten zuweilen – oder suchen ihre Gedanken krampfhaft auf ein Ziel zu richten: da erwischen wir sie wieder.

Sorge Der unsere war in einer ausgezeichneten Verfassung. Die Leiche seines Vaters mit zwei Kerzen zwei Zimmer weit. Das Kind in ihm sehr stark.

Die Sorge: Ah das Kind hab ich gern! – So ein Gedanke: Dahin, und meiner Liebe entzogen!

Der Dicke: I han das Kind gern, wenn's ausgwachsen is!

Longimanus: Wenn mir wenigstens gruseln thät! oder der Angstschweiss ausbrechen!

Long⟨imanus⟩ scharfes Verhör: in Hadersdorf, – Petersdorf.

N33

Scene der Hoffnung.

Sie kommt von rückwärts legt ihm die Hand auf die Schulter.

H⟨offnung⟩ Sie kennen mich nicht junger Herr.

Ed⟨uard⟩ Ich habe nicht die Ehre –

H⟨offnung⟩ o pfui – hab ich als Kind dir nicht die Leiter gehalten – vor dem Christbaum – wenn die Rute drohte –

Ed⟨uard⟩ Seltsame Reden – und doch ist mir – als ob

H⟨offnung⟩: So muss ich mich näher legitimieren – sein Brief: darunter Valerie!

E⟨duard⟩ Nicht diesen Namen jetzt!

⟨Hoffnung⟩ Wir fuhren zum Juwelier – dann in die Vorstadt vor ein Haus – wir warteten.

E⟨duard⟩ – da war ich allein –

H⟨offnung⟩ Im Gegenteil – das war unser schönstes Zusammensein

E⟨duard⟩ Ah – sie sind

H⟨offnung⟩ Die Hoffnung!

E⟨duard⟩ Zu wem kommen Sie? Sie sind fehl am Ort. Der der hier angeblich wohnt – ist nämlich gestorben – es ist die Frage ob er auch gelebt hat. Es heißt er hat sich die Mühe gegeben.

H⟨offnung⟩ Was für hypochondrische Spitzfindigkeiten – bestehen Sie unter meinem Blick

E⟨duard⟩ Wie kann ich ihn erwidern? Wer bin ich denn? erbärmlicher Zufall ist all mein Teil gewesen. Verachtung des Zufalls.

H⟨offnung⟩ Pfui solche Reden – wo ich die Schwester des Glücks bin schau mir in die Augen. Dein Herz ist ungeprüft das ist alles!

E⟨duard⟩ Vergessen die Schwächen Flecken meines Herzen⟨s⟩ unter de⟨inem⟩ Blick! Bist du die wunderbare ohne die von Augenblick zu Augenblick das Herz erstarrt? O bleib bei mir –

H⟨offnung⟩ Mit mir kann man nicht gehen – bleib warte! Du hast in dir was unverlierbar ist!

N 35

IX Scene.

⟨Longimanus⟩ Die andern Jahr hab ich doch die Erinnerung ghabt – die Reu war auch was – – Es hat mir wer so an abscheulichen Floh ins Ohr gsetzt: – wie wenn ich damals den richtigen Weg versäumt hätte.
Pamph⟨ilius⟩ Ich hab mich sehr gut unterhalten.
⟨Longimanus⟩ Wenn ich sie nit verstanden hab – wenn i der Tepp war der Draussen steht und die Musik nit hört – was hab i denn gsucht = mich selber in ihnen! – aber sie habn mich drum gebracht mit L ü g e n! die Jahreszeiten! was nützt mir das die schlechteste Stund! Ich möcht an Menschen sehen – was wars denn was mich so entzückt hat – jetzt mit reifen Augen?
Pamphilius: Menschen – zahllose selige Schatten stehen zur Verfügung (Ach die sind nur ausgrauchter Champagner)
L⟨ongimanus⟩ es is ja sehr täuschend was sie reden, – sie reden von allem freilich aber sie sind so unschuldig wie ich stellen auch nix an Schatten sind so gedächtnislos – so ohne das eigentliche die Indivi-

dualität steckt in den Träumen – die wach u. schlafend um sie sind in ihren Augen: die Träume, dunkles Leben – man sollte nicht streng sein wenn sie lügen!

Ein Bandel Träume schaff mir her, die grad von einem Menschen nachhaus kommen .. blinzelnd noch

N 36

IX Scene.

über die Schatten: so benommene Stimmen haben sie sie sind mir zu ähnlich mit mir selber – ein Mensch ist so was für sich, so was für sich – der dümmste Kerl.

Sie denken an nix – sie stehlen mir das Menschenbild aus der Seele weg – Wenn sie aufbegehren täten, aber sie sind so schlaff – ich mocht sie tausend Sachen fragen und dann fallt mir auf einmal nit ein was ich hab fragen wollen – – –

Erfahrungen: Gegensatz: Inspiration.

⟨ERSTER AKT⟩

⟨1. und 2. Szene⟩

2 H²

I. 1te Scene.

Antichambre.

CHOR Feen Zauberer Jahreszeiten Hass Neid Eitelkeit die Morgenstunden
Geisterkönig dir zu dienen
zu des neuen Tages Frist
lass uns sehn in deinen Mienen
dass du uns gewogen bist

Denn wir brauchen deine Gnade
Unsres Lebens uns zu freuen
Wollen wir im Zauberbade
uns an deiner Gunst erneuen!

GANZ KLEINER ZAUBERER
Ist jemand von den Herrschaften unterrichtet wie die allerhöchste Nachtruhe sich gestaltet hat?

Stille

ERSTER ÄLTERER ⟨ZAUBERER⟩
Jedenfalls scheint, nach der jetzig späten Stunde des lever zu urteilen der Schlaf erst in den Morgenstunden sich eingestellt zu haben! geht herüber zu den niederen Geistern

EITELKEIT
Jetzt hat er halt wieder seine schlechte Zeit, weil Frühling ist. Das ist nämlich der Zeitpunkt wo er seinerzeit seine Laufbahn als Mensch angetreten hat.

ERSTER ÄLTERER Z⟨AUBERER⟩
und der gleiche Zeitpunkt an welchem er sie beendet hat.

ZWEITER ÄLTERER Z⟨AUBERER⟩
natürlich denn genau ein knappes irdisches Jahr war ihm vom Geisterschicksal für seinen Erdenwandel zugemessen.

EITELKEIT

und seitdem sind zwei⟨und⟩zwanzig solche Jahre verflossen und es geht kein März und April vorüber, ohne dass seine alten Velleitäten sich rühren täten. Er möcht wieder hinunter und weiß doch dass die Gestirne es verbieten, die widersprechendsten Erinnerungen packen ihn an, er weiß nicht ob er die Menschen hassen oder lieben soll und über all dem wird er grandig wie ein zahnendes Kind.

ERSTER ⟨ÄLTERER ZAUBERER⟩

Sie scheinen ja ausgezeichnet informiert über die discretesten u. allerhöchsten Vorgänge.

EITELKEIT

Allerdings bin ich das ich wüsste auch nicht wer es sein sollte wenn nicht jemand in m⟨einer⟩ Stellung u. m⟨it⟩ m⟨einen⟩ Verbindungen! Es ist freilich jetzt enorm schwer, wenn man wie ich, zu dem innersten Cirkel gehört, sich richtig zu benehmen. Der Ceremonienmeister Pamphilius hat die größte Not, wie er die Whistpartien zusammenstellen soll. Seit einer Woche ungefähr sind bei unserem König die schwermütigen Tage aufgetreten: da will er absolut nichts hören u. nichts sehen was ihn zu lebhaft an die Menschen erinnert. Die Furcht und die Hoffnung sind aus den innern Gemächern überhaupt verbannt, weil ihr Anblick ihm das Ab und Auf des menschlichen Lebens zu deutlich vor die Seele ruft. Er empfindet alles und jedes als eine Anspielung auf dort unten und es ist wirklich schwer für uns, die wir die Menschheit regieren, dass wir ihn nicht an die Menschen erinnern sollen.

VIELE

Sehr wahr!

EITELKEIT

Man muss schon außerordentlich feines Tactgefühl haben, wie es mir gottlob gegeben ist um sich in einer solchen Situation noch an erster Stelle halten zu können

ZWEITER Z⟨AUBERER⟩

Sie sind sehr zu bewundern und es ist eine hohe Auszeichnung für unsereins – dass Sie sich mit uns ordinären Geistern so gemein machen.

EITELKEIT *lächelt geschmeichelt*

ZERBINETTA, eine jüngere Fee, ist mit noch zwei anderen hinzugetreten.
Da Sie so liebenswürdig sind, so verzeihen Sie vielleicht wenn ich wenn ich schon auch eine Frage stellen dürfte, es gibt halt etwas bei dieser Geschichte, darüber wären wir gar zu begierig, die Wahrheit zu wissen?

EITELKEIT
Und das wäre?

ZERBINETTA
Unser König soll doch damals da unten eine Liebschaft mit einer richtigen gewöhnlichen Sterblichen gehabt haben

EITELKEIT
Allerdings

DIE BEIDEN FEEN
Mit einer Sängerin!

ZERBINETTA
Mit einer verh⟨eirateten⟩ Frau! mit der berühmten Spini!

DIE ZWEITE ⟨FEE⟩
die den reichen Privatier geheiratet hat

DRITTE ⟨FEE⟩
mit der schönen Villa in Hadersdorf

Z⟨ERBINETTA⟩
und verwandelt worden ist aus Eifersucht

ZWEITE ⟨FEE⟩
nein hör ich weil sie ihn angelogen hat

EITELKEIT
Da Sie schon davon wissen –

ZERBINETTA
Ja, bitte schön, so muss man sich also vorstellen dass unser großer König damals während dieses einen kurzen Jahres alle Gefühle kennengelernt hat, die in der Brust eines Sterblichen wohnen

EITELKEIT
Wird es Ihnen schwer, das von einem ritterlich schönen Mann wie unser Herrscher es ist, sich vorzustellen?

ZERBINETTA
O nein – im Gegenteil

DIE ZWEI ANDEREN ⟨FEEN⟩
Es steigert nur hör ich die Begeisterung die wir als hör ich loyale Untertanen für ihn hegen!

ZERBINETTA
Mädeln, ein schöner Geisterkönig, der wie ein gewöhnlicher Sterblicher den Kopf verliert, dem könnt ich nicht eine Viertelstund widerstehen.

ZWEITE ⟨FEE⟩ zur dritten
Jetzt ist sie hör ich in die Vorstellung von etwas verliebt was sich hör ich vor 20 Jahren abgespielt hat

ZERBINETTA
Beneidenswerte Sterbliche diese Madame Spini, verehelichte Zephises und bemitleidenswert – spurlos soll sie verschwunden sein aber vielleicht doch nicht so spurlos – vielleicht flüstern

ZWEITE ⟨FEE⟩
Fragen wir sie?

DRITTE ⟨FEE⟩
Frag du sie – Ich trau mich nicht. Sie soll fragen. Pst: der Pamphilius.

IIte Scene.

Pamphilius Die Vorigen. Pamphilius tritt aus der Mitteltür

ZAUBERER
Gehorsamster Diener, Herr Haushofmeister, habe die Ehre guten Morgen zu wünschen!

FEEN
Guten Morgen, Herr von Pamphilius!

EITELKEIT auf ihn zu
Wie stehts mit dem Allerhöchsten? noch immer die Melancholie? noch immer der spleen?

PAMPHILIUS
Ich kann noch nichts sagen, aber fast muss ich befürchten bejahen zu müssen.

EITELKEIT
Zwar, was mich betrifft, ich hab mich nicht zu beklagen, für mich hat
er immer ein huldvolles Lächeln, immer ein auszeichnendes Wort –
ich kann nicht sagen, dass ich jemals unter der Schwärze seiner Laune
zu leiden hätte

PAMPHILIUS sieht sich um
Ich seh die 6 Morgenstunden nicht, sie sind zum Vortanzen von einem
Schottischen befohlen – es kommt alles darauf an, sagt der Leibarzt
ihn leidlich über den Vormittag hinwegzubringen ah da hinten stehns

DREI FEEN, nähern sich

ZWEITE ⟨FEE⟩
Herr von Pamphilius Herr von Pamphilius – wir möchten so gern
was wissen aber wir traun uns nicht zu fragen

EITELKEIT tritt zu den zwei Zauberern
Der Pamphilius sagt mir grad, dass der Leibarzt ein kleines Ballet für
das lever bestellt hat das war meine Idee, ich hab ihm gesagt, bei mir
ist das grad so, wenn ich meine humeur noire hab, nur nicht reden
müssen in der Früh – also da ist ein Ballet das angezeigteste! Es ist
unglaublich dass man schließlich immer auf meine Ideen zurück-
kommt!

Die drei Feen mit Pamphilius:

ZWEITE ⟨FEE⟩ spricht mit Prager Accent
Sie möcht hör ich den Herrn von Pamphilius so gern um was fragen
aber sie traut sich hör ich nicht

PAMPHILIUS
Was wär denn das, schönes Mauserl?

ERSTE ⟨FEE⟩ (COLOMBINE)
Ja, bitte schön, wie denn das war mit der Madame Spini Frau von
Zephises und unserm Herrn – damals – da unten

DRITTE ⟨FEE⟩
nämlich das mit der Strafe

ZWEITE ⟨FEE⟩
so das nähere möchten wir hör ich wissen –

ERSTE ⟨FEE⟩
mit der Verwandlung in einen singenden Baum

DRITTE ⟨FEE⟩
und der Entrückung auf eine Africanische Insel

ZWEITE ⟨FEE⟩
ob es hör ich wirklich wegen einer einzigen Lüge war durch die sie
sich den Zorn unseres Gebieters zugezogen hat

ERSTE ⟨FEE⟩
nämlich wegen einer gewöhnlichen Lüge, wie sie halt bei einer Liebschaft öfter vorkommen – oder ob es eine besondere Lüge war durch die besonderen erschwerenden Umstände

PAMPHILIUS
Meine Damen, das ist kein Thema für diesen Ort

ERSTE ⟨FEE⟩
Aber gerad, gibt es denn etwas interessanteres als die Person unseres gnädigsten Monarchen –

ZWEITE ⟨FEE⟩
Wir haben halt gehört es wären hör ich ganz besonders interessante Umstände gewesen

PAMPHILIUS
(Was sollten denn das für Umstände gewesen sein) – nicht dass ich wüsste

COLOMBINE
Wir haben etwas von einem kleinen Buberl gehört

PAMPHILIUS
Allerdings, Madame Spini hat als sie den ihrigen durch Geistermacht entrückt wurde, in ihrer Villa in Hadersdorf ihrem untröstlichen Gatten Zephises eine kleine Waise zurückgelassen

COLOMBINE
Und diese Waise soll aber aus der Wiege heraus den Herrn Zephises sehr mit Beziehung unverwandt angeschaut haben

ZWEITE ⟨FEE⟩
Dann gäb es ja in der Welt heute einen Königssohn aus der Geisterwelt

DRITTE ⟨FEE⟩
in strengstem Incognito

PAMPHILIUS
Ihre Combinationen entbehren jeder authentischen Grundlage

ERSTE ⟨FEE⟩
Da dürfte sich also die Lüge oder vermeintliche Lüge, der eine so schwere Strafe auf dem Fuß gefolgt ist, auf dieses ungeborene Wesen in der Wiege bezogen haben – nämlich ob – oder ob nicht –

PAMPHILIUS
Ich überlasse Sie den Belustigungen ihrer jugendlichen Phantasie tritt weg

ZWEITE ⟨FEE⟩
Wenn es aber hör ich nur eine vermeintliche Lüge gewesen ist – wenn Sie, hör ich, unschuldig war

DRITTE ⟨FEE⟩
wer will das entscheiden

ERSTE ⟨FEE⟩
Dann hat, willst du sagen, – Longimanus den grässlichen Zweifel kennen gelernt!

DRITTE ⟨FEE⟩
Nachher die bohrende Reue!

ERSTE ⟨FEE⟩
Alles was ein Menschenherz peinigen kann! Armer Longimanus. wischt sich eine Thräne aus dem Aug

ZWEITE ⟨FEE⟩
Jetzt weint sie, hör ich, über das was er alles vor 20 Jahren einmal hat spüren müssen.

ERSTE ⟨FEE⟩
Nein, Schatz, – darüber wein ich dass er seit zwanzig Jahren dasitzt, und nichts von dem allem mehr g'spüren kann. deswegen erbarmt er mir so! Freilich is er der Geisterkönig, das ganze Zaubertheater gehört ihm – ja aber was hat er denn davon wenn er immer nur in der Loge sitzen und nie mitspielen darf! Armer Longimanus!

ZWEITE ⟨FEE⟩
Geh du bist, hör ich, eine überspannte Gredl!

ERSTER ÄLTERER ZAUBERER unwillig
Ich verstehe gar nicht, Mamsell, wie man sich so unschicklich ausdrükken kann, wenn man selbst die Ehre hat, der Geisterwelt anzugehören. Sind wir nicht alle mitsammen seine Diener, seine Organe, die Voll-

strecker seiner Launen? Übt er nicht durch uns eine unumschränkte Herrschaft über die Welt und die Menschen? Lenkt er nicht noch die geheimsten Träume der Sterblichen? Ist es etwas Geringes, die Weisheit die Tugend die Phantasie oder den Plutus zu dienstfertigen Ministern zu haben, ungerechnet Tausende dienstbarer Geister niedrigeren Ranges. Hier ist wohl kein anderes Gefühl am Platz als das der submissesten Ehrfurcht u. Untertänigsten Bewunderung.

COLOMBINE
Aber Onkerl – wenn er nix gspürt!

PAMPHILIUS ist an die Flügeltür getreten, hat sie leise geöffnet, sie war angelehnt horcht hinein; wendet sich zu der Versammlung:
Folgen Sie mir, ich werde sie sogleich melden. wer von Ihnen zum Lever befohlen wird dafür kann ich freilich nicht einstehen. Aber hoffen wir das Beste.

CHOR schnelles Tempo
 Wie uns die Freude
 glühend belebt
 Wie sich die Hoffnung
 mächtig erhebt!

 Jauchzet den König
 aus seiner Ruh
 ewiges: Vivat
 Töne ihm zu.
alle gehen ab

⟨3. bis 12. Szene⟩

8 D⁵

Gemach des Geisterkönigs Longimanus im reichen Empirestil. Longimanus im Schlafrock tritt aus dem Alkoven hervor, läutet. Pamphilius, Kammerdiener, springt herbei.

LONGIMANUS
Wo schlierfst denn du herum? Was Neues?

CHOR DER GEISTER
>Jauchzet den König
>Aus seiner Ruh',
>Ewiges Vivat
>Töne ihm zu.

LONGIMANUS mißmutig
Mach' die Tür zu.

PAMPHILIUS schließt die Tür.

LONGIMANUS
Wer ist denn im Vorzimmer?

PAMPHILIUS
Die Zauberer und Feen vom Dienst, fast alle ersteren Geister, die meisten Leidenschaften, die Jahreszeiten. ...

LONGIMANUS ohne ihm zuzuhören, wühlt in den Schriften, die auf einem goldenen Tischchen liegen; gelangweilt
Bittschriften, nichts als Bittschriften, Beschwerden, Gesuche um Veränderung, Klagen, Wünsche. Wenn mir lumpig zumut' ist, sind sie auch alle aus'm Häusl.

PAMPHILIUS
Euer Gnaden sprechen es aus.

LONGIMANUS
Da! Der Plutus! Natürlich – er hat sich gesetzt, das ist doch eine Arroganz von diesem Geist, die nicht mehr zum Aushalten ist. Jetzt woll'n die Weisheit und die Tugend ihn nicht mehr zum Partner bei der Whistpartie haben. Sie sagen, er nimmt sich zu viel heraus.

PAMPHILIUS
Die neun Musen sind auch fuchsteufelswild über ihn: er hat sich geäußert, daß dort, wo er mit Gold den Boden düngt, er ihresgleichen so gut züchten könnt' wie Eibenschitzer Spargel.

LONGIMANUS
Wenn man ihn reden hört, gibt es außer ihm überhaupt keine Macht auf der Welt. Ich weiß nit, renommiert er so oder hat sich die Welt seitdem gar so verändert. Zu meiner Zeit hat's doch noch was anderes da drunten gegeben als das Geld. Er träumt vor sich hin.

PAMPHILIUS räuspert sich
Die Furcht und die Hoffnung machen ihm halt auch ohne Unterlaß den Hof.

LONGIMANUS
Laß mich aus mit den Zwei'n, die sind mir erzzuwider.

PAMPHILIUS
Sie sagen, er hat halt heutzutag' alles in der Hand.

LONGIMANUS rüttelt sich
Wer? Der Plutus? Wenn man ihn schwadronieren hört, wär' an den Menschen überhaupt nichts Eigenes mehr dran und an die Geister auch nix, und er verdienert eigentlich, meinen Platz einzunehmen. Ich hab aber g'hört, es ist unlängst sehr was Gutes gegen ihn g'schrieben word'n, von einem Franzosen oder einem Berliner.

PAMPHILIUS
Er zuckt die Achseln und sagt: Die gegen ihn wettern, sind erst recht von ihm besessen.

LONGIMANUS hält die Bittschriften in der Hand
Die Weisheit kann ich aber auch nit leiden. Sie hat mir voriges Jahr zu Neujahr so was G'schwollenes ins Stammbuch g'schrieben. Gib her, 's Stammbuch. Pamphilius reicht es ihm, er blättert darin Da hab'n wir's schon. Er liest, leise Musik begleitet die Worte »Wohl uns, daß du mit Menschen nur gespielt, nicht wirklich sie erkannt auf deinem Erdenweg: ein jeder wird in das verwandelt, was er begreift – du wärest nimmer uns zurückgekehrt.« Die Musik hört auf. Soll heißen: wenn ich hätte kapieren können, was ein Mensch ist, wär' ich selber einer geworden. Eine rechte Spintisiererei. Wirft die Bittschriften zur Erde, starrt trübe vor sich hin Es laßt mich nit aus, wenn doch was dahinter steckert.

PAMPHILIUS
Das ist die Melancholie! Das sind die schwarzen Gedanken. Läuft zur
Tür, läßt die sechs Morgenstunden herein.

Die sechs Morgenstunden im Ballettkleidchen gruppieren sich zum Tanz.

LONGIMANUS fährt aus seiner Träumerei auf, befremdet
Wer sind denn die?

PAMPHILIUS
Die freundlichen Stunden des Morgens, gnädiger Herr.

LONGIMANUS mißmutig
Ach ja, ja! Erkenn s' schon. Gähnt Wer hat denn die hereing'lassen?

PAMPHILIUS
Mein Gott, seien Euer Gnaden nicht ungehalten, der Leibarzt war der
Meinung ...

LONGIMANUS
Natürlich der! – Laß' nur austanzen. G'spassig: so exakt setzen s' die
Fußerln, und den Menschen ist immer die eine zu langsam, die andere
zu g'schwind. Großmütig, ohne Heiterkeit Na, geht's nur, Kinder, ich dank
euch schön. Die Morgenstunden knicksen und trippeln ab.

LONGIMANUS
Eine Stunde, ein Monat, ein Jahr. Wie gleichförmig ist das alles eigentlich und was machen sich die Menschen für ein Kaleidoskop daraus!
Ich hab' nur ein einziges Jahrl drunten auf der Menschenwelt erlebt!
Das End' von einem Frühjahr – Sommer, Herbst, Winter und wieder
den Anfang von einem Frühjahr. Dann war's vorbei. Was sie sich draus
machen aus dem Ringelspiel! Die menschliche Phantasie ist eine sehr
erfinderische Marchande de modes. Plötzlich lebhafter Sind die Jahreszeiten da?

PAMPHILIUS
Sehr wohl.

LONGIMANUS
Soll'n 'reinkommen. Ich möcht s' wieder einmal seh'n.

PAMPHILIUS läuft ab.

LONGIMANUS allein
Was einem eine Person mit so einer dummen mysteriösen Red' für einen Floh ins Ohr setzen kann! »Wenn du sie verstanden hättest« ..., was soll denn da weiter zu verstehen sein? »Hättest du dich in ihresgleichen verwandelt.« Da wär ich ein sterblicher Mensch g'worden und wär vielleicht vom nächstbesten Ziegelstein erschlagen word'n!

Die vier Jahreszeiten treten ein. Pamphilius schließt hinter ihnen die Tür. Der Winter ist ein alter Mann, er trägt eine bäuerische Pelzjacke, Pudelmütze, einen Muff, alles beschneit; der Sommer einen nankingenen Frack, Beinkleid, Strohhut mit Blumen darauf, und ein Parasol in der Hand. Der Herbst hat eine grüne Wirtsjacke, blaue Schürze, ein Käppchen mit Weinlaub besteckt und ein Körbchen mit Äpfeln in der Hand. Der Frühling ist ein junges Gärtnermädchen mit Rosen auf dem Hut und einem Rosenstock im Arm.

LONGIMANUS sitzend, fährt auf aus seinen Gedanken
Nun, wie steht's mit euch vier? Schimpfen die Menschen noch immer über einen verregneten Sommer oder haben s' wirklich, ob schön, ob Regen, nur 's Geld im Kopf? Na, ist der Sommer ein Stummerl?

SOMMER geniert sich.

HERBST leise angetrunken, singt vor sich hin
I' bin der Herbst,
Mit mir ist gut sein,
Den Kindern an Apferl,
Dem Vatern an Wein.

LONGIMANUS zum Winter
Und du, Alter! Können dich immer noch die kleinen Buben besser leiden als die alten Leut'?

WINTER mit rauher Stimme
Sie werfen mir vor, daß ich sie an die Vergänglichkeit alles Irdischen erinnere.

LONGIMANUS
Das werfen s' dir vor? Die Narren! Ich leb allerweil. Gähnt.

WINTER
Sie klagen über meine Finsternis: die erinnert sie an das Grab.

LONGIMANUS
Die Schafsköpf. Ist denn das nicht das große Prä, das sie vor uns voraus haben, daß sie sich ihr zugemessenes Stückerl von der faden

Ewigkeit mit einer dahintergehaltenen Sterbekerzen transparent machen können?

HERBST singt zufrieden vor sich hin
I' bin der Herbst,
Mit mir ist gut sein. ...

LONGIMANUS nickt ihm zu
Ja, du bist der Herbst, mit dir ist gut sein. Wendet sich zum Frühling Und du, Spitzbub, na, komm' a bisserl näher. Bringst du noch immer die Leut' durcheinander? Gibst immer noch den g'wissen lauen Wind, bei dem's auf einmal mitten in der Seilergassen nach Waldveigerln riecht wie auf'm Hameau, und von dem die Jungen rebellisch und die Alten konfus werden? Fädelst du immer noch solche G'schichten ein, die unterm freien Himmel und lichter Sonn' mit Graserln und Blatterln anfangen, und wo du am End', wenn alle Katzen grau sind, mir nix dir nix die letzte Kerzen auslöschst, bei der die Besinnung noch ein notdürftiges Dasein gefristet hat? Na, heraus mit der Farb'!

FRÜHLING sehr verlegen
I' bitt', ich weiß von nix.

LONGIMANUS
Ach, gebt's mir's zurück: die schlechtesten Stunden, den verregnetsten Sommernachmittag, eine einzige Nacht, wo mich die Drud gedruckt hat! Ihr könnt's nit? Na, so schaut's, daß z'haus kommt's. Was nützt mir euer Ab und Auf, wenn Furcht und Hoffnung nicht eine russische Hutschen draus machen, auf der eins bald zum Himmel hinauf, bald in die Höll' hinunterfliegt!

Die vier Jahreszeiten ziehen sich zurück unter Verbeugungen.

LONGIMANUS steht auf
Öd ist mir.

PAMPHILIUS tritt besorgt näher.

LONGIMANUS geht auf und ab
Die andern Jahr hab ich doch um die Zeit die Erinnerung so lebendig g'habt, oder die Reu'! Die Reu' war auch was. Aber diesmal ist's rein, als ob mir die armseligen Freuden der Einbildung auch sollten vergällt sein. Bleibt stehen. Pamphilius tritt näher. Es hat mir wer so einen abscheulichen Floh ins Ohr gesetzt, so wie wenn ich damals da unten das Beste versäumt hätte.

PAMPHILIUS
Euer Gnaden, das ist die Hypochondrie. Euer Gnaden kommen jetzt nicht von dem los, was die Weisheit in ihrer Arroganz in das Stammbüchel g'schrieben hat.

LONGIMANUS
Na ja, na ja, ja, ja. Es ist aber eine fixe Idee. Grübelt Wenn ich sie nit verstanden hab – zu dumm – meine Freunderln drunten haben doch immer g'sagt: wie perfekt wir uns verstehen, und mit die Freundinnen war das Verständnis auch nit schlecht, das heißt, bis auf den einen Fall, ja, ja, na ja.

PAMPHILIUS
Da sehen Euer Gnaden, es ist halt alles so daherg'redt von der Weisheit.

LONGIMANUS
Ja, ja, freilich. Sie muß halt immer was sagen, was einen den Humor verdirbt. Da hat s' mich auch einmal g'fragt hochdeutsch: Ob ich denn dort unten auch gefunden habe, was ich zu suchen ausgegangen war. So eine rechte Prüfungsfrag', und wie sie einem dabei anschaut. Ich hab ihr aber die Frage ganz scharf zurückgegeben: Na, was hab ich denn g'sucht?

PAMPHILIUS
Sehr gut.

LONGIMANUS
Sie ist aber nie verlegen um eine Antwort: »Dich selber, dein Spiegelbild in ihnen« gibt sie zur Antwort und spielt dabei die Karodam' aus. Es war unter'm Whistspielen. Ich seh mein Blatt vor mir, wie wenn ich's in der Hand hätt'. Was ich g'sucht hab bei den Menschen? Ja, was war's denn? Was war denn das, was mich so entzückt hat an ihnen? Stark Ich möcht' einen Menschen sehen! Mit meinen Augen, wie sie jetzt sind, geschärft durch zwanzig Jahre Nachdenken, wieder einem lebendigen Menschen in die Augen schau'n!

PAMPHILIUS
Zahllose selige Schatten stehen zur Verfügung. Ein Wink …

LONGIMANUS
Ah, die seligen Schatten, die sind ein ausg'rauchter Champagner! Ein lebendiger Mensch, das ist so was für sich, so was Starkes, so was B'sonderes, und wär's der dümmste Kerl. Ihrer einen von ein paar

Geistern zusammenpacken lassen und hieher stellen. Das wär schon
was. Aber eine Sekunde in dieser Luft ist für ihrer einen der sichere
Tod. Na, so lassen wir's halt. Setzt sich.

PAMPHILIUS

Vielleicht, daß noch ein Schatten, der noch nicht lange heroben ist –
die umschwebt noch so was von drunten.

LONGIMANUS

Ah, haben doch schon so leere Augen. Das kennen wir ja. Ich möcht
sie tausend Sachen fragen und dann fallt mir auf einmal nit mehr ein,
was ich sie hab fragen wollen. Vor sich sinnend Was das nur ist, möcht
ich wissen. Was sie als a Lebendiger in die Augen haben und was
macht, daß die Schatten dann gar so leer dreinschauen. Es ist so was
Dunkles, so eine zerstreute und doch begierige geistesabwesende und
doch gegenwärtige Schauerei, und es ist auch allerweil noch was dahinter. Steht auf. Man sollte nicht streng sein, wenn sie lügen. – Geht auf und
ab. Und das reut mich, das reut mich, der Jähzorn reut mich, der
Jähzorn reut mich. ... »Du lügst!« das ist schnell gesagt und eine greuliche Geisterstrafe ist gäh verhängt. Was heißt denn das: »Lügen?«
Es steckt halt ein Traum im andern, so wie die Haut vom Zwiebel,
ein dunkles Leben im andern. Sie stecken voll lauter Träume, wachend
und schlafend, und erst wenns Herz still steht, werden sie traumlos –
dann stell'n sie auch nix mehr an. ... Von der Couleur hab ich genug
heroben. – Ein Bandel Träume schaff mir hier, die grad im Augenblick
von einem Menschenbett nach Hause kommen. – Noch heiß von seinem Dunst, daher!

PAMPHILIUS mit starker Stimme hinausrufend

Ein Bandel Träume, frisch retour von eines Menschen Bett. Herein
hier im Galopp.

LONGIMANUS

Meiner Seel', das wär das einzige, was mich auf einen Augenblick aus
mir selber herausreißen könnt.

Pamphilius öffnet die Tür, vier Träume huschen herein, Musik. Die vier Träume sind
im Nu in der Nähe des Alkovens, stellen sich in die Falten des Vorhanges, scheu,
lauernd. Der große Dicke, oder Schwechater Michel, sieht aus wie ein herabgekommener Wirt oder Hausbesitzer. Die ältliche Person oder die Tante sieht aus wie eine
Gelegenheitsmacherin oder Hehlerin. Der Junge, der Baron, hat ein Gaunergesicht mit
zwinkernden Augen, ist schäbig elegant gekleidet und trägt ein Bändchen im
Knopfloch. Die junge Person, die Spiegel-Netterl, trägt ein grünes Ballkleid, tief ausgeschnitten, seitlich geschlitzt und Halbschuhe mit großen Hackensporen dran und einen
Reitstock in der Hand. Zwischen ihren Brüsten ist wie ein Medaillon ein runder Spiegel angebracht.

LONGIMANUS *tritt unwillkürlich einen Schritt hinter sich. Die Träume verbeugen sich*
No, ihr seid's ja eine recht hübsche Quart! Also, was habt's ihr getrieben heut nacht? *Die Träume sind verlegen, bleiben stumm.* Na, der Dicke da, heraus mit der Sprach'.

SCHWECHATER MICHEL *tritt vor mit einem Kratzfuß*
Sehr gute Arbeit. Ich fang allerweil schon an. Ich nimm den Klienten und heb ihn langsam auf aus'n Bett und druck ihn immer fester zusammen, bis ihm die Luft ausgeht, da röchelt er, sehr sogar. »Wo bin ich? Wer bin ich?« lallt er mit der Zungen; dann laß ich ihn wieder fallen, tief! Da schaut er mich so g'spaßig an, mit verdrehten Augen und 's Herz geht ihm wie ein Lampelschweiferl. Ah, wer du bist, sag ich dann. Das fragst du mich? No wart, ich sag dir's ins Ohr, was du bist: Ein Aas bist. Eine vergessene Blähung von deinem Herrn Urgroßvatern, das bist … ein Dreck bist.

DIE TANT' *tritt vor*
Wenn er den Klienten ausläßt, dann nimm ich ihn unterm Arm und zerr' ihn weiter. Da spazieren alle G'sichter, die es auf der Welt gibt, an ihm vorbei, und in keinem G'sicht ist ein Trost drin. »Das ist für nix und das ist wieder für nix, es ist alles vergeblich, alles für nix«, murmelt er in sich hinein, und dann möcht er sich den kalten Schweiß von der Stirn wischen, aber er kann nicht, denn ich halt ihm die Händ'. Da zahlt nachher das Burscherl der Menschlichkeit seinen Tribut. *Lacht.* Dann ruf ich ihn, Edi! Und er spitzt die Ohren und meint *höhnisch, hochdeutsch:* Es ist die Stimme seiner Mutter. *Lacht wie närrisch.*

SPIEGEL-NETTERL *tritt näher*
Ich geh immer ganz extra zu ihm hin, ganz separat. Ich laß ihn da in das Spiegerl hineinschauen, macht a bisserl schwindlig, mein Spiegerl, geht ihm nachher so alles ins andere. Wer nur da fest einig'schaut hat, da gibt's scho nix mehr, was ihm unmöglich vorkäm'.

BARON *wichtig*
Dann schlaft er nimmermehr tief. Dann ist er nur so ein Alzerl vom Wachen. Das ist mein Fall. Verstehen, Euer Gnaden. Da zacksel ich ihn zu einem Spieltisch. Er spielt falsch, da erschrickt er über sich selber. Dann wink ich wo an einer Straßeneck'n einem ganz kleinen Mäderl. Er weicht aus. Vor was fürchtst dich denn, sag ich, leicht vor dir selber? Geh, sei g'scheit, paß auf. *Hochdeutsch* Du existierst ja gar nicht, das ist ja der andere, der das alles anstellt, verstehst … Der andere? – Na ja, du bist doch ein Mehrerer, das weißt ja doch. Du

hupfst ja von einem Ich ins andere. Du bist doch ein Tänzer, kapierst?
Er kapiert's net. Schwindlig ist ihm eh von der Netterl ihrem Glaserl,
da graust ihm vor sich selber, er will sich anklammern, er greift ins
Leere, er wirft sich auf den Boden, der Boden schaukelt, er stürzt,
stürzt bis auf den Meeresgrund, er meint, er ist drunten, will schon
sterben, da tut sich erst der Boden wieder auf ...

PAMPHILIUS ängstlich
Das ist ja das verhexte Kabinett im Wurstelprater. Die Träume lachen.

LONGIMANUS
Vor euch könnt ein'm schon grausen. Ihr seid's schon ein G'sindel.
Ich werd' doch wieder einmal unversehens bei der Nacht ein paar
Dächer aufdecken und nachschauen, wie ihr mit den Menschen
umspringt. Was für ein alten Sünder habt's denn heut nacht in der
Arbeit g'habt?

SPIEGEL-NETTERL
War a junger, saubrer Herr, kein alter Sünder.

BARON
Nur net ganz wach werden lassen, verstehen, Euer Gnaden, das ist der
Witz. Sie probieren etlichemale zu beten, oder sonst wie krampfhaft an
was zu denken – gleich wieder runterdrucken!

SPIEGEL-NETTERL
An Alten in den Spiegel schauen lassen, zahlert sich nit aus. Ein Jungen
kann man fein an Gott und der Welt irr machen. Irr ist fesch.

DIE TANT'
Er muß auch noch ein kindliches Gemüt haben, auf das flieg' ich. Nur
ein bisserl was wegkletzerln und 's Kind muß zum Vorschein kommen.
Heut' war der Herr Eduard in einer ausgezeichneten Kondition. Na
ja, wenn der Papa zwei Zimmer weiter im Sarg liegt, mit einer Kerzen
rechts, einer Kerzen links, so was gibt eine kindliche Gemütsverfassung.

LONGIMANUS
Eduard hat er g'heißen, euer heutiger – ?

DIE TANT'
Ein sehr guter Klient.

SPIEGEL-NETTERL
Und sauber und ein Kavalier.

LONGIMANUS
Und der Vater ist im Haus aufgebahrt?

BARON
In der eigenen Villa in Hadersdorf, bitt' schön.

LONGIMANUS sehr aufmerksam
In Hadersdorf? Wer ist der Tote? Wie heißt er?

BARON
Zephises, Euer Gnaden, ein reicher Privatier war er, aber er soll bereits nix hinterlassen haben.

LONGIMANUS mit merklicher Erregung
Und der Bub'? Der junge Herr? Der Eduard? Schaut dem Vater ähnlich natürlich? Oder ihr habt's den Vatern nit g'seh'n?

DIE TANT'
Sehr gut haben wir ihn gekannt, den alten Herrn Zephises. Wir kommen ja öfter zum Eduard. So eine mutterlose, verträumte Waise ist was für uns.

BARON devot
Nicht die geringste Ähnlichkeit, bitt' schön, hat der Herr Eduard mit dem Herrn Papa. Der Herr Papa war ein kleines, dickes Wuzerl, und der Eduard ist einen Kopf größer wie ich, mit einer Adlernasen, schaut ein bisserl aus wie ein Katzelmacher, aber nobel –

SPIEGEL-NETTERL die plötzlich erraten hat
Dir, großmächtiger Herr und König, ist er wie aus dem G'sicht geschnitten. Er ist dein Sohn, Gnade, Vergebung! daß wir uns an deinem Kind haben vergreifen können, Gnade, wir haben's nit gewußt. Wir haben gemeint, es ist ein gewöhnlicher Mensch, Gnade!

SCHWECHATER-MICHEL, TANT' und BARON knien nieder, in abscheulicher Devotion
Gnade, wir sind unschuldig, wir haben nix gewußt!

LONGIMANUS
Pamphilius, ich hab' a Kind. Muß sich setzen, vor sich Sie hat das eine Mal nit gelogen, da soll sich einer mit die Weiber auskennen. Pamphilius, hast verstanden? Zu den Träumen Fort mit euch. Die Träume sind auf eins, zwei verschwunden.

LONGIMANUS zu Pamphilius
Mein alter Spezi, der Zephises, nun, du hast ja kapiert, um was es sich handelt, der Zephises muß seit gestern oder vorgestern als seliger Geist heroben sein, lauf' hinüber und hol' ihn. Nein, bleib' da, schick' ein paar dienende Geister, aber freundliche. Sie sollen ihn im Flug' daherbringen. Pamphilius eilig hinaus. Ich hab' a Kind. Irgendwo lebt seit zwanzig Jahren ein Stückerl von mir, es atmet, schläft, träumt – und ich weiß nix davon. Na, hab' ich jetzt nit doch vielleicht g'funden, was ich zu suchen ausgezogen war: Mein Spiegelbild – geprägt in menschlicher Gestalt! Bewegt sich's reizend auf mich zu und soll ich dann, mich selbst begreifend, mich mit ihm vereinen? Ist das der große Sinn von meiner Erdenfahrt? Die ohne Sinn mir schon so lieblich war und mit Ambrosia der Erinnerung mir zwanzig Jahr' lang meine Seele nährt.

Vier kleine, mit Blumen bekränzte Genien bringen den Zephises in einem antikisierenden Kostüm in Weiß. Leise Musik, die dann aufhört, zum Schluß der Szene wieder einsetzt.

ZEPHISES verneigt sich mehrmals
Ich weiß gar nicht, wie ich die hohe Ehre – es ist mir eine große Gnade, daß ich die hohe Auszeichnung habe – meine untertänigste Aufwartung zu machen –

LONGIMANUS auf ihn zu
Keine Komplimente unter alten Freunden! Mich freut's, mein lieber Zephises, mich freut's.

Pamphilius bringt zwei Fauteuils und entfernt sich, nachdem er den kleinen Genien die Tür zum Abgang geöffnet hat. Zephises setzt sich auf einen freundlichen Wink des Longimanus, aber erst nachdem dieser sich gesetzt hat.

LONGIMANUS nach einer kleinen Pause der Verlegenheit
Ja, wer hätte das gedacht – wie wir uns das erste Mal begegnet sind – vor dem Café Pedrocchi in Padua.

ZEPHISES
Das wissen Euer – das weißt du noch?

LONGIMANUS
Deine Frau hat den Abend vorher die Nymphe vom See in der neuen Rossinischen Oper gesungen, da hab' ich sie im Zwischenakt kennen gelernt – am nächsten Tag hat sie dich mir präsentiert.

ZEPHISES
Ich staune über dein Gedächtnis.

LONGIMANUS
Das hübsche Theater! Das hübsche Theater! Der bucklige Souffleur –

ZEPHISES
Auf den erinnerst du dich auch? Dem hat sie am letzten Abend die ganze Einnahme geschenkt: 160 Dukaten. So war sie, die Bettina. Eine kleine Pause. Du weißt, wie ich sie verloren hab', ohne Abschied, kein Wort, keine Andeutung, keine Zeile, als ob eine Geisterhand sie von der Erde weggerissen hätte. Am Abend nach der Oper soupiert sie, tritt auf die Terrasse hinaus, geht in den Garten und kommt nicht wieder herein, und nie wieder ein Lebenszeichen von ihr, diese zweiundzwanzig Jahr. Eine Pause.

LONGIMANUS
Und der Kleine? Der Eduard?

ZEPHISES
Du weißt noch, daß das Burscherl Eduard heißt?

LONGIMANUS
Ist er gesund, geht's ihm gut?

ZEPHISES
Mein Gott, es wird ihm halt den Umständen angemessen gehen. Traurig wird er halt sein, weinen wird er halt um seinen Vater.

LONGIMANUS macht eine bedauernde Gebärde.

ZEPHISES sanft, höflich
Ah, pardon! Ich bin ja sehr gerne hier heroben bei dir, nur daß ich meinem Burscherl gar keine Nachricht geben kann und daß ich ihm durch meine Abwesenheit halt Kummer machen muß. Weißt du, er hat mir nämlich nie eine trübe Stunde bereitet, niemals! Fährt sich mit den Fingern ans Auge. G'spaßig, wenn ich so was Ähnliches unten g'sagt hätt', so in der letzten Zeit, hätt' ich immer die Augen voll Wasser g'habt – hier nicht, es ist doch eine merkwürdige Luftveränderung. Kleine Pause. Weißt du, wie ich so gelegen bin, gestern, oder war es vorgestern? – und hab' nicht mehr sprechen können, und er ist bei mir am Bett gesessen und hat g'schluchzt und hat gemeint, ich hör' ihn nit mehr, da hat mich das geplagt, daß ich ihm nit hab' sagen können, wie mir zumut ist. Es hätt' ihn getröstet. Ah, pardon, daß ich von einem solchen traurigen Gegenstand spreche. Er sucht das Thema zu wechseln Whist gespielt wird ja heroben auch, hab' schon gehört. Gewiß sehr gut. Ich weiß natürlich nicht, ob du mich deiner Partie zuziehen wirst –

LONGIMANUS
Und was meinst du denn, daß er jetzt anfangen wird auf der Welt, der
Eduard? Reich ist er ja – vielleicht, daß er auf Reisen geht –

ZEPHISES
Weil du schon davon sprichst – ich hätt' mir selbst nit erlaubt, dich
mit meinen Angelegenheiten zu inkommodieren, aber weil du selbst
so gnädig bist, dich zu erkundigen – es steht damit nicht so, wie du
annimmst: ich hinterlass' den Eduard nicht in so guten Vermögensverhältnissen, als er Ursach hat, zu erwarten.

LONGIMANUS
Wieso das?

ZEPHISES
Es ist nur, weil du schon davon g'sprochen hast – und es drückt mich
halt so schwer: meine Verhältnisse waren die letzte Zeit recht zerrüttet,
ein unredlicher Bankier hat mich in seinen Bankerott mit hineingezogen, er hat mir Hoffnung gemacht auf gewisse Eingänge, die sind ausgeblieben, mein Notar hat mir nachlässig Rechnung gelegt, ich hab'
alles nicht mehr recht übersehen – ich hab' Angst, daß ich den Eduard
hilflos zurückgelassen hab'.

LONGIMANUS vor sich
Was fällt denn dem Plutus ein, was nimmt sich denn der für Eigenmächtigkeiten heraus? Ich hab' doch ein- für allemal angeordnet –
Pamphilius!

PAMPHILIUS tritt hervor.

LONGIMANUS
Der Plutus soll in mein Kabinett kommen! Nein, wart' noch – zu
Zephises Mach' dir keine Sorgen, ich werd' mich um die Sach' bekümmern.

ZEPHISES
Du nimmst mir einen Stein vom Herzen. Ich hätt' ja nie gewagt, dich
zu molestieren – die sanfte Musik setzt wieder ein und hält bis zum Schluß des
Auftrittes – aber weil du schon so gnädig warst, davon anzufangen! Jetzt
bin ich ganz frei von Sorgen, jetzt werde ich erst den Aufenthalt heroben bei dir genießen können, so leicht ist einem hier heroben, so leicht.
Die Augen fallen ihm zu, er öffnet sie wieder Ich muß halt immer denken, ob
der Eduard – er schläft ein.

LONGIMANUS *leise zu Pamphilius*
Die Hoffnung ruf' herein, ich hab' ihr einen Auftrag zu geben.

PAMPHILIUS
Sie wird überglücklich sein, daß sie wieder in die Gnad' kommt. *Geht.*

LONGIMANUS *sieht den schlafenden Zephises an, schüttelt den Kopf*
Jetzt bin ich der Vater von dem sein' Sohn, g'spaßig.

PAMPHILIUS *läßt die Hoffnung eintreten.*

LONGIMANUS *steht leise auf, geht auf den Zehenspitzen nach rückwärts, die Hoffnung verneigt sich tief*
Ich hab' einen sehr hübschen Auftrag für dich.

⟨13. bis 26. Szene, 29. Szene⟩

2 H²

13^(te) Scene.

Grosses dreifenstriges Zimmer bei Eduard.

FLORIAN herein mit Flederwisch u. Staubtuch. Couplet. er fängt an, überall abzustauben, hastig
Sehr nett muss alles gehalten werden, sehr ordentlich sagt die Mariann, es muss alles blitzen wie wenn der gnädige Herr jeden Augenblick hereintreten könnt, Silber muss alle Freitag geputzt werden, s'Messing alle Montag, die Fenster alle Samstag – der Parkettboden muss glänzen wie ein Spiegel, man kann nit wissen ob der selige gnädige Herr nit von drüben herunterschau'n kann – (was tät er denn da sagen, wenn wir seinem Herrn Edu⟨ard⟩ das Haus nit tät'n in Ordnung halten) – wie täten denn wir da dastehn sagt die Mariann, wenn er seine Stimm erheben tät und uns anrufen:

DER PAPAGEI mit der Stimme des Zephises
Florian! Florian!

FLORIAN
Ja, ja Paperl du weisst accurat von wem ich red. Siehst es sagt die Mariann, beim Paperl bleibt alles beim Alten – so ein Viecherl kennt keine Unbeständigkeit, müsst man sich da nicht in Grund u Boden schämen – wenn unsereins jetzt seinen Dienst u seine Pflicht u Schuldigkeit im Stich liess – jetzt sagt die Mariann, wo unser junger Herr unversehens in Not und Bedrängniss geraten is

DER PAPAGEI m⟨it der⟩ St⟨imme⟩ d⟨es⟩ Z⟨ephises⟩
Edi – Burscherl!

14^(te) Scene:

Mariandel von links aufgeregt mit einem schweren Wäschekorb gleich darauf 2 Bilder in vergoldeten Rahmen durchgetragen

⟨MARIANDEL⟩ nach draussen, gellend
Florian! Florian! wo steckst denn!

FLORIAN
Staubabwischen tu ich.

MARIANDEL
Jetzt! jetzt tust du Staubabwischen! Sie schleppen alles fort! Die feine Tischwäsch, Körbweis auf Leiterwagen – s Silbergschirr – (s Mobiliar) – die Bilder – die Räubersbande elendige – unmenschliche – das nenn ich an Einbruch beim hellichten Tag

FLORIAN
Ja das ist halt schon aso bei einer Pfändung – das musst halt einsehn

MARIANDEL
Ich, einsehn? so ein Einsehn wär mir eine Erbärmlichkeit Noch eine solche Red und wir sind geschiedene Leut!

15te Scene.

ANNA kommt gelaufen
Jungfer Mariann! jetzt führen sie die Pferd ausm Stall

MARIANDEL
Unsere Pferd! Jessass Maria u Joseph! mit was soll denn nacher der junge Herr ausreiten!

ANNA
Und da herein wollens auch!

MARIANDEL
I kratz ihm die Augen aus, der über die Schwellen tritt.

ANNA
Ich werd wirr Sie kommen schon Hilf die Jungfer! Hilf Mariandel die Tür zu halten!

MARIANDEL zu F⟨lorian⟩ der abstaubt
Da schau das Madl an! Bist du a Mannsbild! bist du a Bedienter!

FLORIAN
Wie du siehst sehr an ordentlicher!

MARIANDEL
Was willst denn mit der Abstauberei?

FLORIAN
Solln sie die Sachen alser staubiger wegtransportieren – dass sich das ganze Gericht über unser Haus das Maul zerreissen tät

MARIANDEL
Von dem Schreibtisch redst du und wegtransportiern! (Davon dürfen sie nix anrühren das is'm jungen Herrn sein Schreibtisch, das is sein Lieblingsplatzerl) Du willst userm jungen Herrn sein Schreibtisch wegtransportiern lassen drängt ihn zurück und vielleicht seine Bettstatt auch?

FLORIAN entweichend
Ja, ja weil wir so discurieren Was is denn in dem Körbel da?

ANNA hat den schweren Korb genommen zerrt daran.

MARIANDEL
Damastne Tischwäsch, silberne Leuchter – das versteck ich im Keller – du bleibst hier, (und lasst s nicht herein) und wenn s doch hereinkommen so zeigts ihnen wo der Zimmermeister Loch glassen hat – oder wir zwei sind gschiedne Leut

FLORIAN
Ja ja geh nur. Lass mich nur machen. (So was besorg ich ausgezeichnet.)

MARIANDEL
Das is kein Gsicht mit dem ein handfester Bedienter das Hab und Gut sein⟨es⟩ jungen Herrn verteidigt. A bissl an Entschlossenheit in dein Gsicht oder wir sind gschiedene Leut! ab mit Annerl, den Korb schleppend

16te Scene.

2 Gerichtsdiener, mit Leuten.

ERSTER GERICHTSDIENER liest
Dreifenstriges Studierzimmer. Ein Tisch, aus Kirschholz, eingelegt – sammt drei Fauteuils u einem Canapé – da is er Leute nehmen das Canapé weg

ZWEITER GERICHTSDIENER
Ihr kommts mit mir ab mit ein paar Leuten rechts vorne

FLORIAN
Herr (Kaiserlicher) Rat, hier in dem Zimmer hat die Mariann gsagt dürfen sie nichts wegnehmen.

ERSTER G⟨ERICHTS⟩D⟨IENER⟩
Wer hat das gesagt?

FLORIAN
Die Mariandel, das is die Wirtschafterin, von der ich der Bräutigam bin.

ERSTER G⟨ERICHTS⟩D⟨IENER⟩
Is das vielleicht das (ausgschamte) Frauenzimmer,

FLOR⟨IAN⟩
Ja ja, es wird schon die nämliche sein

⟨ERSTER GERICHTSDIENER⟩
was sich unterstehen möchte, die Amtshandlung zu stören

FLORIAN
Ah davon weiß ich nichts.

ERSTER G⟨ERICHTSDIENER⟩ drohend
Das möcht ich ihm auch nicht geraten haben dass er davon was wüsst —

FLORIAN retiriert unter Verneigungen
Aha, aha!

PACKTRÄGER kommt Kappe in der Hand
Bitt schön der dritte Leiterwagen is auch bereits voll

GERICHTSDIENER
Der Tisch kommt noch drauf

FLORIAN wischt ihn ab

PACKTRÄGER
Und der Secretär?

GERICHTSDIENER
Der wird morgen abgeholt

PACKTRÄGER nimmt den Tisch von einer Seite

GERICHTSDIENER zu Florian
Da helfen den Tisch wegtragen!

FLORIAN hält den Tisch
Bitte der Tisch da wird nicht abgeholt hat die Mariann gesagt

GERICHTS⟨DIENER⟩
Angepackt oder er macht sich einer Widersetzlichkeit schuldig!

FLORIAN
Ach so! packt den Tisch u. trägt ihn, mit dem Packträger. Gerichtsdiener folgt.

Im gleichen Augenblick kommt Marianne, hinter ihr Anna links rückwärts herein, über die Bühne rechts hinaus

17te ⟨Szene⟩

FRISEUR von rechts
Schamster Diener habe die Ehre guten Nachmittag zu wünschen. Da is niemand. Und im Vorzimmer auch und alle Türen offen. In der Früh hat mir niemand aufgemacht! So eine schlampige Wirtschaft hats unterm alten Herrn von Zephises nicht gegeben. Da muss ich mich schon ungemeldet ins Schlafzimmer vom jungen Herrn verfügen Aufgestanden dürfte er ja doch schon sein geht nach links hinein Hab die Ehre guten Morgen zu wünschen!

18te Scene.

Marianne herein, Florian ihr nach.

FLORIAN kläglich
Mariandel!

MARIANNE
Red nit auf mich. Hab nix mit dir zu tun!

FLORIAN
Ja was is denn in dich gefahren!

MARIANNE
Geh mir ausm Gsicht – wir sind gschiedene Leut!

FLORIAN
Ja da möcht ich mir doch ausbitten

MARIANNE
Du dir ausbitten

FLORIAN
Ja wohl! macht ein entschlossenes Gesicht

MARIANNE
Was möchst denn du dir ausbitten

FLORIAN
An andern Ton möcht ich mir ausbitten

MARIANNE
Du — misst ihn von Kopf zu Fuß

FLORIAN
Unverdiente Grobheiten steck ich nicht ein!

MARIANNE
Ha!

FLORIAN
Ich will wissen was du mir vorzuwerfen hast!

MARIANNE
Du willst wissen was ich dir vorzuwerfen hab. Was is denn da gestanden

FLORIAN
Da – der Tisch, der Fauteuil ein Canapé

MARIANNE
Jawohl und für die bist du mir eingestanden mit deiner Ehr. Aber weil du eine erbärmliche Schunderseel bist weil du dich nicht traust, einem solchen groben Klachl die Zähn zu zeigen

FLORIAN
Ich mich nicht trauen! ich mich nicht trauen! frag ihn! ich hol ihn dir herauf! Ich mich nicht trauen! dass ich nicht lach!

MARIANDEL
Na hast du dich leicht getraut? Wie hast denn du mit ihm gredt – dass es hier so ausschaut –

FLORI⟨AN⟩
Das verstehst du nicht, das versteht ein Frauenzimmer nicht. (Ganz in der richtigen Weis hab ich mit ihm gredt). Wir haben amtlich miteinander discuriert.

MAR⟨IANNE⟩
Und so schaut das aus, was bei dem Discurs herausgeschaut hat.

FLORIAN schlägt auf den Schreibtisch
(So schaut das aus, was bei dem Discurs rausgschaut hat!) Ohne mich stünd der Schreibtisch nicht mehr hier!

MARIAN⟨NE⟩
Und dafür hast ihm gholfen den Tisch und Canapé wegschleppen

FLORIAN
Wer sagt das wer is der Lugenschippl ⟨der⟩ eine solche niederträchtige Verläumdung in Umlauf bringt!

MARIAN⟨NE⟩
Ich habs gsehn mit meinen eigenen Augen, wie du den Tisch hinaustragen hast

FLORIAN
Wo hab ich den Tisch hinaustragen

MARIAN⟨NE⟩
Da bei der Thür

FLORIAN
Ich den Tisch! Ich hätt den Tisch da – (a ja da haben aber deine beiden Augen sehr was falsches gsehn:) grauft hab ich um den Tisch mit ihrer zwei große Klachln – – – ich hab ihn hint packt, sie habn ihn vorn packt –

MARIAN⟨NE⟩
Und auf ja und nein war er draussen am Möbelwagen! Was is denn schon worden

19te Scene.

ANNA herein, sehr aufgeregt, blass, stellt sich hin
Sei tuan wieder. Jetzt tuan⟨s⟩ im Gärtnerhaus.

MARIAN⟨NE⟩
Was tuns?

ANNA
Wegnehmen. Aufladen. – warum derfens denn das tun! schluchzt

MARIANNE
Da schau dir das Kind an, wie der das Elend zum Herzen geht. Da nimm dir a Beispiel.

FLORIAN streichelt Anna
Na na wird schon wieder besser werden.

(MARIANNE finster
Möcht wissen wie!)

ANNA aufgeregt
Warum derfens das tun? Tun's im jungen Herrn nacher a was?

MARIAN⟨NE⟩
Was denn?

ANNA
Einsperren? schlagen!

FLORIAN
Schau dir das Madel an – aber gar kein Red niemand wird eingsperrt!

ANNA
Warum derfens das tun!

FLORIAN
Weil halt kein Geld im Haus is und viel Schulden zum Abzahlen

ANNA
Kein Geld? gar kein Geld? Is die Not zu ihm a kommen

FLORIAN
Ja ja

ANNA
Wenn a Geld wär, nacher derftens nit herein?

FLORIAN
Na wenn ma viel Geld hätten, dann tät der Herr Eduard die Schulden abzahlen und die Männer müssten alles zurückgeben

ANNA
Wieviel Geld? A Gulden?

FLORIAN
Tschapperl!

ANNA
Herr Florian! Zwei Gulden –

MARIANNE steht beim Fenster
Ah jetzt steigens gar in die Rabattl! sie schlagen die Glashausfenster ein! (ah das möcht ich mir aber doch verbeten haben!) Florian! läuft ab, Florian folgt ihr Hundegebell

MARIANNE nochmals in der Tür
Du bleibst da und passt auf das⟨s⟩ niemand die Bücher anrührt! ab.

20ᵗᵉ Scene.

ANNA kniet nieder
Himmelmutter gib mir a Geld fürn Herrn Eduard, schick mir a heiligen Engel mit an Geld, damit im guten Herrn Eduard nix gschicht! Himmelmutter! erbarm dich lass nit die Not zum Herrn Eduard kommen!

21ᵗᵉ ⟨Szene⟩

Friseur von links. Anna.

FRISEUR ohne Anna zu sehen
Ah da schau her! Schauts mit'n Herrn von Zephises seiner Erbschaft a so aus! tut einen Pfiff Z'erscht a Viertelstund vor der Schlafzimmertür warten lassen keine Antwort geben aufs Anklopfen und dann: affectiert ich lasse mich nicht mehr bedienen! meine Verhältnisse haben sich geändert. Ich muss sie mit diesem Gulden für den letzten Monat abfinden. Mit an Gulden, was er sonst hat als Trinkgeld springen lassen! Ah schau da her! steckt das Geld verächtlich ein setzt seine Kappe auf Also so schauts in gewesen⟨er⟩ Privatiers- u. Hausherrnwohnung aus! nimmt unverschämt ein Buch auf Schillers Gedichte.

ANNA schiesst hervor
Liegen lassen das Buch

FRISEUR erschrickt, legt das Buch hin

ANNA
San Sie der Perückenmacher

FRISEUR
Herrn- u. Damenfriseur! capiert!

ANNA
San Sie nit der Perückenmacher.

FRISEUR
Selbstredend auch perruquier. Was gibts?

ANNA
Haar hab ich zum Verkaufen. Kosten an Gulden.

FRISEUR
Woher von wem?

ANNA
Von mir. Da! reißt ihr Haar herunter.

FRISEUR tut einen Pfiff, will sie anrühren.

ANNA springt zurück
Den Gulden da her legen.

FRISEUR
Sakra. is das Madl aufs Geld!

ANNA
Die Scheer! entreißt ihm die Scheere Dort schaun dass niemand kommt –
schickt ihn nach links sie kniet hinter ⟨dem⟩ Schreibtisch

ANNA bringt ihm die Haare eingewickelt in ihr Kopftuch
Wo is mein Gulden! Schreit Jungfer Mariann! läuft weg

FRISEUR geht an die Tür links vorne. notiert
Haus angekauft 3 fl 60 Kreuzer netto Ich verkaufs 'm Prinzipal um
4 Gulden er verkaufts an den xxxxxxxxx um 10 Gulden u. der verkaufts der Kundschaft um 20 Gulden! – das is der legitime Profit.
Schamster Diener habe die Ehr guten Tag zu wünschen! ab rechts

22te Scene.

ZWEITER GERICHTSDIENER mit 2 Buben die eine Butten tragen von rechts sieht sich um. bezeichnet den Buben die Bibliothek
Da ausräumen! Wir wollen Feiertag machen welcher gschwinder eingräumt hat kriegt an Kreuzer!

Der Bub nimmt die Bücher aus der Bibliothek u. wirft sie in die Butten.

⟨ZWEITER⟩ GERICHTSDIENER nimmt das Buch vom Schreibtisch, sieht hinein
Schillers Gedichte! wirfts obenauf Gehen ab

23te ⟨Szene⟩

MARIANDEL von links rückwärts eilig
Was trägt denn der da davon? Nettl! Nettl!

ANNA von rückwärts die Haare umgebunden
Geld, Jungfer Mariann! da is Geld

MARIAN⟨NE⟩
Wo steckst denn du? i hab dir gsagt du sollst aufpassen

ANNA
Geld! jetzt derfen⟨s⟩ nix mehr tun! müssen alls hergeben! da! a Gulden!

MARIAN⟨DEL⟩
Wo hast denn du den Gulden her?

24te Scene

FLORIAN von rückwärts.

ANNA
Da is Geld Herr Florian! gebens im Jungen Herrn.

MARIAN⟨NE⟩ bemerkt dass der Vorhang an der Bibliothek in Unordnung ist, eilt hin.

FLORIAN zu Anna
Tschapperl, wenns tausendmal so viel wär nacher wär uns auch noch nit gholfen

ANNA sprachlos

MARIANNE am Bücherkasten
Da sind die Bücher weg! Im jungen Herrn seine Bücher – wer hat die wegtragen! am Schreibtisch Marandjosef! die Gedichte vom Herr⟨n⟩ von Schiller! die der junge Herr ghalten hat wie sein Betbüchel – die ihm lieber waren als alle andern Bücher miteinander! Florian – du laufst ihnen nach und holst den Schiller zurück oder wir sind geschiedene Leut!

FLORIAN
I lauf schon – wie schaut er denn aus der selbige Schiller

ANNA ist unbemerkt weggestürzt.

MARIAN⟨NE⟩
Du kennst das Buch nicht was du alle Tag abstaubst seine 7 Jahr? das rotsaffianene was der junge Herr als Firmgschenk kriegt hat

FLORIAN
Ja ja ich weiß schon – – ja ich hols gleich – was soll ich denn sagen – aber das gfallt mir von dir nicht dass du keine Achtung hast –

M⟨ARIANNE⟩
So flöß mir halt eine ein, eine Achtung

FLORI⟨AN⟩
Ja dazu müsstest du sie in dir haben. denn siehst du ein Gemüt muss ⟨man⟩ in sich haben beispielmäßig

MARIANNE
Sag was du willst aber komm mir nit ohne das Buch unter die Augen

FLORIAN *als ob er gehen wollte*
Ja ja ich geh schon aber mir scheint der junge Herr hat grufen!

MARIANNE
Das Buch will ich da liegen sehen!

FLORIAN
Ja ja *als ob er rechts rückwärts abgehen wollte*

EDUARDS STIMME
Florian!

FLORIAN
Meiner Seel, er ruft mir! Da gibts nix! meinem Herrn sein Dienst geht voran!

25te Scene.

MARIANNE
Wenn nur die Mannsbilder mehr Courage hätten! Jetzt red ich nicht mehr auf ihn.

ANNA *von rückwärts, zerschlagen, mit dem Buch*
Da is Buch. Hinlegen.

MARIAN⟨NE⟩
Ja wie schaust denn du aus, mein Gott u Herr.

ANNA
Sie haben⟨s⟩ nit hergeben wollen.

MARIAN⟨NE⟩
Ja mein Gott u Herr wie die Hallunken das Madl zugrichtet haben –

ANNA
Hinlegen das Buch – ich hör ihn – Herrn Eduard –

26. Scene.

Florian Mariandel und Anna haben sich nach rechts zurückgezogen. Eduard ist von links eingetreten, geht langsam auf den Schreibtisch zu.

MARIANDEL
Schau ihn nur an, wie er ausschaut.

FLORIAN
Was er vorn für eine Blässe hat.

EDUARD
Lasst mich allein.

FLORIAN
Gnädiger Herr schaffens vielleicht einen Melissengeist oder ein niederschlagendes Pulver. wischt ab

EDUARD
Ich dank Euch. Geht nur.

FLORIAN leise
Er erbarmt mir so. Gnädiger Herr, wenn Sie wollten in Ohnmacht liegen, dürfen sie nur läuten, wir werden gleich dasein! wischt ab

EDUARD
Willst du mich bös machen? Geh Florian!

FLORIAN zu Mariandel
Florian, hat er gsagt! hast das ghört! das is ein Unglück!

MARIANDEL
No wie soll er denn zu dir sagen, wenn du so heisst. So geh schon.

FLORIAN
Den lass ich nicht ausn Augen der tut sich noch was an. Ich schraub ihm den Feuerstein aus die Pistolen die er überm Bett hängen hat. Mein Seel u Gott.

ANNA bleibt stehen und sieht wie gebannt auf Eduard.

MARIANNE zieht Anna zu sich und gibt Florian einen Stoß. Sie gehen

29te Scene.

Eduard. Grünspan. Flederl.

EDUARD entgegen
Grünspan! du findest noch den Weg zu mir! So ist ein Dichter doch trostreicher als ein Arzt, freundschaftlicher als Tischfreunde, zarter besaitet als ein Musiker, voll schönerer Farben als ein Maler – Und Flederl – du auch! willkommen! *bietet ihnen einen Sitz an, und setzt sich selber, Flederl bleibt stehen*

(GRÜNSPAN
Eduard, es ist doch wohl nicht möglich, was man mir zuträgt! Hier ist ja alles unverändert so viel ich sehe –

E⟨DUARD⟩
Da siehst du nicht scharf.

FLEDERL *der herumspioniert*
Haha!)

GRÜNSPAN
So könnte es die Wahrheit sein was sich die Stadt erzählt –

E⟨DUARD⟩
Erzählt sie sich das schon, dass ich ein Bettler bin?

GR⟨ÜNSPAN⟩
Was? Kein Testament?

E⟨DUARD⟩
Und nichts, worauf sich ein solches beziehen könnte!

FLEDERL *nähert sich rapid*

G⟨RÜNSPAN⟩
Kein Barvermögen?

E⟨DUARD⟩
Der Notar weiß von nichts!

FLEDERL
Oho!

GR⟨ÜNSPAN⟩
Papiere? Actien? Schuldverschreibungen

E⟨DUARD⟩ *zuckt die Achseln.*

FLEDERL *sehr gedehnt*
Soooo! *wechselt einen Blick mit G⟨rünspan⟩*

GR⟨ÜNSPAN⟩
Manufacturen? Oekonomien! Meierhöfe!

E⟨DUARD⟩ *wie oben.*

FLEDERL
Ah da schau her. *wie oben*

GR⟨ÜNSPAN⟩
Dieses Haus wenigstens?

E⟨DUARD⟩
Dem Rechte nach schon nicht mehr mein Eigentum.

FLEDERL
Ghorschamster Diener!

GRÜNSPAN
mir verschlagts ja die Red. Ich bin ausser mir. Dieses Haus – das wir Freunde gewohnt waren für die Zukunft als das unsere zu betrachten – ja Flederl was sagst denn du

FLEDERL
Ich sage gar nichts. Ich habs ja gesagt.

GRÜNSPAN
Ja du hast es ja gesagt. Ja, da habe ich keine Worte. Dein Vater mag ja ein ganz honetter Mann gewesen sein und dir selber will ich die Unerfahrenheit in Rechnung stellen, die Unkenntnis des wirklichen Lebens – aber so wirtschaftet man nicht. Ich muss dir sagen wir haben auf deine Lebensführung Hoffnungen gesetzt – wie Flederl!

FLEDERL
Allerdings!

E⟨DUARD⟩
Ich hab mehr verloren als du, mein lieber Grünspan!

G⟨RÜNSPAN⟩
Das wäre die Frage!

E⟨DUARD⟩ *trocknet sich die Augen*
Wie? das wäre die Frage?

G⟨RÜNSPAN⟩
(Ich erlebe eine Enttäuschung und der junge Herr Eduard erlebt eine Enttäuschung. Das sind allerdings zwei Enttäuschungen von verschiedenem Caliber!) Was sagst du Flederl.

FLEDERL
Sehr richtig! Ich habs ja gsagt.

G⟨RÜNSPAN⟩
Ja du hast es gsagt.

E⟨DUARD⟩
Es muss Euch incommodieren mir stehend Eure Vorwürfe zu sagen. Möchtet ihr nicht lieber Platz nehmen?

GRÜNSPAN
Ich glaube Flederl, wir müssen unsern Besuch abkürzen

FLEDERL
Scheint so.

G⟨RÜNSPAN⟩
Es scheint dass unsere Gegenwart unvermögend

FL⟨EDERL⟩
Das hab ich ja gsagt.

GRÜNSPAN
Ein letztes Mal wirst du für uns wohl noch einspannen lassen und uns in die Stadt zurückführen lassen wie wirs gewohnt waren

E⟨DUARD⟩
Es ist kein Pferd mehr im Stall – und auch kein Kutscher mehr!

GRÜNSPAN sieht Flederl an

E⟨DUARD⟩
Wie seid ihr denn herauskommen

GRÜNSPAN
Mit dem Zeiserlwagen bis zur Linie und dann zu Fuß – das hätten wir uns nicht gedacht, dass wir von deiner Villa wieder zu Fuß nachhaus müssten wie 2 Vagabunden – das is noch nicht passiert – seit wir mit dir Freundschaft geschlossen haben

FLEDERL
Nein das hätten wir uns nicht gedacht.

E⟨DUARD⟩
So fasst's doch auf wie's mit mir steht – so gebts mir doch einen guten Rat – was ich anfangen soll – ihr kennts die Welt – ihr habts allerlei Verbindungen, Bekanntschaften – ich möcht meine Sprachkenntnisse ausnützen   meint ihr denn nicht dass ich als Hofmeister mein Brot finden kann

FLEDERL
Da wird nix drauß! einen Hausherrn nimmt sich niemand als Dienstboten ins Haus – .

E⟨DUARD⟩
So geh ich als Stallmeister zu einem vornehmen Herrn! Ich versteh was von Pferd u Wagen

FLEDERL
Ah nein – für einen Herrn mag das Verstehen gereicht haben für einen Bediensteten reichts lang nit –

E⟨DUARD⟩
So find ich mir einen andern Ausweg.

FLEDERL fröhlich
Ah nein! Du findest dir keinen Ausweg! Da müsstest du ganz wer anderer sein!

E⟨DUARD⟩
Wer anderer

FLEDERL
Der Grünspan weiß schon was ich sagen will   Nicht wahr Grünspan. Du verstehst mich. Ganz wie wir gestern abend zu der Valerie gsagt haben.

E⟨DUARD⟩
Ihr habt gestern abend die Valerie gsehen –

GRÜNSPAN
Versteht sich. Wir haben mit ihr und dem jungen Reichenbach soupiert.

E⟨DUARD⟩
Und sie hat von mir gesprochen.

GRÜNSPAN
Ein herrliches Weib, diese Valerie, nicht wahr Flederl. Wie sie das gesagt hat: von dem was in ihren Augen ein Mann is und was in ihren Augen kein Mann is

FLEDERL
Das hast du gsagt

G⟨RÜNSPAN⟩
Und dann wie du das gesagt hast das mit dem: er hat sich halt die Mühe gegeben als der Sohn des Herrn von Zephises auf die Welt zu kommen

FLEDERL
Ja das hab ich gsagt. Und dann das von der jesuitischen Gemessenheit: das hat sie gsagt

G⟨RÜNSPAN⟩
Und das⟨s⟩ er sich ins Heiligtum unserer Freundschaft eingeschlichen hat

FLEDERL
Das hast du gesagt!

E⟨DUARD⟩
Solche Dinge hat die Valerie von mir gesagt u. angehört?

G⟨RÜNSPAN⟩
Allerdings. Hier ist der Abschiedsbrief den Sie mir für sie übergeben hat, bevor sie mit dem jungen Reichenbach in seinen Reisewagen gestiegen ist.

E⟨DUARD⟩
In den Reisewagen mit dem Reichenbach – in seinen Reisewagen?

FLEDERL
Jawohl – mit vier Füchsen.

⟨EDUARD⟩ greift, dann zurück

GRÜNSPAN
Ah da schau her Flederl – es ist ihm nicht der Mühe wert den letzten Brief zu lesen, den das Weib an ihn richtet, das er wahnsinnig zu lieben vorgab.

E⟨DUARD⟩
Ich will diesen Brief nicht lesen.

G⟨RÜNSPAN⟩
Ich werde ihn vorlesen.

E⟨DUARD⟩
Das werden sie nicht.

G⟨RÜNSPAN⟩ Blick mit Flederl
Ah! Diese anmaßende Höflichkeit imponiert uns nicht. Ein junger Mann, der Blut in den Adern hat, ist nicht so höflich. Überschwang ist der Weg zu jeglicher Größe. Du hast den Vater verloren – wo ist die Raserei des Schmerzes? Mich würde man durch die Straßen brüllen hören! Man hätte mich vor dem offenen Grabe festbinden müssen, damit ich nicht hereingesprungen wäre! Das ist das Temperament, durch das man ein Weib wie Valerie bezaubert! Aber was sich einem hier praesentiert, diese trübselige sanftelegische Haltung in einer Livree aus schwarzem crêpe das ist das Product vom Tanzmeister u. von Herrn von Gunkel! Es mag ja Leute geben, die vor einer solchen Eleganz auf dem Bauch liegen – Valerie gehört nicht dazu. Der hab ich über dich die Augen geöffnet. Der hab ich klar gemacht, was die scheinheilige Zurückhaltung für sie in ihrer tiefsten Weiblichkeit beleidigendes enthält – was Flederl

FLEDERL
Ein Häuterl nach dem andern hast heruntergezogen wie von einem Zwiefel

GRÜNSPAN
Bis am End nichts mehr übrig war.

EDUARD geht zur Tür öffnet sie
Die Tür ist offen. Euch beiden.

FLEDERL
Das is stark. Das soll also so eine Art von Hinauswurf sein!

GRÜNSPAN
Allons Flederl wir lassen uns nicht beleidigen. Aber eins, Herr von Zephises, lassen sie sich gesagt sein. Das sollen sie nicht erleben, bis wir wieder die Schwelle dieses Hauses überschreiten, und wenn sie uns auf den Knien darum anflehen.

FLEDERL
Gut gegeben! sie gehen. Eduard schliesst hinter ihnen die Tür mit einer Geberde des Ekels.

⟨30. Szene⟩

9 D⁶

EDUARD allein in seinem Zimmer
Solche Larven grinsen den an, um den der Reichtum nicht sein goldenes Gitter zieht! Und Valerie! O Valerie! Kann man so schön sein und doch Niedrigkeit im Herzen hegen? Man kann's. Ich hab's ja schwarz auf weiß. Blickt in den Brief. Ganz allein! Davon hat sich der reiche Eduard nichts geträumt! Oder geträumt vielleicht doch? Ja bleibt denn gar nichts, was den von heut und den von gestern noch zusammenhielt? Sieht sich um; sein Blick fällt auf seinen Bücherschrank. Mein Schiller! Zu mir! Heb du mich wiederum hinauf, dorthin, wo ich aus eigener Kraft jetzt nicht mehr kann! Er nimmt das Buch. Wo seid ihr, göttliche Gedichte, die ihr mich immer anseht mit mehr als Menschenaugen? Er blättert. Wollt ihr wieder Flügel leihen meiner abgestürzten Seele? Die Götter Griechenlands! Zu groß, zu fern! Mir ist bang vor euch, wie einst dem Kind vor den Statuen im Schönbrunner Garten! – – Die Ideale! die Künstler! Ich getraue mich nicht, diese ungeheuren Akkorde zu greifen. – – Sind denn nirgends Klagen, tröstliche Klagen? Läßt du dich nirgends herab zu einer verzagten Seele, erhabener Geist? Da: »Sehnsucht«! Dich kenn ich nicht, du scheinst ein unscheinbares wehmütiges Gedicht – – hab ich deiner bis nun zu wenig geachtet – – so laß mich heute mich in deinem Sinn verlieren! – – Welche Überschrift könnte vertrauter sprechen als diese – – . Er liest mit Ausdruck und steigender Ergriffenheit.

Ach, aus dieses Tales Gründen,
Die der kalte Nebel drückt,
Könnt ich doch den Ausweg finden,
Ach, wie fühlt ich mich beglückt!
Dort erblick ich schöne Hügel,
Ewig jung und ewig grün!
Hätt ich Schwingen, hätt ich Flügel,
Nach den Höhen zög ich hin!

Harmonien hör ich klingen,
Töne süßer Himmelsruh,
Und die leichten Winde bringen
Mir der Düfte Balsam zu!
Goldene Früchte seh ich glühen,

Winkend zwischen dunklem Laub,
Und die Blumen, die dort blühen,
Werden keines Winters Raub.

Einen Nachen seh ich schwanken,
Aber, ach, der Fährmann fehlt.
Frisch hinein und ohne Wanken,
Seine Segel sind beseelt!
Du mußt glauben, du mußt wagen,
Denn die Götter leih'n kein Pfand,
Nur ein Wunder kann dich tragen
In das schöne Wunderland!

Seine Stimme wird immer unsicherer, er kommt mit Mühe bis ans Ende und legt das Buch wie entsetzt aus der Hand
Nein! sagt eine Stimme in mir! – – Dich nicht! sagt eine Stimme bei meinem Ohr! Du lügst – sagt eine Stimme aus mir heraus. Chamäleon, sagt eine greuliche Stimme unter meiner Fußsohle hervor, nun willst du den Abglanz des Himmels auf deinen mißfarbigen Leib auffangen. Deine Segel sind schlaff, sagt eine Stimme – – dein Kahn ist leck, sagt eine Stimme – – dir ist das Wunderland verschlossen, sagt eine Stimme – – Bettler lügen, wenn sie Schillers Verse deklamieren, sagt eine Stimme – – beschmutze nicht deines Vaters vier Wände mit dem Hauch deines öden Singsangs, sagt eine Stimme – – sonst werden sich die Wände rächen, sagt eine Stimme – – siehst du nicht hinter deinem Rücken, wie sie sich auf dich legen wollen? *Er sieht sich ängstlich um.* Ja, ich spür's, ohne es zu sehen.

DIE HOFFNUNG *ein junges, sehr hübsches Mädchen, legt ihm sanft die Hand auf die Schulter.*

EDUARD *zusammenschreckend*
Wer? Wer sind Sie?

HOFFNUNG
Sie kennen mich nicht, junger Herr?

EDUARD
Ich weiß nicht – ich habe nicht die Ehre!

HOFFNUNG
O pfui! Kennen Sie mich wirklich nicht? Ich bin als Kind mit Ihnen hinter der Tür gestanden, wenn drinnen der Christbaum zu glänzen angefangen hat, ich hab dem Schulbuben über die schwersten Rechen-

aufgaben und über die höchsten Obstgartenzäune hinübergeholfen. In Ihren Flegeljahren habe ich Ihnen manche selbstverbitterte Stunde wieder versüßt – –

EDUARD
Das sind recht seltsame Reden. Aber mir wird so wohl in Ihrer Nähe!

HOFFNUNG
So muß ich mich wirklich mit einem Geheimnis vor Ihnen legitimieren? Gut. Ein Brief: vor vier, längstens fünf Wochen, auf Ihrem Schreibtisch da. Die Unterschrift: Deine Valerie!

EDUARD
Nicht diesen Namen!

HOFFNUNG *lächelt*
Ah? Wir steckten den Brief, nachdem wir ihn zehnmal gelesen hatten, in unsere Brusttasche; wir liefen zum nächsten Fiakerstand, wir fuhren in die Stadt zu einem Juwelier. Dort wählten wir ein Medaillon – ein recht kostbares, – dann fuhren wir in der Vorstadt bei einem kleinen Hause vor –

EDUARD
Da war ich allein!

HOFFNUNG
Im Gegenteil! Nie war ich so ganz mit Ihnen, das war unser schönstes Zusammensein!

EDUARD
Ja wer sind Sie denn?

HOFFNUNG
Die Hoffnung bin ich, wer sonst? – *Sie sieht ihn lächelnd an.* Oft hab ich dich besucht, nie aber hab ich so viel Kraft gehabt, dein ganzes Wesen zu durchglühen, als an diesem Vormittag, in diesem Fiaker, vor dem kleinen Haus in der Alservorstadt –

EDUARD
Nenne nicht diesen Tag, erinnere mich nicht, wenn du mich nicht zu Tode quälen willst!

HOFFNUNG
Quälen ist meine Sache nicht, und wenn Sie sich nicht erinnern wollen, umso besser! Vorwärts schauen ist mein Fall.

EDUARD
Sie sind reizend, aber Sie sind hier fehl am Ort. Zu wem wollen Sie? Zu dem jungen Eduard, dem Hausherrnsohn? dem, der hier angeblich noch wohnt? Der ist gestorben, es ist sogar die Frage, ob er jemals gelebt hat.

HOFFNUNG
Was sind das für Spitzfindigkeiten?

EDUARD
Es heißt, er hat sich die Mühe gegeben, als der Sohn des reichen Zephises auf die Welt zu kommen, das ist alles, was er jemals geleistet hat. Damit ist der Umkreis seiner Existenz beschrieben. Nun denn: der reiche Zephises liegt unter der Erde, der Reichtum ist in alle Lüfte verweht, somit ist der Eduard die Null, die übrig bleibt, wenn man Gleiches von Gleichem abzieht.

HOFFNUNG
Was für abscheuliche Hypochondrien? Bestehen die unter meinem Blick? Sie sieht ihn liebevoll an.

EDUARD
Wie kann ich dem erwidern? Wer bin ich denn? Erbärmlicher Zufall hat bisher den erlogenen Schein von Wichtigkeit auf mich ausgegossen ...

HOFFNUNG
Pfui! Schmähen Sie nicht den Zufall. Wie soll ich das anhören, wo doch das Glück meine Schwester ist und er zu ihren vertrautesten Dienern gehört.

EDUARD
Das Glück! Deine Schwester?

HOFFNUNG
Von der ich dir ein schönes Kompliment ausrichten soll.

EDUARD
Mir? Zuckt verächtlich die Achseln.

HOFFNUNG
O du Kindskopf! Dein Herz ist ungeprüft, das ist alles. Aber es ist nicht böse, dafür würde ich mich getrauen einzustehen.

EDUARD *von ihrem Blick entzückt*
Vergehen die Flecken eines Herzens unter deinem Blick? Wird Finsternis zu Licht? die elende Schwäche beflügelter Mut? Bist du die Wunderbare, ohne die von Tag zu Tag ein menschliches Herz zu Stein erstarrt? So bleib auf ewig bei mir! *Er breitet kniend die Arme aus.*

HOFFNUNG
Mit mir kann man nicht gehen. Ich komme, fliege dir nach, fliege dir vor, ich komme wieder. Es warten viele auf mich, Unzählige! Laß mich fort und vergiß nicht ganz ein Mädchen, das die Plage auf sich hat, dich in deinen finstersten, unliebenswürdigsten Augenblicken trösten zu müssen. Leb wohl! *Sie wendet sich gegen die Wand und ist plötzlich verschwunden* – – –

⟨ZWEITER UND DRITTER AKT⟩

N37

Zauberbaum.

Florian findet Eduards Mut etwas ungesundes.

N38

Scene des Zauberbaumes.

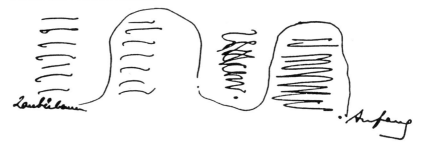

a. Auftreten. b. sitzen nieder, recapitulieren. c Eduard aufstehend. Florian und die Furcht (bis zu deren Verschwinden) d Eduard und die Träume er geht weiter e. Florian und die Gestalten. Seine Verwandlung. f. Eduard findet den Baum. Sucht Florian. Der Affe kommt. Eduard schläft ein.

N39

Scene des Zauberbaumes
Exposition (dialogisch)

Wie alles durch Eduards Gemütsverfassung zweckhaft wurde – schliesslich das Mittel aller Mittel: ›Geld‹ über alles siegte aber sich gleichsam selbst für die Überschätzung rächte.

N40

Scene des Zauberbaumes.

Eduard, als Spieler. Hazard. Plutus anbetend, alles andere ableugnend. Nur das Geld hilft ihm gegen die Träume. Wenn er Geld hat, damit klimpert, kommen sie nicht.

N 41

Scene des Zauberbaumes.

Gespräch über das Geld:
(vorher: ein goldener Ball rollt herein, ein verkrüppelter Bettler fängt ihn singend. Drohung des Bettlers an die Wanderer. Der Bettler kann nur singen u. lallen.)

N 42

II^a. Gespräch über das Geld:
(Florian immer aufgebrachter)

F⟨lorian⟩ Wenn Sie das viele Geld haben werden – was werden sie sich denn dafür kaufen?

E⟨duard⟩ Die gemeine Frage!

F⟨lorian⟩ So machen Sie sich gemein mit mir und beantworten Sie sie mir.

E⟨duard⟩ Der Narr! es gibt nichts was ich nicht dafür kaufen könnte! die Mauer die den König umgibt, ich kann sie überhöhen – die einsamen Gedanken des Gelehrten die rohe Kraft der Unzählbaren mir ist sie untertan: wo für andere Mauern u. Ketten, für mich teilt sichs. Die Entfernung macht ohnmächtig u. elend – für mich gibt es keine Entfernung

F⟨lorian⟩ Aber wie wollen sie das alles genießen?

E⟨duard⟩ In dem Element dessen du am wenigsten fähig bist: im Gedanken

F⟨lorian⟩ Mir scheint, in der Rechnung stimmt etwas nicht! Wenn ich mich nur so ausdrücken könnte wie ich gern möcht

E⟨duard⟩ Versuchs.

(Schluss:)
Fl⟨orian⟩ Die Mariandel ist nur einmal und darum basta. – Wenn ich einen Langaus tanz mit ihr:
= weil mans Geld auf dieser Welt nit fressen kann ergel – also insofern

Eduard: Es gibt keinen Menschen der etwas anderes dächte: Heuchelei wenn sie von etwas anderm reden ihrer Hände Arbeit, der Schmuck ihrer Häuser – sie meinen Gott wohlgefällig zu sein indem sie das Kostbare aufhäufen, um mehr dafür zu bekommen – sie unterbrechen jedes Werk u. ihren Schlaf für Geld – sie demüthigen ihre Eitelkeit, verschlucken ihre Perle, unterdrücken ihre Rachsucht – ohne Geld ist ihre Sinnlichkeit niedrig der Geruch des Geldes macht den abscheulichsten Aufenthalt lieblich, das eisige Tal, den Abraum und den finstren Stollen – ihre Kriege führen sie um Geld – sie schicken ihre Gedanken danach – ihre Träume noch – das Gefühl ihres Selbst beruht auf dem Haben – der Arme wird seine Kaninchen u Ziegen zählen im Blitz – der Bettler unter der Bettkante – die sterbende Bäuerin den Strumpf

N 43

Scene des Zauberbaumes.   Hebbel Schnock

Ball herein. Eduard ihm nach, Florian mühsam. Florian will sich niedersetzen, Eduard mit grimmiger Entschlossenheit immer höher. Eduard muss um Florians willen innehalten: Gespräch: Florians Klagen u Vorwürfe. Florian: mir is alleweil es geht uns wer nach. Nicht umschauen! Eduard: Mir ist immer es schwebt etwas voran! Eduard springt auf. Florian mühsam will nach (er hat versprochen, langsam nach.) Die Furcht, altes Weib: He Florian! F⟨lorian⟩: I derf mi net umschaun! – Spazieren da herüber. Die Furcht: So wart! Wir sind alte Bekannte. Mir verstehn uns sehr gut.

F⟨lorian⟩: Du bist die erste gescheidte Person! Wenn die Mariandel nit wär, dich möcht ich heiraten!

Furcht: I war doch bei dir in der Kinderstuben, wie du dir die Decke über die Ohren gezogen hast im Wald, am Friedhof vorbei zum Bader – beim ersten Brotherrn Huterer dem Hutmacher: bist auf und ab zappelt der Lehrer Wild der Profoß der Corporal die Spezi der lange Schorsch!

Florian: Mariandl! jags weg!

⟨Furcht⟩ damals wie's nach hinten gangen bist wie ein Krebs – – Im Gasthaus wost beim Fenster 'nauskrallt bist auf der Reis nach Groß-Weikersdorf bis OberHollabrunn Setz mir uns zsamm.

Florian: Na, umdrehn nit.
Geh hör auf mit die alten Gschichten! I bin ja nit der kleine Bub Hat der junge Herr nit grufen?
Baum singt.

Furcht: bist der kleine Bub!

Furcht verschwindet: es dunkelt. vorher: Furcht: mit starker Stimme: Wage, dich mir zu entziehen! Florian: Ganz zsammbeutelt hat's mich. Jetzt derft mir nix einfallen! mit die damaligen Gedanken – i muss die Mariandelgedanken zsammfangen. Bist a Mannsbild Wer sagts denn? kein Zahlkellner derft mir jetzt einfallen – kein Mariandel was um Hilf ruft, (stürzt hin wie ein Löwe)

bei Longimanus: Florian: Sie wo war ich denn? (fängt sich Flöh –) Ganz wo anderst! Mir war aber wohl! I hab no nit ausglernt!

Schluss.

N 44

Eduard: nach der Rückkehr: Zweifel an sich selbst? Wer bin ich? wo bin ich?
Antwort: immer in deiner tiefsten Bezauberung!
(Florian liebt seine Furcht)

Long⟨imanus⟩' Cabinet
In dieser Scene vor dem Kommen des Eduard ein dämonischer Aufschwung des Longimanus: bin ich ein Geist, so will ich auch die Kette der Zeit zerbrechen: das Vergängliche so an mich drücken, dass eine Stunde mir zur Ewigkeit wird: so genießt er voraus die Stunde mit dem Sohn, den Sohn in sich, sich in dem Sohn – aus dieser Verfassung heraus gibt er dann Eduard den Auftrag, ihm für eine Stunde das Mädchen zu verschaffen, das die Wahrheit spricht.

Anfang
Long⟨imanus⟩ Monolog wie Eduard entseelt daliegt tödt ich ihn und nehme seine Seele zu mir oder lebe in seinem Leib. Nein, ich will das andere kennen lernen – in seine Augen schauen. (sieht lange in seine Augen, ohne ihm die Zunge zu lösen)

N 45

Scenen der Not.

Longimanus Cabinet.
er hat sich von allen Gebilden (durch die Weisheit) das mächtigste dem Plutus Dessen gefährlichen Rat er jetzt erkennt. entgegengesetzteste

herschicken lassen – Die Not, die er nur dem Namen nach kennt, soll
die beste Herzensprüferin sein. nun steht sie draussen: wirft einen
dunklen Schleier ab – er zögert, dieses Wesen dem Eduard zum Begleiter zu geben. Not: prophezeit ihre Hilfe.

Scene im Zimmer der Anna.
Die Not klopft ans Fenster: Kennst du mich?
Anna: Hab dich doch immer gesehen wie ich klein war.
Der Papagei ruft drein: Florian? wo steckst du? Eduard.
Anna deckt ihn zu, damit die Marianne nicht aufwacht.
Not: An wen denkst du –
    wie denkst du ihn –
    was hoffst du?
Not: segnet ihr Herz. (Not macht sie schön)

Scene des Zauberbaumes: etwas vom Hazardspieler in Eduard.

N 46

Was sie für eine Art mit mir hat Genau der Ton wie die Weisheit.
Das ist schon eine Quart von Frauenzimmern die haben ein eigenes
Geschmackerl zu meiner Zeit hats solche gar nicht gegeben.

Ein Vorhang auf Eduard hereingetragen von Geistern
wie er ihr ähnlich schau⟨t⟩!
er ist Euer Gnaden wie aus dem Gesicht geschnitt⟨en⟩!

N 47

II.

Eduard bei Longimanus.

Longimanus gelegentlich nicht ohne Dämonie: Wie er hinüberlangen
will über den Zaun der Gesetze. Den Hauch des Hinübergehens will
er hinwegtrinken von einem ganz aufrichtigen Geschöpf –

N 49

Scene im Zaubercabinet:
Das Cabinet dunkelblau tapeziert.

Eduard muss wohl glauben dass dieser Geist in eine Stunde alles Leben pressen kann – er übergibt sich ihm mit gebundenen Händen (= Claudio und der Tod)

Long⟨imanus⟩: (durchschaut E⟨duard⟩'s Schwächen) Nur Unbefangenheit, zugreifende Kühnheit
in III Gegenscene zu dieser: E⟨duard⟩: du hast mir zuviel gegeben!

L⟨ongimanus⟩: Wo glaubst du zu sein.
E⟨duard⟩ blickt zu Boden – dann: Ich stehe vor meinem Schutzgeist!

N 50

Longimanus. Eduard.

L⟨ongimanus⟩ Nicht Sorgen! Sei da! dein Auge – wie ich es trinke – zu beglücken u. beglückt zu werden! o des Augenblicks – dass das Auge in sich halt Bändigung einer Welt kaum ertrage ich deinen Blick

Eduard: Mir ahnt wer du bist! der die Hoffnung mir sandte! bei dem Erfüllung aller meiner Wünsche steht! aller! Du bist mein guter Geist!

L⟨ongimanus⟩ sieht ihm ins Auge. Du suchst? du fragst? Bist du das Kind der Lüge. – Die Welt liegt vor dir, Glücklicher, den ich beneide. O hätt ich was du hast!

Eduard: o mein Vater – wie kam dies Wort auf meine Lippen? Ich stehe vor meinem Schutzgeist! Du hast mich hergezogen – du wirst mir geben, wonach mein inneres trachtet! das eines und alles – das Siegel Salomonis, dem die Träume selbst gehorchen – Reichtum

L⟨ongimanus⟩: Verlange Entzücken! das kann ich geben – das Schauspiel der Welt, unsagbar – du selbst dareingemischt!

L⟨ongimanus⟩ (tritt zurück) Wie sein Dunstkreis mich verjüngt – mit Halt u. Liebe mich erfüllt. Wie ich ein Wesen genießen kann! Sein Irrtum, seine Qualen sind mein Entzücken. Das habe ich vermocht – und griff nur nach einer Trügerin! Über ihn meine Geister schicken! – und um ihn zittern! Und habe das Angesicht der Wahrheit nie gesehen! Ich will's hinübergehen sehen!

E⟨duard⟩ (kniet nieder)

L⟨ongimanus⟩ Du sollst es haben – wonach du dir begehrst – dafür beding ich mir: du sollst mir ein Wesen finden – –
(wüster Trank der Selbstbesinnung Ernüchterung)

N 52

Longimanus – Eduard.

L⟨ongimanus⟩ Frag nicht!
E⟨duard⟩ Du bist mein guter Geist! Der mir die Hoffnung geschickt hat! Süße Gaukelspiele von früher –
L⟨ongimanus⟩ Mich ängstet dein weiterer Weg!
E⟨duard⟩ Ich muss – wo ist der Zweig.
L⟨ongimanus⟩ Die Welt liegt vor dir.
E⟨duard⟩ Es gibt nur eine Macht
L⟨ongimanus⟩ Die süße Wirklichkeit.
E⟨duard⟩ Ist nicht!
L⟨ongimanus⟩ Verwirrter Tor!
E⟨duard⟩ Erfahrung! Einzige Gewissheit! Könnt ich dirs klar machen!
L⟨ongimanus⟩ Du Tor! der von allem nur eines sieht!
E⟨duard⟩ Es gibt nur dieses eine. Selbst böse Träume sind durch dieses Siegel Salomonis zu binden.
L⟨ongimanus⟩ O weh! du Narr! Wofern ich hätte was du hast! Si vieillesse pouvait! si jeunesse savait! O eine Stunde – ein **wahres Wesen** umarmen! Ich habe wahrhaft die Wahrheit nur geahnt! das Un-flackernde! Du musst sie mir schaffen!
E⟨duard⟩ für welchen Preis? –
L⟨ongimanus⟩ Da sieh. (Vision des Plutus. Pantomime.)

N 53

Eduard zu Longimanus: Ich bin noch nichts – ich werd erst was sein oder je nachdem. Es kommt darauf an, was du aus mir machen willst. Ich habe mir die Umschweife abgewöhnt. Ich bin nicht so naiv wie alte Herren.

Ohne Maske! ich war einmal in dem Palast: Du hast mir die Hoffnung gesendet!

N 54

III. 1te S⟨cene⟩ Florian – Mariandel

III. 2⟨^{te} Scene⟩ Alles was Eduard vorbringt – »an keinem Ort ist meines Bleibens« – überträgt Florian in seine wienerische Realität.

N 55

II^b. (1te Longimanusscene)

L⟨ongimanus⟩: Was heißt das wahr? ich will dirs eintrillen was das heißt! Was du nicht bist – du bist betrogen auf Schritt und Tritt
(Da da aus der Atmosphäre windet sich ein Etwas los wer ist der Kerl?)
(wachsender Jähzorn des Longimanus)
Was ich mir ausgedacht! er hat die Zeit die mir gefehlt – er kann von Grund aus lieben – Misstrauen fehlt ihm nehme ich das für ein Spiegelbild – hohläugig bleich! So erkenn ich nichts von mir in dir als äußre Schale –

Ich hab recht einen gesunden Zorn. Mir ist recht wohl. Schau da her, reg ich die Welt so auf? sind die Geister alle rebellisch
Stimmen: Gnade! (die Stunden der Nacht. im Hemd herein.)

Florian
Das is eine grausliche Gschicht. Ich hab so eine Begabung gehabt!

N 56

Nach dem Jähzorn des Longimanus Anflug von Rührung.
L⟨ongimanus⟩ Ich probiers noch einmal. – Wo hast'n denn hinspediert – aber diesmal müsst man auf Nummer sicher gehn. Ich hab an Idee. Weißt ich hab an Idee. Ich könnt doch einem Gschöpf eine hübsche Viertelstund bereiten. I heirath noch einmal. Die Hochzeit muss was gleichschaun. Sie soll vergehn vor Entzücken. Dann fort mit ihr: ich will ein Kind haben was mir gleich ist! (Er stolpert über den in den Mantel gewickelten Florian.)
Florian belebt. – Euer Gnaden werden die Mariandel nit kennen.
L⟨ongimanus⟩ So gspassige Sachen gibts auf derer Welt.

N 57

Zorn des Longimanus.

Du bist in der Geisterwelt, jetzt könntst es beim Zipfel packen – in einen Augenblick könntest du die Entzückungen zusammendrängen ohne Namen, ein Gastmahl, eine Illumination, Acclamationen – Frau – Kräfte dir erbitten – du willst's Geld!

vorher (vor E⟨duard⟩'s Erwachen) Weißt ich kann mir ja denken wie
er is – im Grund – so überströmend wie ich – so naiv – er muss
mir erzählen

N 58

I oder IIte Scene im Cabinett

Entzauberung des Florian:
Sie   aber a Hafer hab ich! Sie, ich hab da ein paar Erfahrungen
gemacht wie ich so umgaloppiert bin – ein paar Gedanken über die
Welt – wenn jetzt der junge Herr da wär – wo is er denn – jetzt könnt
ich ihm was erzählen!

N 59

Anfang III
Sehr verwirrter Bericht des Florian – wo aber alles in II vorgefallene
vorkommt

II Eduard bei Longimanus.
Eduard: Sie muss ein entzückendes Ding sein diese W a h r h e i t – lass
sie mich finden, o Geisterfürst – und wo immer: An ihr muss man
sich selber finden das fühle ich: denn hier ist auch über mich Gericht
gehalten worden – meine Entzückungen die wieder zu mir zurückgekehrt sind

N 60

Zauberspiegel.
Vision des Plutus: Höhle, golden. Viele mit Fackeln. Alle werfen sich
nieder: ein verhülltes Götterbild inmitten. Plutus betet es inbrünstig
an. Idol, aus ihm selber hervorgegangen.
Longimanus: Das nehme ich ihm weg – das sollst du haben.

Pamphilius: Wer bist du heute?
Long⟨imanus⟩: Ein Geist der seinen Körper sucht!

N 61

Eduard: in B⟨e⟩z⟨u⟩g auf den Plutus:
Du kennst ihn nicht, Vater, er kann alles was er will!

N 63

II. Scene des Mädchens und der Not.
Dachboden

Not hat zu Longimanus gesagt: ich setz mich auf ein⟨en⟩ Kreuzweg.
Er wird kommen. Die Not – sie zu prüfen – sie immer mehr an die
Wand zu drängen – : will daraufkommen, ob sie selbst unzerstörbar
im Herzen des Kindes wohne – ob sie sie nicht verleugnen werde –
nichts aus den bittersten Tagen verleugnen – nicht das Kind mit dem
Bade ausgiessen.

Sie fragt: Da war dir alles schmutzig ekelhaft – – (à la Buber)
Anna: Aber warum sagst denn das? es war doch vieles schön (die Tage
auf dem Abbau)
Not: Dann aber is was andres in dein Leben kommen
Anna: schweigt
Not: Was leuchtendes –
Anna: Du weisst es ja –
Not: Da willst du mich jetzt vergessen.
Anna (schüttelt den Kopf)
Not: Aber doch freilich – sonst kommst ja zu dem andern nicht hin.
Anna: Komm schon hin – ich zieh ihn her.
Not: Wie kann das sein?
Anna schweigt.
Not: geht an den Wäscheschrank: Du hast ja Leinwand.
Anna: will sie hindern.
Not: Nimmt Tischwäsche heraus. A. E.
Not löst ihr die Haare. Sie hat einen kleinen Spiegel. (Die Anna kann
in den Spiegel der Spiegl-netterl schauen ohne irr zu werden)

N 64

Not. (die Allüre einer Ängstlichen annehmend wie dort Pasca) malt
aus, der Herr wird wiederkommen – du nicht an ihn heran kommen –
Anna: erfinderisch die Situationen zum Guten zu lenken.
Not: Du wirst entehrt, gehst in die Donau
Anna: er springt herein, zieht mich heraus.
Anna: Es ist keine Auserwählung. Es muss halt so sein. Es ist schon
so als obs vorüber wär. Sorg dich nicht darum.

N 65

Scene des Zauberbaumes.

gegen Schluss
Florian: Jetzt könnt ich gut mit Ihnen disputieren junger Herr, jetzt fallt mir sehr was Schlagendes ein.

N 67

III Longimanus unter Donner u. Blitz auf einem Felsplateau. Eduard u. Anna von den Träumen heraufgebracht.
Longimanus enthüllt sich, nimmt die Träume an sich, sie verschwinden unter seinem Mantel. Er begnadigt Eduard u. Anna zum Leben.

II. (b.)

Cabinet des Longimanus, dunkelblau mit Gold. Viele Wachskerzen brennend. Im Hintergrund ein grosser Vorhang, eine Nische verschliessend.

Scene 1.

Longimanus, Pamphilius.

PAMPHILIUS
Er muss jeden Augenblick heroben sein, der gnädige Herr Sohn. Die dienenden Geister sind die schnellsten, die wir haben.

LONGIMANUS geht mit starken Schritten auf u. nieder. Er sieht jünger aus gegen früher. vor sich
Aber meiner Ungeduld nicht schnell genug.

PAMPH⟨ILIUS⟩
Wie ich vor zwei Minuten in den Zauberspiegel gschaut hab, haben sie ihn grad in die Höh aufgehoben die dienenden Geister, wie eine Feder. (Es war als wenn die Finsternis Fäuste bekommen hätte.) Er hat im Auffliegen gelächelt wie ein Kind im Schlaf und seine Hand über der Brust hat einen Zweig vom singenden Baum fest umklammert. Ein schöner junger Herr! Befehlen Euer Gnaden, dass ich wieder in den Spiegel schau –

LONGIMANUS
Lass. Ich habs satt mein Fleisch u Blut mir stumm in der laterna magica vorbeifliegen zu sehn. Ich vertrag kein Spiegelbild mehr. Ich will ihn da haben und ⟨sei⟩ es auch nur für die Stund, die mir gewährt ist. vor sich Einen Zweig in der Hand, wie ein Kind –

PAMPHILIUS
Aber blass recht blass u. mager! recht abgehetzt

LONGIMANUS
Der verfluchte Plutus! Dieser tückische boshafte wie er mir das arglose Kind umgefädelt hat. Dieser durchtriebene herrschsüchtige Intrigant, wie er unter den Händen fingerfertig die Güter des Lebens gegen seine infamen Lotteriegewinnste austauscht, wie er unter jeder Laube seine Tränke zu kredenzen weiß, die das Herz ausdörren, wie er mir im Handumdrehn den Buben besessen gemacht hat, dass er

nichts mehr vor sich gesehen hat als Gold und Gold! Aber die Augenkrankheit werden wir noch curieren! bevors zu spät is.

PAMPHILIUS
Es ist keine, die leicht zu curieren wäre.

LONGIMANUS
Was, ich sollt nicht die Macht haben, mein Fleisch u Blut in einer Geisterstunde wo wir einander Aug in Aug stehen, auf den richtigen Weg zu bringen? Ah das möcht ich doch sehen! Du, klopfts nicht?

PAMPHILIUS
Der Nachtwind schlagt an einen Fensterladen. Es wird bald Morgen.

LONGIMANUS geht auf u. ab, bleibt dann stehen
Du weißt dass ich die Weisheit nit mag, aber auf ihre Antipathie gegen den Plutus kann man sich verlassen. (Und eine gewisse Personalkenntnis hat sie auch.) Ich hab sie in Privataudienz empfangen, das schmeichelt ihr, und hab ihr aufgetragen, sie soll mir von allen Geistern den herschicken, der in seinem innern dem Plutus den unauslöschlichsten Hass geschworen hat. Diesen Geist geb ich dem Buben als ständigen Begleiter mit.

PAMPH⟨ILIUS⟩
Haben Euer Gnaden nicht daran gedacht ihm gleich die Weisheit selber –

LONG⟨IMANUS⟩ crescendo
Ah nein! ah nein! ah nein! Die Schulmeisterei auf Schritt u Tritt, da hätt der junge Mensch ja nix von seinem Leben. Ah nein! Ich sag dir doch es klopft. Schau wers is.

PAMPHILIUS läuft an eine kleine Spaletthür rechts geht hinaus.

LONGIMANUS wartet.
Ich werd mein Kind sehn.

PAMPHILIUS
An Weib is draußen. (Eine recht eine unangenehme ältere Person.) Sie sagt: die Weisheit hat sie hergschickt.

LONGIMANUS
Dann is das der Geist, den die Weisheit mir für Eduard ausgsucht hat. Herein damit.

PAMPHILIUS
Wenn mittlerweil der gnädige Herr Sohn gebracht würd – es wär wirklich schenant, wenn sein erster Blick hier heroben auf eine solche Physiognomie fallen möcht –

LONGIMANUS
Wenn sie von der Weisheit her empfohlen ist, so lass sie herein.

PAMPHILIUS *tritt zur Thür, lässt achselzuckend eintreten.*

II^te Scene.

Die Not, mit starken fast abstoßenden Zügen, die allmählich durch einen Ausdruck von Güte gewinnen. Sie trägt ein Umhängtuch und ist gekleidet wie eine Handwerkersfrau. Sie tritt ein u bl⟨eibt⟩ stehen.

LONGIMANUS
Mit wem hab ich das Vergnügen.

NOT
Ich heiße die Not.

LONGIMANUS
Ich kann mich nicht besinnen, das Gesicht gesehn zu haben. Curios. Ich denk mir doch, die Frau macht von Zeit zu Zeit ihre Aufwartung wie jeder andere Geist

NOT
Ich mach niemals meine Aufwartung. Ich geh meine eigenen Wege.

LONG⟨IMANUS⟩
Hm. Welches Anliegen führt sie heute hierher?

NOT
Ich habe niemals ein Anliegen.

(LONG⟨IMANUS⟩
Sehr gut. Was verschafft mir also die Ehre?)

NOT
Du hast mich rufen lassen, durch die Weisheit   Ich soll jemanden führen. Wen – das werde ich von dir erfahren.

LONGIMANUS
Führen? Aha – ja so beiläufig. Von Begleiten war die Rede. Aber die ganze Sache ist noch nicht so fix.

NOT

Durchs Leben führen. So ist mir gesagt worden. Der Weg ist meine Sache.

LONG⟨IMANUS⟩

Der Weg is ihre Sache. Ah. Ich bin ein bisserl missverstanden worden.

NOT

So bin ich entlassen? Meine Zeit ist knapp. Es sind ihrer viele, die auf mich warten.

LONG⟨IMANUS⟩

Bleib. Die werden sich gedulden können. Antwort sie mir. Sie kennt den Plutus. Sie hat öfter mit ⟨ihm⟩ zu tun gehabt?

NOT

Zu tun? Er zittert vor mir, und ich verachte ihn grenzenlos. Das ist alles was wir miteinander zu tun haben.

LONG⟨IMANUS⟩

Bravo. überlegt halb zu Pamphilius Na ja, es gibt ja so Gesichter, wenn man sich dran gewöhnt, so findt mans nicht mehr so unangenehm. – Kurz u. gut: sie weiß um was es sich handelt? er setzt sich.

DIE NOT stehend

Es handelt sich um dich und um dein Kind – also zweimal um dich.
    Dir ahnt du hast dein einzig Erdenjahr
    vergeudet dein dir zugemessenes
    dir ahnt, ob du ein Zaubrer von Geburt,
    dass du ein Stümper warst weil du dich selber
    auf ewig zu bezaubern nicht vermocht.

LONGIMANUS bewegt sich

Die alte Gschicht! das ist ein aufgewarmter Café!

NOT

    Da wirft der Zufall dieser Götterbote
    zum Schicksalspiel in dem du schon verspielt
    dir abermals den vollen Einsatz zu.
    Du hast ein Kind. An der du g⟨rausam⟩ tatest
    die Nachtigall, die zitternde, die süsse
    die Lügnerin – aus ihrem zärtlichen
    der Erde so vermischten Feenleib
    wird dir ein Kind, noch einmal wandelst du

dein eignes Spiegelbild den gleichen Weg,
so viel gemischter leichter zu gefährden,
verträumter, schwächer, ringender, ein Mensch.

LONGIMANUS

Du kennst mein Kind.

NOT

     Sie sagen mir er habe
ein reines Herz, allein ein ungeprüftes
ein schwaches – und der Prüfungen sind viele
am Anfang stehn die leichtesten, am Ende
die schwersten. Gleich bei seinen ersten Schritten
ich weiss hat Plutus sich an ihn gehängt
was für ein Fest für Plutus ein Gespenst
aus deinem Kind zu machen! Träume zerren
an ihm u. saugen nachts sein junges Blut
Er kennt die Angst die Lust die Gier die Sehnsucht
den Wahn, – doch nicht die Not und nicht die Liebe.
So wenig als du selber sie gekannt.

LONG⟨IMANUS⟩

Ha! ich und nicht geliebt!

NOT

     Gewähnt zu lieben.
Wenige sind die lieben, wenige die wahrhaft hoffen.
Von ihnen kenn ich jeden Aug in Aug.
Wir haben uns dort unten nie gesehn.

LONG⟨IMANUS⟩

Schon gut.

NOT

   Ich warte ob du mir befiehlst
führ ich dein Kind – dann führ ichs meinen Weg

LONG⟨IMANUS⟩

Versteh. Was wär denn das beiläufig für ein Weg?

NOT

Der den du nie betreten hast. Du hast
das Antlitz meiner Schwester nie gesehn
Der Wahrheit nie geahnt dass Not und Liebe
zu ihr allein die goldnen Thüren öffnen

LONG⟨IMANUS⟩
Still. er steht auf horcht Hör⟨st⟩ du nichts, Pamphilius?

DIE STIMME DES SINGENDEN BAUMES vor dem Fenster mit zärtlichem Vorwurf
    Mi lagnero tacendo
    Del mio destino avaro
    Ma ch'io non t'ami o caro
    Non lo sperar da me!

LONGIMANUS auf und nieder
Ihre Stimme! Die Stimme m⟨einer⟩ Bettina! Diese süßen Bitten um Vergebung über einen Abgrund von 20 Jahren hin!

DIE STIMME näher wie vor dem Fenster
    Ah! ch'io non t'ami o caro
    Non lo sperar da me!

DIE STIMME noch näher
    Crudele in che t'offendo
    Se resta a questo petto
    il misero diletto
    Di sospirar per te!

LONG⟨IMANUS⟩ Indem ihm die Thränen herunterlaufen
Sie sagt sie verlangt sich nichts als aus der Ferne nach mir zu seufzen! mit gefalteten Händen Schick mir dein Kind dass ich's an ihm gutmachen kann was ich dir getan hab!

Der Vorhang rückwärts fliegt auf, Eduard wird unter leiser Musik hereingetragen, auf ein Ruhebett niedergelegt, das im gleichen Augenblick aus der Erde gestiegen ist. Er liegt in tiefem Schlaf. Er hat in der gefalteten Hand einen Zweig vom singenden Baum. Longimanus beugt sich über ihn.

DIE STIMME DES ZWEIGES ganz nahe mit süßestem Ausdruck
    Crudele in che t'offendo
    Se resta a questo petto
    il misero diletto

PAMPHILIUS nimmt behutsam den Zweig aus Eduards Hand

DIE STIMME DES ZWEIGES noch erregter
    Il misero diletto
    di sospirar per te!

PAMPHILIUS trägt den Zweig bei Seite

DIE STIMME DES ZWEIGES verhauchend
> Di sospirar per te!

Pamphilius bedeckt den Zweig mit einem dunklen Tuch. Die Stimme schweigt. Die Musik gleichfalls.

LONGIMANUS bei Eduard
Wie er ihr ähnlich schaut!

PAMPHILIUS
Euer Gnaden er ist ja ihnen aus dem Gesicht geschnitten!

LONGIMANUS
Die Wangen, das Kinn wie bei ihr! die Lippen wie die ihren! der Ansatz der Haare die Schläfen, die Stirn wie die ihrige!

PAMPHILIUS
(Den Ausdruck hat er von Euer Gnaden!) wenn er die Augen aufmachen wird wird es sein wie wenn sie sich im Spiegel schaun täten!

DIE NOT mit starker Stimme
Soll ich ihn führen oder nicht?

LONGIMANUS erschrocken
Das wären zwei Erscheinungen die täten zueinander passen. leise Schau dass du sie hinausbringst auf nimmer-wiedersehen bevor er die Augen aufschlagt.

PAMPHILIUS geht leise hinüber öffnet die Tür.

NOT beugt sich hastig über Eduard und haucht ihn an Musik:
> So geb ich deinem Kind ein Gastgeschenk
> Wenn er von deiner Hand hineingestossen
> ins Lebenslabyrinth nicht aus noch ein sich weiss
> verzweifelnd dein Gesicht und seins verflucht
> dann ruf er durch die Liebe mich – dann komm ich

Sie tritt zurück und geht schnell durch die Thür rechts ab, die Pamphilius hinter ihr schliesst.
Ganz zarte Musik.

LONGIMANUS
Sie hat ihn angeblasen die freche Person. Wenns ihm nur nit schadt Er träumt! Ihn ängstigt was. Da schau die an! die Hex!

EDUARD wirft sich im Schlaf herum
Mutter! ich muss – lass mich – nur gehn – nur gehn!

LONGIMANUS
Du! du streichelt ihn Er schlagt die Augen auf.

EDUARD schlägt die Augen auf, noch ohne zu sprechen

LONGIMANUS sieht ihm lange in die Augen
Nein das ist nicht ihr Blick! der ihrige war so sammten, Seligkeit versprechend undurchsichtig – das ist ein anderer – ist das? Schau ich mich selber an mit diesem Blick mir selbst entgegen aus Menschenaugen so flackernd, tierhaft wild, verstört vor Gier – und süßer Liebe fähig – so unsagbar vermischt schau ich mich an aus diesen Augen? Pamphilius ich zittre vor Begier dass er rede und ich zittre auch ⟨vor⟩ Furcht – Pamphilius – das ist kein Kinderspiel – vor seinem Kind zu stehen! Sei still die Zunge löst sich ihm noch nicht! Schlaf!

Eduard hat sich halb erhoben, starrt ihn an wie ein Träumender, schließt wieder die Augen

EDUARD weiter fort
Nur weiter! fort! ich bin noch nicht am Ziel! Florian zu mir! wir müssen vorwärts! auf!
er springt auf, hat die Augen offen, wird die Umgebung gewahr – erschrickt Wo bin ich?

LONGIMANUS
Nicht erschrecken nicht! So sag doch was!

PAMPHILIUS
Euer Gnaden junger Herr sind in einem guten Haus.

EDUARD
Vor wem steh ich? wer sind Sie die so gütig

LONG⟨IMANUS⟩ nötigt ihn aufs Ruhebett, setzt sich neben ihn
Bleib sitzen, Kind. Ruh aus.

EDUARD
Wie komm ich her? Von dort? Wo ist der Zweig – ein einziger Zweig ist ein unschätzbares Gut. Ich hab ihn in der Hand gehabt? wo ist der Florian – mein Diener? (wo ist der Zweig?)

N 68

19 VIII ⟨1916⟩

II³

(Zweite Scene im Cabinet des Longimanus)

Anschaun: der Hand, der Nägel, all des Schönen. Anrede des Longimanus: mild. Was du im Traum gesehn sei dein. – doch sagt ein Etwas uns, es hatte Kraft zu werden an dir. Die dumpfe Creatur drängt sich um dich. Hierin erkennen wir ein Lebenswertes – und segnen dich mit solchem Segenswort: dass dir zuteil von Menschen werde das günstige Vorurteil das sie den Reichen entgegenbringen Ed⟨uard⟩ Aber werd ich reich?

N 69

II^te Scene im Cabinet.

Dir homogene Elemente dreingemischt
Trinken des Trankes, Entspannung, behagliches Plaudern.
Eduard: Wie schade, jetzt hätten wir uns erst kennen gelernt!
Eduard: Der Name Vater kommt mir auf die Lippen! mein Vater vergebe mirs!

Longimanus hat Eile. Darum der Trank, der Eduard geeignet machen soll, seinen Auftrag zu erfüllen.

N 70

III.

E⟨duard⟩ So viel ich Mut zu dir hab – so viel hab ich recht zu leben.

knien zusammen vor dem Bäumchen.
die Stimme der Mutter: Mann u Weib u Weib und Mann
            rühren an die Gottheit an!
Wald bei Sturm u. Wind.
bedenkliche Gestalt, zur Übernahme kommend: Longimanus in Verkleidung (analog Knopfgießer)

Eduard allein – halb verfallenes Haus. Die Not hinkend. Tempel, Vorhang, (buntes gold⟨en⟩es Tor) drin die Statue: die Not öffnet: verspricht ihm zu zeigen, was sein geheimstes Trachten war.

N71

III.

Eduard: Das Finden des Selbst im Notwendigen. Geschenkt konnte er das Glück nicht bekommen. Es hat eine Stunde wie diese kommen müssen. (Die Not im Hintergrund)

N72

Der Sohn des Geisterkönigs.
Rahmen zu den Scenen: Eduard u. die Mädchen.

Eduard hat eine Geliebte deren Werth er nicht zu erkennen vermag. Er erzählt einem Freund von den Prüfungen die ihm bevorstehen. Zuerst spricht er in halben Andeutungen dann erzählt er von seinem Vater, der sich ihm angenähert, d. h. ihn zu sich hinüberzog als er eben um seinen vermeintlichen Vater trauerte. Indem er hievon erzählt wird er sogleich wieder zu jenem Vater hinübergezogen: von dem er sich nicht klar machen kann, ob er ein Traumwesen oder etwas Wirkliches sei, der ihm aber sein tiefstes Selbst aufschliesst. Dieser will ihn darauf führen dass in seiner Geliebten sein ganzes Glück sei. Aber das geht nur wenn er ihn von ihr entfernt.
(Motiv Rosenblütchen u. Hyacinth)
Abschiedsscene von der Geliebten vor jener Fahrt.
Die Fahrt endet in einer wunderbaren Atmosphäre einer Art Rosenlaube: in Kathis Herz.

VARIANTEN UND ERLÄUTERUNGEN

EINACTER

ENTSTEHUNG

Die Notiz für einen Einacter *entstammt demselben Tagebuchkonvolut wie die frühesten dramatischen Entwürfe und Gedichtansätze Hofmannsthals (vgl. SW XVIII 7–9 und SW II 9–16), die auf 1887/88 datiert werden. Der Schriftduktus der* Einacter-*Notiz weicht aber von dem der umgebenden Fragmente ab (besonders von H VII 13.47–50 und von H VII 13.55–71) und entspricht etwa der Schrift aus der zweiten Jahreshälfte 1889, wie sie im selben Tagebuch das Novellenfragment* Der Geiger vom Traunsee *(H VII 13.12–22; SW XXIX 7–12) aufweist. Für die Datierung des* Einacters *frühestens in die zweite Hälfte 1889 spricht außerdem die Tatsache, daß Hofmannsthal zum Zeitpunkt der Niederschrift bereits Musset gelesen haben muß, was nach Ausweis der Zeugnisse nicht vor 1889 der Fall gewesen sein kann. Der Eintrag ins Tagebuch vom 27. I. 1889 hält für Jänner – Juni 1889 u. a. als Lectüre: Musset, Hugo, Mérimée. Béranger fest (H VII 13.4) und klingt damit wie ein Programm, das in der zweiten Jahreshälfte eingelöst worden zu sein scheint. Am 18. Oktober 1889 liest Hofmannsthal* Musset on ne badine ⟨pas avec l'amour⟩ I. A⟨ct⟩, *am 22. Oktober* Musset, Souvenir etc., *am 23. Oktober* Musset on ne badine ⟨pas avec l'amour⟩, *am 24. Oktober* Musset Rolla *(H VII 13.38), am 28. November* Musset Il faut qu'une ⟨porte soit ouverte ou fermée⟩ *und* Frédéric et Bernerette *(H VII 13.39), am 18. Dezember* Musset À quoi r⟨êvent les jeunes filles⟩ *und* Namouna *(H VII 13.40) und am 13. bis 15. März 1890* Musset ⟨Un⟩ Caprice, Il ne faut jurer ⟨de rien⟩ *und* on ne saurait ⟨penser a tout⟩, *am 24. März schließlich* Musset Le chandelier *(H VII 13.42).*

Auch die Gattungsbezeichnung Einacter *könnte ihr Vorbild bei Musset haben (vgl.* ›Un caprice‹, ›Il faut qu'une porte soit ouverte ou fermée‹, ›On ne saurait penser a tout‹, ›Bettine‹*), desgleichen die Namen* Margot *und* Gaston*: Mussets Novelle ›Margot‹ erzählt von der desillusionierten Liebe des liebenswürdigen Landmädchens Margot zu Gaston, dem Sohn ihrer Gönnerin, endet aber, nach einem Selbstmordversuch Margots, in ihrer Ehe mit dem sozial gleichgestellten Pierrot. – Die von Hofmannsthal benutzte Ausgabe:* Œuvres de Alfred de Musset. Paris: G. Charpentier 1882; FDH/HvH Bibl.

ÜBERLIEFERUNG

N   *H VII 13.51–52 – Aufzeichnung im Tagebuch*

VARIANTEN

7,30   gibt *wohl Verschreibung für* kommt

8,4   und *davor, gestrichen:* oder

ERLÄUTERUNGEN

7,23 Gedanken ... Souvenir *Mussets vielstrophiges Gedicht ›Souvenir‹ aus dem Jahr 1841 formuliert die Einsicht in die zeitüberdauernde Beständigkeit der Erinnerung im Unterschied zu den erinnerten, vergänglichen Erlebnissen: »Un souvenir heureux est peut-être sur terre / Plus vrai que le bonheur.« (Strophe 17)*

7,27 Mann à la Thackeray *Ob dabei an eine literarische Figur oder die Person des Autors selbst (1811–1863) zu denken ist, läßt sich nicht entscheiden. Belegt ist die Lektüre von ›Vanity Fair‹ in einem Brief Hofmannsthals an Alice Sobotka vom 13./IX. ⟨1887⟩ (Abschrift: FDH, ehemals Volkswagen-Stiftung; vgl. auch B I 11); im April 1890 begann Hofmannsthal dann die Lektüre von Hippolyte Taines ›Histoire de la littérature anglaise‹ (Tagebuch, H VII 13.42). In seiner Ausgabe (Geschichte der englischen Literatur. Autorisierte deutsche Ausgabe. 3. Band: Die Neuzeit. Bearbeitet von Gustav Gerth. Leipzig: E. J. Günther 1880; FDH/HvH Bibl.) sind die Seiten 249–308 einer ausführlichen Schilderung von Thackerays Werk gewidmet. – Aus demselben Tagebuch (H VII 13.43) läßt sich die Lektüre des ›Henry Esmond‹ für den 7. Mai 1890 belegen.*

7,30 ff.: *Hofmannsthals Formulierungen nehmen offenbar Gedanken Nietzsches auf, sie konnten jedoch als Zitate nicht nachgewiesen werden.*

⟨ENTWURF EINES EPILOGS⟩

ENTSTEHUNG

Zu dem Versentwurf, der offenbar zu einem Epilog zu Molières Komödie ›Le Médecin malgré lui‹ gehört, haben sich keinerlei Zeugnisse oder Daten erhalten. Der Schriftduktus weist große Ähnlichkeit mit dem Blatt H II 180.3ᶜ auf, das das Gedicht Lehre *(SW II 59) enthält und um den Juli 1891 entstanden ist. Der Entwurf dürfte demselben Zeitraum entstammen.*

Hofmannsthals frühe Molière-Lektüre geht aus dem Tagebuch hervor, das unter dem 17. November 1889 den Tartuffe, *unter dem 15. Mai 1890 den* Misanthrope *verzeichnet (H VII 13.39 und 44; Hinweis Ellen Ritter, Bad Nauheim).*

Der ›Médecin malgré lui‹ wurde für Hofmannsthal auch später wichtig, so im Rosenkavalier *(SW XXIII 702,10–13), in dem Entwurf* Eine kleine Comödie *vom 3. November 1911 (s. S. 51,18) und noch im* Buch der Freunde, *in das Hofmannsthal die ironische Antwort des Sganarelle aufnahm (TBA RuA III 236).*

Das Motiv der listig schweigenden Frau – bei Molière ist es ein Mädchen, das dadurch einer unerwünschten Heirat entgehen will, um dem geliebten Léandre sich verbinden zu können – hat Hofmannsthal, anderen Quellen folgend (John Ford bzw. Ben Jonson), auch in der Comödie *von 1893 (s. S. 10,11) und in* Epicoene *(s. S. 27) aufgegriffen.*

ÜBERLIEFERUNG

N   H III 283.5

VARIANTEN

8, 8:   *davor ungestrichene Vorstufe:*
         Sie sehen, unsre Sprache kehrt uns wieder,
         Und mit dem Stück ist auch die Angst

8, 9:   *danach:* [(1) Die Angst ist fort die Stimme kehrt zurück
         Wenn wir wüßten dass auch sie bedenken
     (2) Sie waren schuld an allem sie allein
         Doch werden ⟨wir⟩ wohl nächstens muthig sein
         Wenn ihnen xxxxxxxxx das Stück gefall⟨en⟩]

EINE MYTHISCHE KOMÖDIE

ENTSTEHUNG

Das Fragment Eine mythische Komödie, *dessen Titel (Athene?) wegen Papierabriß nicht mehr lesbar ist, findet sich auf der Rückseite der Gedichthandschrift von* ⟨Dich suchet ruhelos das wache Denken⟩ *(SW II 68), die Ende 1891 datiert werden kann (SW II 298f.). Damit ist der einzige Anhaltspunkt für eine ungefähre Datierung der mythischen Komödie gegeben.*

     Eine antike Quelle für den Stoff konnte nicht ermittelt werden. Das Gedicht Wir haben manche Stunde zusammen nun verbracht *(SW II 17) aus dem Jahr 1889 deutet etwas von Hofmannsthals Kenntnissen der antiken Literatur an.*

ÜBERLIEFERUNG

N   H II 180.26^b – 26^a: *H zu* ⟨Dich suchet …⟩ *(SW II 299, 20–23)*.

VARIANTEN

8, 25   vergleichen sich mit den *und* den Spenderinnen des *in Stenographie.*

ERLÄUTERUNGEN[1]

8,13–15: *Vgl. hierzu Ilias IV, 435 ff. und XI, 10 f.*

8,16 f. Gott von Dodona ... Eichenkranz *Anspielung auf das Zeus-Orakel von Dodona; dem Rauschen der heiligen Eiche, die die Gegenwart des Gottes verbürgte, entnahmen die Priester die Orakel; vgl. Herodot, Historien 2,54 ff. – In der Biese-Rezension* Philosophie des Metaphorischen *von 1894 ist –* Pherekydes von Syros *referierend – u.a. von dem* Eichbaum *des Zeus und dem* Bergquell von Dodona *die Rede (TBA RuA I 191), jedoch in anderem motivlichen Zusammenhang.*

8,17 die Priesterinnen ... Tauben *Vgl. Herodot, Historien 2,54 ff.*

8,18–20: *Die hier gebotene Mythenversion stammt nicht aus klassischen Quellen; sie stellt eine eigenwillige Verknüpfung verschiedener mythologischer Stränge und Motive dar. – Nach dem Mythos war Gorgo von Poseidon schwanger; als sie von Perseus getötet wird, kommen Pegasos, der als geflügelte Donnerwolke verstanden wird, und Chrysaor, die Personifikation des Regens, zur Welt. Nach einer attischen Überlieferung der Sage, auf die auch Euripides (Ion, V. 987 ff.) zurückgreift, wurde Gorgo von Athene erlegt. Vgl. W. H. Roscher, Ausführliches Lexikon der griechischen und römischen Mythologie. Bd. I, 1/2. Leipzig: Teubner 1884–1890, Sp. 1695–1698.*

8,21 mit hellem Auge *Das Epitheton »die heiläugige« wird bei Homer und den griechischen Tragikern stereotyp auf Athene bezogen.*

8,23 f.: *Sowohl der Schwan wie der Delphin (als Symbol der stillen See) wurden Apollon zugeordnet. Vgl. auch SW I 63,17–20.*

8,25 f.: *Vgl. zum mythologischen Hintergrund Platon, Ion, 534 a/b; ferner Horaz, carmina 4,2, V. 25–32.*

PROLOG
ZU EINER FANTASTISCHEN KOMÖDIE

ENTSTEHUNG

Einer Tagebuchnotiz zufolge entstand diese Notiz am 18. Januar 1892:
18 I. ⟨1892⟩
Prolog zu einer phantast⟨ischen⟩ Komödie: der Fürst Kantacuzeno und die
Hexe (Bülow, Renaissancenovellen) *(H VII 17.110^b)*

---

[1] *Die nachstehenden Erläuterungen sind Klaus E. Bohnenkamp, Tübingen, vielfältig verpflichtet.*

Hofmannsthal las das ›Novellenbuch; oder Hundert Novellen nach alten italienischen, spanischen, französischen, lateinischen, englischen und deutschen bearbeitet von Eduard von Bülow‹ in der vierbändigen Originalausgabe (›Mit einem Vorworte von Ludwig Tieck‹), die zwischen 1834 und 1836 bei Brockhaus in Leipzig erschienen war.[1] Bereits am 20. und 21. Oktober 1889 steht im Tagebuch Bülow Engl⟨ische⟩ Novellen *(H VII 13.38), danach findet sich unter Eintragungen vom Januar 1891 eine Notiz zu diesen englischen Novellen (abgedruckt bei Hoppe, S. 623). — Im »Ersten Theil« des Novellenbuches, S. 234 bis 264, wird die Geschichte ›Fürst Cantacuzeno‹ erzählt, auf deren Quelle bei Tomaso Placido Tomasi Bülow im Vorwort (S. XXXVI f.) eigens hingewiesen hatte: Der von der mit jugendlichem Reiz ausgestatteten Hexe Platina vollkommen gebannte Kaiser Theodor Cantacuzeno kommt mit ihr überein, zur Stillung ihrer Lust die Heimat zu verlassen und ein totes Scheinbild des Kaisers zurückzulassen. Indes zu Hause die Macht an einen Nachfolger übergeht, unterhält die Hexe den Kaiser auf einer Insel des irischen Erne-Sees mit Komödienspielen, bis durch das mitleidige Wort des Kaisers »O, mein Gott« der ganze Zauber zerfällt und die Hexe als alte Frau sich offenbart. In die Heimat zurückgekehrt, kann sich der Kaiser nicht als rechtmäßiger Herrscher ausweisen und wird zum Tod verurteilt. — In* Der Kaiser und die Hexe *von 1897 (SW III 177 ff.) kam Hofmannsthal noch einmal auf diese Novelle zurück (vgl. auch die Novellenfassung in SW XXIX 209 ff.).*

Ebenfalls in den Januar 1892 fällt das Gedichtfragment Phantast⟨ischer⟩ Prolog *(SW II 72); zum Begriff des »Phantastischen« bei Hofmannsthal vgl. ferner Hoppe (s. Anm. 1), S. 628–630, und die in der ›Entstehung‹ zu* Phantastische Komödie *von 1895 (S. 190, 20–23) mitgeteilten Belege.*

Notizen zu einer auf den Prolog *folgenden Komödienhandlung scheinen sich nicht erhalten zu haben (vgl. aber unten Anm. 2).*

ÜBERLIEFERUNG

N   E III 245.16ᵈ *(jetzt FDH 19931)* — *Auf derselben Seite N 10 zu* Der Tod des Tizian *(SW III 350, 8–22), auf 16ᵃ der Schluß von N 10 zu* Der Tod des Tizian *(SW III 350, 23 f.), ferner ein Versentwurf zu dem Gedicht* Regen in der Dämmerung *(SW II 527) und weitere Versentwürfe:*

    mein schmales stilles Bett
        ein Ehebett
    wo Tag dem Tage frohe früchte bringt
    Und Nacht der Nacht, bis Tag' und Nächte enden[2]

---

[1] Vgl. Manfred Hoppe, ›Der Kaiser und die Hexe‹. Eduard von Bülows Novellenbuch als Quellenwerk für Hugo von Hofmannsthal. In: DVjS 62 (1988), S. 622–668.

[2] M. Hoppe vermutet in diesen Versen einen Teil des geplanten Prologs (a. a. O., S. 630); dafür ist ein schlüssiger Beweis nicht zu erbringen. Möglicherweise wurden die Verse für die – nicht ausgeführte – fantast⟨ische⟩ Komödie *notiert.*

VARIANTEN

9, 6   auf eine *Stenographie.*

MAXIMILIAN I.

ENTSTEHUNG

Die Notiz entstammt einem Tagebuchkonvolut, das Aufzeichnungen und Werkfragmente der Jahre 1891 bis 1893 umfaßt. Da die voraufgehenden Blätter (H VII 9.32–36) der Jahreswende 1891/92 (TBA RuA III 340–342) und das folgende Blatt (H VII 9.39) dem Sommer 1892 (Alkibiades, N2, SW XVIII 44, 10–22) zuzuordnen sind, dürfte die Notiz zu Maximilian I. *in der ersten Hälfte 1892 entstanden sein.*

Den frühesten Hinweis auf den von Maximilian selbst in Auftrag gegebenen Triumphzug hatte Hofmannsthal möglicherweise einem Vortrag von Wikhof[1] *über* Faust u. d⟨ie⟩ bildende Kunst *entnommen, den er am 15. December* ⟨*1887*⟩ *im Tagebuch festhält (H VII 13.55). Im Mai 1895 entsteht das Prosagedicht über Maximilian (SW XXIX 238, 1–30).*

Ob Hofmannsthal das in zwei Bänden (1884 und 1891) erschienene Werk von Heinrich Uhlmann, ›Kaiser Maximilian I. Auf urkundlicher Grundlage dargestellt‹, *benutzt hat, ist nicht nachzuweisen. Das 12. und letzte Kapitel des 2. Bandes schildert Maximilians* »Stellung zur Religion und zum geistigen Leben«, *wobei sein Einsatz für den Humanismus, seine Ruhelosigkeit, sodann Theuerdank und Weisskunig, Ehrenpforte und Triumphzug gewürdigt werden (besonders S. 734–753).*

ÜBERLIEFERUNG

N   *H VII 9.38 – Aufzeichnung im Tagebuch*

ERLÄUTERUNGEN

9, 13 Station de psychothérapie *Vermutlich auf dem Weg über Hermann Bahr lernte Hofmannsthal die unter dem Titel* ›Trois stations de psychothérapie‹ *versammelten Essays von Maurice Barrès kennen, die zwischen 1888 und 1890 entstanden, 1890 als zierliches*

---

[1] *Hofmannsthal erwähnt Franz Wickhoff (1853–1909) noch in* Ad me ipsum *(TBA RuA III 625).*

»Heftchen« (so H. Bahr in seinem ersten Barrès-Aufsatz von 1892, vgl. H. Bahr, Studien zur Kritik der Moderne, Frankfurt a. M. 1894, S. 163) erschienen und von Barrès 1894 ans Ende seines Bandes ›Du Sang/de la Volupté/et de la Mort‹ gestellt wurden. Hofmannsthal besaß die o. J. ⟨1903⟩ erschienene ›Nouvelle Edition‹ dieses Buches (Paris: Albert Fontemoing; FDH/HvH Bibl.). Barrès' ›Trois stations‹ umfassen die Essays ›Traitement de l'âme‹, ›Une Visite à Léonard de Vinci‹, ›Une Journée à Saint-Quentin chez Maurice-Quentin de La Tour‹ und den dreiteiligen Aufsatz über Marie Bashkirtseff, ›La Légende d'une cosmopolite‹, aus dem Hofmannsthal in seiner Studie Das Tagebuch eines jungen Mädchens den Titel des dritten Teils ›Notre-Dame qui n'êtes jamais satisfaite‹ (TBA RuA I 168) zitiert. Den Titel der Essay-Sammlung erwähnt Hofmannsthal auch in einem undatierten Brief an Hermann Bahr (B I 36), auf zwei Leselisten (H VB 8.25 und H VB 10.47), ferner in einem Brief an Marie von Gomperz aus Bad Fusch vom 14 Juli ⟨1892⟩: ich will aus den 13 Monaten erlaubten Nichtsthuens, die ich vor mir habe (bis zum Freiwilligenjahr) eine einzige lange ›station de psychothérapie‹ machen (Stadtbibliothek Wien, IN 122.688).

9, 15 Ehrenpforte *Ein im Zusammenhang mit dem Triumphzug Maximilians zwischen 1512 und 1517 in 192 Blättern ausgeführter Riesenholzschnitt von Albrecht Dürer, der 1517/18 gedruckt wurde.*

9, 15 Weisskunig *Prosaroman von Maximilian I., Reinschrift 1514, Erstdruck 1775.*

9, 15 Triumpfzug *Eine von Maximilian in Auftrag gegebene Folge von 147 Holzschnitten zur Verherrlichung seines Ruhms, ausgeführt 1516–1518 unter Beteiligung von Dürer, Altdorfer, H. Burgkmair u. a.*

9, 15 Theuerdank *Allegorisches Rittergedicht von Maximilian I., erschienen 1517.*

MARIE B.

ENTSTEHUNG

Die beiden einzigen überlieferten Notizen zu einer Marie B.*-Komödie sind vermutlich zwischen Sommer 1892 und Sommer 1893 entstanden. In die Gestalt der Marie B. gehen Züge der russischen Malerin Marie Bashkirtseff und von Hofmannsthals Jugendfreundin* Marie von Gomperz *ein, ferner Einzelheiten aus den Berichten über das Waisenmädchen* Adda(h)*, die Marie von Gomperz in ihren Briefen an Hofmannsthal festhielt.*
Mit dem Schicksal Marie Bashkirtseffs (11. 11. 1860–31. 10. 1884), die als Malerin und Musikerin tätig war und ein 1887 in zwei Bänden veröffentlichtes Tagebuch hinterließ, war Hofmannsthal schon im April 1891 vertraut (Tagebuch vom 25. 4. 1891, H VII 17.71^b;

vgl. ferner den Brief an Hermann Bahr vom 11.9. ⟨*1891*⟩, *B I 31*)*. In einem Brief an Marie von Gomperz heißt es am 27. Juni 1892:* hie und da blättere ich gedankenlos und doch zerstreut, in dem Tagebuch des kleinen Mädchens, von dem wir einmal gesprochen haben. Ich habe das Buch gern. Sie berührt sich in manchen Empfindungen so eigenthümlich mit Ihnen. Auch sie hat eine zeitlang den ›Kern‹ ihres Wesens gesucht: »A propos, très souvent je tâche de savoir ce que j'ai en face de moi-même, mais bien caché, la vérité enfin. Car tout ce que je pense, tout ce que je sens, est seulement extérieur. Eh bien, je ne sais pas, il me semble qu'il n'y a rien ..«[1] Sie ist aber bald darüber hinweggekommen. Man kommt also darüber hinweg. Das tröstet mich. *(Stadtbibliothek Wien, IN 122.672) Und in einem Brief an Theodor Herzl vom 24. November* ⟨*1892*⟩ *(The Central Zionist Archives, Jerusalem) bittet er um die Adresse eines Pariser Photographen oder Kunsthändlers, von dem man ihr Porträt oder Bilder von ihr bekommen könne. In einem (undatierten) Brief an Marie von Gomperz heißt es dann:* Gestern hat mir ein Mensch in Paris, den ich nie gesehen habe, ein Bild der Bashkirtseff mit einem sehr netten Brief geschickt. *(Stadtbibliothek Wien, IN 122.708) Daß Hofmannsthal ihr Porträt im Oktober 1893 auf seinem Schreibtisch vor sich gehabt haben muß, geht aus dem Brief an Lisl Nicolics vom 8. Oktober* ⟨*1893*⟩ *(s. SW II 327,12) hervor. – Gegen Ende 1892 ließ Hofmannsthal Marie von Gomperz wissen:* Heute abends rede ich bei Glaser eine Art conférence über die Marie B; dabei unterhalte ich mich ganz gut und lerne allmählich reden. *(Stadtbibliothek Wien, IN 122.691) Aus diesem Vortrag ging dann das Feuilleton* Das Tagebuch eines jungen Mädchens *hervor, das am 13. Januar 1893 in der Wiener ›Presse‹ erschien (TBA RuA I 163–168).*[2]

Als zweites Moment geht die Figur der an Nervenschwäche, Schlaflosigkeit und Nervosität leidenden Marie von Gomperz, der Nichte Josephine von Wertheimsteins, in die Figur der Marie B. *ein. Hofmannsthal lernte sie im April 1892 kennen und führte bis 1893 einen sehr regen, danach einen merklich distanzierten Briefwechsel mit ihr. Schon im oben zitierten Brief vom 27. Juni 1892 (Zeilen 2 ff.) findet er eine gewisse Gemeinsamkeit zwischen ihr und der Bashkirtseff, von der sich Marie von Gomperz aber distanziert:* »Alle jungen Mädchen haben analoge Empfindungen und so war ich weder erstaunt noch stolz manche meiner Gefühle und Gedanken dort ausgeführt zu finden und Aufklärungen über mich

---

[1] *Zitiert nach der zweibändigen Ausgabe:* Journal de Marie Bashkirtseff. Avec un portrait. Septième mille. Paris: Charpentier 1892. *Band 1, S. 39. FDH/HvH Bibl.*

[2] *Einige weitere Zeugnisse von Hofmannsthals Beschäftigung mit der Bashkirtseff liegen vor (TBA RuA I 120; TBA RuA III 348, 352, 369; SW XVIII 73,31; SW XXIX 88,14; BW Beer-Hofmann 198). Im Tagebuch Hofmannsthals sowie in den Briefen an M. von Gomperz (s. o.) und ihren Antworten (14. und 26. Juni 1893) erscheint* Marie B. *immer als Abkürzung für Marie Bashkirtseff. – Es ist unwahrscheinlich, daß die von Hofmannsthal erwähnte, nicht identifizierbare* Marie B. *bei Grillparzer (SW XXIX 221,14) in Zusammenhang mit Marie Bashkirtseff steht. Desgleichen dürfte die im Wertheimstein-Kreis verkehrende Fürstin Marie Bülow, vormalige Gräfin Dönhoff, nicht das Vorbild der* Marie B. *gewesen sein, da Hofmannsthal sie nur wenig erwähnt, gegenüber Marie von Gomperz am 20. Juni* ⟨*1893*⟩ *und in einer Notiz zum* Roman des inneren Lebens *(H IVA 71.66, vgl. SW XXXVII).*

selbst zu erhalten.« (*1./2. Juli 1892, FDH, ehemals Volkswagen-Stiftung; SW XVIII 394, 17–19.*) Als sie aber im Juni 1893 Hofmannsthals inzwischen gedrucktes Feuilleton Das Tagebuch eines jungen Mädchens *liest, gefällt es ihr »besonders«* (*14. Juni 1893, FDH, ehemals Volkswagen-Stiftung*), *und es ist ihr von Hofmannsthals Feuilletons »bei weitem das Liebste und für mich dem Inhalte nach und sprachlich s e h r schön, zuletzt sogar rührend«* (*26. Juni 1893, FDH, ehemals Volkswagen-Stiftung*). *Wie schon bei* Ascanio und Gioconda *(SW XVIII 77, 26–78, 27 und 420, 37–421, 8) und* Der Tor und der Tod³ *konnte Hofmannsthal auch für einen Zug der* Marie B.*-Komödie auf einen Brief der Marie von Gomperz zurückgreifen (vgl. N 1), wenn sie am 17./18. Juli 1892 schrieb: »Das Leben ist wirklich sehr ernst, ich begreife nicht, dass sich so viele Menschen der kleinen, hübschen Momente unbewusst sind, so zuversichtlich wünschen und streben. Ich habe eine innige Freude an den unzähligen, nebensächlichen Kleinigkeiten, die man zufällig in einem besonderen Augenblicke sieht und in seine Empfindung aufnimmt.«* (*Rudolf Hirsch, Ferdinand von Saar und Hugo von Hofmannsthal. In: Ferdinand von Saar. Ein Wegbereiter der literarischen Moderne. Hrsg. von K. K. Polheim. Bonn 1985, S. 278f.*)

Schließlich kommt eine dritte Gestalt zu Marie Bashkirtseff und Marie von Gomperz hinzu. Letztere berichtete am 1./2. Juli 1892 Hofmannsthal in einem Brief: »Ich habe mich letzthin wieder einmal in die Kinderzeit zurückgedacht und zwar im Gespräch mit einem kleinen Mädchen, einer Waisen, die wir aus dem Elende eines Arbeiterhauses, – wo sie bei Kohlenarbeitern unentgeltlich in der Pflege war und mehr Prügel als Wassersuppe bekam, – unter uns wohlbekannte, gute Leute verpflanzt haben, die hier im Dorfe einen kleinen Kaufladen besitzen. Sie fiel uns durch ihre bescheidene, liebreizende Art auf, sie brachte uns immer Blumen, wenn wir den armen Kindern des Arbeiterhauses Kreutzer gaben, ihr Gesicht erinnert etwas an die Mona Lisa von Leonardo da Vinci, es hat ein so feines Oval, sie hat große graublaue Augen mit langen Wimpern und volle, wenig geschwungene Lippen, in ihrem ganzen Wesen liegt etwas sehr Weibliches, Anmutiges, gerade das, was ich an den meisten Frauen so sehr vermisse, vielleicht verstecken sie es, weil es aus der Mode gekommen ist und nicht mehr gefällt. Adda ist eine Kärnthnerin, spricht aber nur mehr ein sehr gebrochenes Deutsch, sie ist sehr ehrgeizig, lernt leicht und gerne und soll hübsch singen. Sie singt bei den Begräbnissen mit, da weint sie immer und die anderen lachen sie deshalb aus. Im Finstern fürchtet sie sich, vor was? vor dem Tod. ›Ich fürcht' mich, dass mich der Tod nimmt, weiß nicht wohin ich dann komm', die Leute sagen alle kommen in die Hölle‹ dabei öffnen sich ihre Augen weit und ängstlich und ihre Stimme klingt fern und vibrierend. – Sie erzählt mir sehr viel und immer mehr traurige Episoden tauchen aus ihrer Vergangenheit auf, ich spreche mit ihr möglichst einfach und klar und sie blickt zu mir mit großer Verehrung auf und merkt sich meine Belehrungen. Unbewusst hat sie letzthin meine Worte wiederholt, ich sagte ihr, dass sie nicht glauben müsse, dass wir nichts thun, nur in den ›schönen Zimmern‹ sitzen und reden, da erwiderte sie mit

---

³ *Vgl. Andreas Thomasberger, Eine Anregung zum Eingangsmonolog von ›Der Tor und der Tod‹. In: HB 29 (1984), S. 42–44.*

großem Ernst: ›ich weiß, jeder Mensch muss etwas thun‹. Jetzt habe ich ihr ein Märchenbuch geliehen, das ich noch hier vorgefunden habe, wenn sie etwas nicht versteht wird sie zu mir kommen und mich fragen. Die Kleine hat sehr viel Phantasie und Gemüth …« (FDH, ehemals Volkswagen-Stiftung; SW XXIX 275, 20–276, 19) Hofmannsthal interessierte sich (in einem Brief vom 14⟨.⟩ Juli ⟨1892⟩) für das kleine Mädchen mit den Lippen von da Vinci *(Stadtbibliothek Wien, IN 122.688)* und erfuhr aus Marie von Gomperz' Antwort vom 17./18. Juli weitere Einzelheiten (vgl. SW XXIX 276, 20–24), dann erst wieder ein Jahr später, am 19. Juli 1893, von der Krankheit und dem Tod der kleinen Adda: *»In den vergangenen Wochen war Nelly durch die Sorge um ihren Schützling, die kleine Ada, sehr in Anspruch genommen und das Beisammensein mit dem kranken Kind, das täglich in den Garten kam, stimmte sie sehr traurig. Ich selbst durfte sie der Ansteckungsgefahr wegen nur wenig sehen, Nelly wollte es nicht. Traurig musste sie auch jeden stimmen, der sie sah, wehmüthig war ihr Ausdruck stets gewesen, denn ihre zarte Seele hatte stark empfunden, was sonst den Armen weniger zu fühlen gegönnt ist; sie war dadurch ein frühreifer Mensch geworden. – Unendlich wehmüthig wurde aber ihr Ausdruck durch die Krankheit, noch feiner, edler und schöner die Züge, mit einer merkwürdigen Ergebenheit und Gleichgültigkeit. – Sie, die sich immer kindlich gefürchtet hatte, dass sie der Tod holen würde, weil sie hatte sterben sehen, wusste, dass sie sterben würde. Die alten Frauen im Dorfe sagten es ihr, wenn sie vorüberging, ob sie daran glaubte, weiß ich nicht. Ihre Dankbarkeit war rührend, einmal meinte sie zu Nelly, sie sei nicht hier krank geworden, sie habe das schon aus der Arbeiterkolonie mitgebracht, die Leute aber, die das Gegentheil glaubten, seien alle dumm oder bös. Sie hatte Herzenstakt, eine merkwürdig feine Empfindung, das, was ich Seelenanmuth nennen möchte – und Begabung, Phantasie. – Außerdem war in diesem letzten Jahr etwas reizend Mädchenhaftes über sie gekommen. – Die Lungentuberkulose machte rapide Fortschritte, am 5. d. M. starb sie, ahnungslos ruhig, nach vielem Leiden, in ihrem 14. Jahre, wie viel hat sie in diesen 13 Jahren erlebt! drei Tage früher noch besuchte sie Nelly bei den Leuten, wo sie wohnte, sie saß feiertäglich gekleidet im kleinen Gemüsegarten auf einer Bank unter einem kleinen, reichbeladenen Kirschbaum, das blasse Kind mit dem verklärten, feinen Gesicht unter dem Baum mit den rothglänzenden Früchten im grellen, heißen, vollen Sonnenschein soll unsagbar schön ausgesehen haben. Nelly wünschte sich einen wirklichen, großen Künstler herbei, um diesen Eindruck festzuhalten.*

Es giebt in allen Ständen seltene Menschen, warum malt man nicht diese Madonnen, Apostel und Engel, denen man manchmal staunend begegnet, sondern malt elende, hässliche Menschen mit dem gewöhnlichsten Ausdruck des Schmerzes oder der Freude, in einer banalen, geringschätzenden Weise. Ich kenne nur Uhde, der eine seelenvollere, geistreiche Auffassung hat, und von dem habe ich nur zwei Bilder gesehen. Sie werden mir vielleicht eine Anzahl anderer Maler nennen können, Muther wird mir späterhin davon erzählen.« (FDH, ehemals Volkswagen-Stiftung; SW XXIX 276, 27–277, 16) Hofmannsthal reagierte am 2. September auf die Nachricht, dass die kleine Addah todt ist *(SW XXIX 277, 22)*, und setzt in seinem Plan einer **Marie B.**-Komödie die von Marie von Gomperz stammende Erwähnung Fritz von Uhdes um in die Idee, **Marie B.** *von Lenbach malen zu lassen (N 2)*. Lenbach ging im Haus Josephine von Wertheimsteins, der Tante der

Marie von Gomperz, ein und aus. So heißt es einmal in einem »Samstag abends« datierten Brief Maries an Hofmannsthal: »Tante Josephine habe ich gestern nicht gesehen ⟨...⟩, heute ist Lenbach da und ich verstecke mich, es freut mich aber sehr, dass er da ist, scheint nur wenige Tage zu bleiben –« *(FDH, ehemals Volkswagen-Stiftung).* Lenbach porträtierte neben Frau von Wertheimstein auch deren Tochter Franziska.

Marie von Gomperz' Schilderung der kleinen Addah beschäftigte Hofmannsthal weiter. *Im Jahr 1893 schreibt er Notizen zu einer* Geschichte der kleinen Anna *nieder (SW XXIX 26 f.); 1894 formt er daraus das Terzinengedicht* Die Stunden! wo wir auf das helle Blauen *(SW I 49); vgl. ferner SW II 357,7.*

ÜBERLIEFERUNG

N 1   H V B 18.15^d – 15^a: *N 3 zu* Comödie *(vgl. S. 11, 10–18), 15^b und 15^c: Aufzeichnungen.*

N 2   H V B 10.66 – *Auf derselben Seite die Prosagedichte 14, 15 und 16 aus dem Jahr 1893 (SW XXIX 232, 20–233, 11).*

VARIANTEN

9, 22   unscheinbaren Dingen *aus* Kleinigkeiten

COMÖDIE

ENTSTEHUNG

Die erhaltenen Notizen zu einer Comödie *entstanden wohl in der zweiten Jahreshälfte 1893. Drei der sechs Notizen (N 1, N 2 und N 6) verweisen auf ein von Hofmannsthal als* Hugo 1862 *bezeichnetes Tagebuch (H VII 5), in das er zwischen Dezember 1892 und Sommer 1893 eingetragen hat. Das Tagebuch trägt den Aufdruck* »Hugo / 23. July 1862. / E. H.   H. H.   W. H.« *und dürfte ein Geschenk an den Vater Hugo von Hofmannsthals gewesen sein, das dieser seinem Sohn überließ (Nachweis Alexandra Tischel, Frankfurt a. M.). Bei der Arbeit an der* Comödie *scheint Hofmannsthal das Tagebuch systematisch durchgearbeitet und verwendet zu haben (s. im einzelnen die ›Erläuterungen‹).*

Von Hofmannsthals breiter Lektüre elisabethanischer Dramen, darunter auch der Stücke John Fords, legt das Dramenfragment Ascanio und Gioconda *(SW XVIII 62 ff.) sowie ein Brief an Marie Herzfeld vom 26. Dezember 1892 (B I 71) Zeugnis ab. Auf John Fords ›The Broken Heart‹, ferner auf die bei Plutarch berichtete Geschichte vom* Spartanerknabe⟨n⟩ mit dem Fuchs *greift das im Tagebuch Hugo 1862 überlieferte, auf den 22 XII 92 datierte Fragment* Eine Eröffnungsscene *zurück (SW XVIII 11,12 f. und 424); drei Zeilen des Fragments übernahm Hofmannsthal in die Notiz N 1 der* Comödie *(s. S. 10, 11–13 und die Erläuterung). – Auffallend ist die Namensüberschneidung mit den Personen aus* Ascanio und Gioconda, *das wie die* Comödie *die Figuren* Francesca *und* Ferrante *(SW XVIII 71) aufweist. Schließlich taucht, wohl im November 1893, überraschend noch einmal ein Satz aus der* Comödie *(S. 10, 22) in einer Notiz zur* Wiener Pantomime *auf:* Charakteristik der Francesca: Im Athemholen sind zweierlei Gnaden *(H III 270.15; SW XXVII).*

Eine chronologische Ordnung der Notizen ist nicht möglich; wahrscheinlich hat Hofmannsthal N 1 und N 2 sowie N 4 und N 5 gleichzeitig (und nachträglich) mit der Überschrift Comödie *versehen – auf allen vier Blättern findet sich der gleiche Schriftzug an der gleichen Stelle.*

ÜBERLIEFERUNG

N 1   H III 57.1

N 2   H III 57.2 – *Das Blatt wurde nicht in einem Zuge niedergeschrieben (vgl. die Varianz).*

N 3   H V B 18.15^a – 15^d: N 1 *der Komödie* Marie B. *(vgl. S. 9 f.), 15^b und 15^c: Aufzeichnungen.*

N 4   H III 57.3

N 5   H III 57.4

N 6   H IV B 123.2^b – 2^a: *Titelliste* Prosagedichte *von 1893 (s. SW XXIX 397, 22–37).*

VARIANTEN

10, 20 f.   ein ... Unding *Nachtrag.*

10, 22   Francesca *Nachtrag.*

10, 26–11, 8:   *In anderer Schrift zu einem späteren Zeitpunkt niedergeschrieben.*

ERLÄUTERUNGEN

10,11–13: Diese Sätze sind dem im Tagebuch Hugo 1862 (H VII 5) überlieferten Dramenfragment Eine Eröffnungsscene *(SW XVIII 111,11–13) entnommen (s. S. 180,4ff.). – Das Motiv, den eignen Schmerz bis zum letzten Augenblick zu verbergen, übernimmt Hofmannsthal – als eine offenbar besonders spartanische Verhaltensweise – aus zwei verschiedenen literarischen Quellen: aus John Fords Tragödie* ›The Broken Heart‹ *(1629) das Verhalten der spartanischen Königstochter Kalantha, der während ihrer Hochzeit nacheinander die Nachrichten vom Tod ihres Vaters und ihrer Freundin sowie von der Ermordung ihres Bräutigams hinterbracht werden, ohne daß sie sich etwas anmerken ließe; sie wahrt den Schein und tanzt sogar weiter, stirbt aber nachher an gebrochenem Herzen. In den Aufzeichnungen von 1893 und 1896 kommt Hofmannsthal auf Fords Werk zurück (TBA RuA III 369 und 419; vgl. ferner N 19 des Fragmentes* König Kandaules, *SW XVIII 279, 34f. mit Erläuterung); die von Hofmannsthal möglicherweise benutzte Ausgabe ist: John Fords Dramatische Dichtungen nebst Stücken von Dekker und Rowley von Friedrich Bodenstedt. (= Shakespeares Zeitgenossen und ihre Werke, Bd. 2.) Berlin 1860, S. 269–355. – Aus Plutarchs Lykurg-Biographie stammt die zweite Anregung: »Die Knaben stehlen mit der größten Behutsamkeit, um nicht entdeckt zu werden. So hatte einmal einer, der Sage nach, einen jungen Fuchs bereits glücklich entwendet und versteckte ihn in seinem Mantel. Die Bestie riß ihm nun mit ihren Klauen und Zähnen den Bauch auf; aber eben um nicht entdeckt zu werden, verbiß er den Schmerz, bis er tot war.« (Zitat nach Hofmannsthals Ausgabe: Langenscheidtsche Bibliothek sämtlicher griechischen und römischen Klassiker in neueren deutschen Musterübersetzungen. 44. Band: Plutarch II. Berlin, Stuttgart 1855–1903, S. 37; FDH/HvH Bibl. – Nachweis SW XVIII 424.)*

10,14f.: Vgl. dazu die Eintragung im Tagebuch Hugo 1862 (H VII 5):
Catull. 3.I 93.
»gesunde Sinnlichkeit der Antike« Hymenaeus: der Körper nicht das rätselhaft hereinbrechende, das teuflisch problematische sondern nach ruhigen Bauernregeln wie ein Obstbaum gepflegt, gepfropft und gepflückt. *(Nachweis Ellen Ritter, Bad Nauheim)*

10,16 Bad *Das Tagebuch H VII 5 enthält dazu folgenden Eintrag:*
Behagen im Bad. Fusch Anfang Juli 1893.
Badezimmer mit offenem Fenster; Sommerwind spielt mit dem Vorhang; die laue kleine Kammer erfüllt von Dämmerung und den unruhigen Reflexen des Lichts auf dem Wasser;
Gegenüber die Dorfkirche; Orgel, Chor, Klingel; 2 kleine Katzen *(Nachweis Ellen Ritter, Bad Nauheim)*

10,17: Vgl. dazu die Eintragung im Tagebuch H VII 5:
Lenau u Sophie Löwenthal
Sie: Es wäre allerdings besser, ein Trauerspiel zu schreiben, als mein und Ihr

Leben schonungslos ins Tragische hinauszutreiben »müssige Männer sind teuflische Liebhaber« Tragödie
Er: Ich kenne Dich auch nicht; ich spüre nur so etwas von Dir. *(Nachweis Ellen Ritter, Bad Nauheim) – Vgl. auch 11,7f.*

10,20f. ein ... Unding *Der Satz nimmt offenbar Gedanken Nietzsches auf, konnte jedoch als Zitat nicht nachgewiesen werden.*

10,22–25 Im ... entlässt *Verse 1, 2, 5 und 6 aus Goethes Gedicht ›Talismane‹, 5. Abschnitt, aus dem ›West-östlichen Divan‹.*

10,27 Haschischquietismus *Vgl. dazu die Stelle ›Du vin et du haschisch‹ aus Baudelaires ›Petits poëmes en prose – Les paradis artificiels‹. Nouvelle edition. Paris: Calman-Lévy o.J. (FDH/HvH Bibl.), S. 377f.:* »La troisième phase, séparée de la seconde par un redoublement de crise, une ivresse vertigineuse suivie d'un nouveau malaise, est quelque chose d'indescriptible. C'est ce que les Orientaux appellent le Kief; c'est le bonheur absolu. Ce n'est plus quelque chose de tourbillonnant et de tumultueux. C'est une béatitude calme et immobile. Tous les problèmes philosophiques sont résolus. Toutes les questions ardues contre lesquelles s'escriment les théologiens, et qui font le désespoir de l'humanité raisonnante, sont limpides et claires. Toute contradiction est devenue unité. L'homme est passé dieu.« *Hofmannsthal hat die zweite Hälfte des Zitats angestrichen und auf S.* ⟨472⟩ *vermerkt:* stärkste Momente des Haschisch-rausches S. 377–78

10,27 E. d. Goncourt *In Hofmannsthals Bibliothek (FDH) erhalten sind folgende Bände (bis 1893 erschienen): ›Mademoiselle Clairon d'après ses correspondances et les rapports de police du temps‹, Paris: Charpentier 1890; ›La Guimard‹, Paris: Charpentier 1893; Edmond et Jules de Goncourt, ›Idées et sensations‹. Nouvelle edition, Paris: Charpentier 1887, mit Anstreichungen und Annotationen; Edmond et Jules de Goncourt, ›Renée Mauperin‹. Nouvelle edition, Paris: Charpentier 1890, mit Anstreichung.*

11,6 Tact ... 1862‹ *Hofmannsthal bezieht sich auf eine Stelle aus dem Tagebuch H VII 5:*
Fusch 14 VII 93.
Tact (im weitesten Sinn.)
gegen sich selbst: nie den augenblicklichen Zweck, nie die Stimmung des Augenblicks ausser Acht lassen: alles zur Harmonie stimmen
nach aussen hin: alles zur Blüthe bringen, die Menschen einander von der besten lebendigsten Seite zuführen, einen durch den andern heben

11,7f.: Vgl. zu 10,17.

11,30f.: Vgl. Goethe, WA I/7, S. 146–150.

12,1–5: Zitat aus Montaignes Essay ›Que philosopher c'est apprendre à mourir‹ nach der Ausgabe: Essais de Montaigne. Suivis de sa correspondance. Edition Variorum. Tome premier. Paris: G. Charpentier o.J. (FDH/HvH Bibl.), S. 97. Das Zitat ist in Hofmannsthals Ausgabe angestrichen. (Nachweis Alexandra Tischel, Frankfurt a. M.)

12,8: Im Tagebuch H VII 5 findet sich folgendes Dialogschema zur 1. Szene von Shakespeares ›Kaufmann von Venedig‹:
Dialog im Kaufmann von Venedig

Antonio. Gottweiss, was mich melancholisch macht!
Salarino: Euer Sinn ist bei Euren Galeeren.
Solanio: Wenn ich in gleicher Lage wäre, wäre ich immer aufgeregt
Salarino: detto
Antonio: Das ist nicht der Fall, weil mein ganzes Glück nicht einem Schiffe anvertraut ist.
Solanio: So seid ihr denn verliebt?
(Nein) Gut denn, so seid ihr von Natur traurig.
Höflichkeiten.
Formeln lebendig, nicht elliptisch
Graziano: Ich fürchte Antonio, ihr gebt Euch aus Affectation den Anschein der Melancholie:

Reflectionen über den Charakter der eben Abgehenden.

Antonio: sagt mir wer ist das Fräulein, von dem Ihr mir zu erzählen versprachet.
Bassanio: Ich bin Euch ohnedies schon vieles schuldig –
Antonio: Alles meinige steht Euch zu Diensten
Bassanio: (Bild vom 2ten Bolzen nach der Richtung des verlornen abgeschossen)
Antonio: Macht keine Redensarten, sprecht.
Bassanio: zu Belmont ist ein Fräulein ….   ⎫
Antonio: sieh zu, was in Venedig mein Credit vermag; den ⎬ Kern
spann ich an.   ⎭
Anmerkung:
Hebel der Handlung ist eine unpersönliche Handlung, ein Sich-verbürgen für einen Andern, dies ist dem Melancholischen, Resignierten, Zuschauer des Lebens übertragen.

⟨ARLECHINO UND DON JUAN⟩

ENTSTEHUNG

Das Fragment eines Versdialogs zwischen Arlechino *und* Don Juan *wurde 1893 niedergeschrieben; die Vorderseite des Blattes enthält die Verse SW III 73, 12–31 aus der Entwurfshandschrift von* Der Tor und der Tod *(April 1893).*

Möglicherweise wollte Hofmannsthal das Fragment ⟨Arlecchino und Don Juan⟩ *als Puppenspiel ausführen. Daß ihn dieses Genre damals beschäftigte, belegen die* Dialoge über die Kunst *von 1893, wo es unter Punkt V heißt:* Eklektizismus und Originalität in uns gemischt. ⟨...⟩ Don-Juan-Pantomime; schon das Mysterienhafte im ›Faust‹ so eine Spielerei: Puppenspiele des Maurice Bouchor, ›Tobias‹, Böcklins Mythologie. *(TBA RuA III 360) Vielleicht gehören auch die Fragmente* Das neue Puppenspiel vom Dr Faust *vom Juni 1892, in dem ein Pierrot vorgesehen ist (SW XVIII 60–62), und* Sohn des Tobias *(SW XVIII 127) von 1895 in den Kreis von Hofmannsthals Beschäftigung mit den* Puppenspiele⟨n⟩ *des Maurice Bouchor. Der französische Dichter (1855–1929) hatte 1878 ›Le Faust moderne, histoire humoristique en vers et en prose‹ und 1889 ›Tobie, légende biblique‹ vorgelegt. Hingewiesen sei schließlich auch auf das Einzelblatt* Prinz Hamlet u Dr Faust *(H VB 10.72, SW Aufzeichnungen) sowie auf die Bedeutung der Pierrot-Figur für den frühen Hofmannsthal (vgl. die Belegstellen in SW III 765, 11–35).*

Die Figur des Arlecchino spielt 1893 eine Rolle in Pierrot Hypnotiseur, *dem von Hofmannsthal ins Französische übersetzten Pantomimenszenarium von Richard Beer-Hofmann (BW Beer-Hofmann 185 f.), im Prolog zu* Der Tor und der Tod *(SW III 241, 20), sodann 1897 in* Das Kind und die Gäste *(SW III 802, 21), 1898 in* Der Abenteurer und die Sängerin *(SW V 140, 30), in* Ariadne auf Naxos *(SW XXIV), 1920 schließlich im* Divertissement *(TBA Dramen VI 190).*

Eine Don-Juan-Figur begegnet bei Hofmannsthal in Ascanio und Gioconda *(SW XVIII 71, 25) und in der* Nacht von Sevilla *(SW XVIII 128, 9 ff.).*

Von den zahlreichen Puppenspielbearbeitungen, die der Don-Juan-Stoff seit dem 18. Jahrhundert erfahren hat[1], kannte Hofmannsthal auf jeden Fall ›Don Juan der Wilde oder Das nächtliche Gericht oder Der steinerne Gast oder Junker Hans vom Stein‹, enthalten in dem Band ›Deutsche Puppenspiele‹ (hrsg. von Richard Kralik und Joseph Winter. Wien: Carl Konegen 1885; FDH/HvH Bibl.). In diesem weitgehend im Wiener Dialekt geschriebenen Prosa-Puppenspiel wird Don Juan von seinem Diener Kasperl begleitet. Als sie im 2. Akt auf einen Einsiedler stoßen, kommt es zu folgendem Dialog:
»Kasperl: ⟨...⟩ *Du, weißt, mein Herr is ein junger Ritter, der hat in seinem Zorn seinen eigenen Vater erschlagen.*
Einsiedler: O weh!
Kasperl: Halt's Maul, 's thut ihm nit mehr weh!« (S. 104)
Hofmannsthal schrieb – im Schriftzug der frühen 1890er Jahre – an den Rand: Überredung (verkehrt)

Hofmannsthals Interesse an der Figur des Don Juan läßt sich indes noch weiter zurückverfolgen. In einem Brief vom 5. Oktober 1887 an die Jugendfreundin Gabriele (›Mizi‹) Sobotka heißt es: Es wäre eine gute Arbeit, für einen jener vielen secundären Köpfe, ich meine Schriftsteller 3. Ranges, wie Heyse, Wilbrandt, Lindau ... die besser thäten, ihr manchmal ganz bedeutendes Wissen als ihr vollständig

---

[1] *Vgl. J. Scheible,* Das Kloster. Weltlich und geistlich. ⟨...⟩ *Bd. 3. Strassburg 1846, S. 699 ff.; und K. Engel,* Deutsche Puppenkomödien. *Oldenburg 1874–1879, Bd. 3, S. 23 ff.*

imaginäres Können in den Vordergrund zu stellen, einmal, weil wir doch
schon in dem Zeitalter der Vergleiche und Kritiken und Gegenüberstellungen
leben, einmal, sagt ich, alles das zusammenzustellen, was über jene Grund-
stoffe der Poesie aller Zeiten, z. B. die Mythen vom Prometheus, ewigen
Juden, Don Juan, u. s. weiter, je geschrieben worden ist; vielleicht fände sich
einmal ein schöpferischer Geist, der aus einer solchen Zusammenstellung (die
des Don Juan könnte etwa die Don Juan Dichtungen von Tirso de Molina
(Gabriel Tellez), Thomas Corneille, Shadwell, Da Ponte-Mozart, Byron, Lenau
enthalten) Anregung zu einem alle lebensfähigen Keime der Vorgänger in sich
fassenden monumentalen Werk schöpfte, etwa wie Goethes Faust gegenüber
denen von Müller, Marlowe u. s. w. Jedenfalls wäre es der Mühe würdiger als
so mancher Tropfen Gift, Gaius Gracchus und andere Zeitverschwendungen,
und eine solche Arbeit könnte auch, wenn mich nicht alles täuscht, als selbst
litterarisches Werk auf Anerkennung rechnen. *(FDH, ehemals Volkswagen-Stiftung [Abschrift])*

ÜBERLIEFERUNG

N   E III 246.22^b *(jetzt FDH 19932)* – 22^a: Teil der Entwurfshandschrift von Der
Tor und der Tod *(SW III 73, 12–31; Beschreibung des Blattes SW III 432f.).*
*Am rechten Rand des Blattes wiederholte stenographische Spielerei mit der Bedeu-
tung:* Mit dem Mann ringen wie's das Ringen sehnt.

VARIANTEN

12, 17   Frauen … Land *aus* Frauenliebe ist man

⟨VERKAUFTE GELIEBTE⟩

ENTSTEHUNG

Das von Richard Beer-Hofmann mit dem Titel ⟨Verkaufte Geliebte⟩ *versehene Fragment ist eine Gemeinschaftsarbeit von ihm und Hofmannsthal. Sie stammt vermutlich aus
der ersten Hälfte des Jahres 1893, als Hofmannsthal (innerhalb von drei Tagen im März)
auch Beer-Hofmanns blöde Pantomime ›Pierrot Hypnotiseur‹ in scheußliches Französisch übersetzte (BW 17). Die Anteile beider Autoren an der Handschrift, die sich im*

Nachlaß Beer-Hofmanns fand, sind (wahrscheinlich von Beer-Hofmann selbst) kenntlich gemacht und im folgenden durch Kursivierung des von Beer-Hofmann Geschriebenen herausgehoben.[1] *Eine Quelle des Fragments konnte bislang nicht nachgewiesen werden.*

ÜBERLIEFERUNG

H   FDH 19305; gr. folio, 3 1/2 Seiten mit Stift beschrieben, in der Querfalte gebrochen. Textgrundlage.

d   BW Beer-Hofmann 187–189.

VARIANTEN

12, 19:   Der Titel ist im rechten oberen Eck von Richard Beer-Hofmann in rotem Stift eingefügt.

12, 21–13, 10:   a. r. R. Schweifklammer von der Hand Beer-Hofmanns in rotem Stift und Vermerk, quer zum Text: »Schrif⟨t⟩ R. B-H.«

13, 4:   Beer-Hofmann schreibt versehentlich »Auctoniator«.

13, 6:   aus »Wirth«

13, 9:   danach Bühnenskizze von Richard Beer-Hofmann.

13, 13–17:   a. r. R., quer zum Text, Vermerk von Beer-Hofmann in rotem Stift: »Hugo v. H.«, darunter, parallel zum Text: »Diverses -i«.

13, 18   Souper, *danach, gestrichen:* IV.

13, 19   IV *möglicherweise gestrichen.*

13, 22   *durch Stenographie.*

13, 24–29   die ... hat) *als Einschub am unteren Blattrand notiert.*

13, 33 f.   (Säulen ... Brunnenrauschen) *durch Einweisungszeichen nach 13, 33 unten zugeordnet.*

13, 32–35   Gewandes ... Schlaf. *A. r. R. von der Hand Beer-Hofmanns, in rotem Stift:* »R. B-H«. *Die Handschrift dieser Stelle ist allerdings unverkennbar die Hofmannsthals.*

---

[1] *Dabei und in der Transkription ergaben sich kleinere Abweichungen vom Erstdruck (d).*

13,36	zu *u. d. Z. eventuell; möglicherweise vor* zu *einzuordnen (vgl. d)*.
14,6:	*vom übrigen Text abgesetzt;* Possenmotiv. Frauen *sind von Beer-Hofmann verdeutlichend nachgezogen worden*.
14,8	Sohn *danach, gestrichen:* des Firdusi
14,8–11	einer ... Metaphern *als Einschub am unteren Blattrand notiert*.
14,15f.	einer ... verliebt: *von der Hand Beer-Hofmanns; daneben, quer zum Text, sein Vermerk in rotem Stift:* »R B-H«.
14,15	einer: *danach, von Hofmannsthals Hand, gestrichen:* von Liebe ist
14,18:	*danach, gestrichen:* wir wo
14,20	Iter ... sich *im Original nicht mehr lesbar, daher aus* d *übernommen*.
14,23–26:	*a. r. R. Vermerk Beer-Hofmanns, in rotem Stift:* »H v. H«.
14,26f.	oder ... ist *ü. d. Z.*
14,33	zurück; *danach, gestrichen:* mit dem G⟨eld⟩
14,33f.	Du ... Kaufleute *a. r. R. Vermerk Beer-Hofmanns, in rotem Stift:* »HvH.«
14,36	Arthur *davor, gestrichen:* Und

ERLÄUTERUNGEN

12,21 Arthur *Schnitzler*.

12,23 Richard *Beer-Hofmann*.

12,25 Loris *Hofmannsthals Pseudonym*.

12,26 Fels *»Friedrich Michael Fels (eigentl. Mayer, 1864–?) kam aus Norddeutschland nach Wien und studierte an der Universität Germanistik und Kunstgeschichte. Als Journalist verteidigte er energisch die Moderne.« (BW Beer-Hofmann 205) In den Aufzeichnungen zum* Roman des inneren Lebens *schrieb Hofmannsthal:* Fels. Leichtsinn ohne Leichtlebigkeit. Eine eigenthümlich plumpe durch keine Ironie gemilderte Arroganz. Spricht wenig, Lässt die Dinge auf sich zukommen. *(H IVA 71.52)*

Wie aus der Korrespondenz Hofmannsthals mit Beer-Hofmann und Schnitzler sowie dessen Tagebuch hervorgeht, unterstützten diese drei den wirtschaftlich nicht unabhängigen Fels (vgl. BW Beer-Hofmann 19, 24 u. ö.; BW Schnitzler 32 ff.; Schnitzler, Tagebuch, ab dem 21. 4. 1891).

13,11 Abschiedssouper *Anspielung auf den Einakter aus Schnitzlers Anatol-Zyklus, der am 12. Juli 1893 im Stadttheater Bad Ischl aufgeführt wurde (vgl. BW Schnitzler 40; BW Beer-Hofmann 21, 24, 26).*

13,13 Tyrtäus *Griechischer Elegiker, 7. Jh. v. Chr.*

13,13 Anakreon *Griechischer Lyriker, 6. Jh. v. Chr.*

13,14 Pietro Aretino *Italienischer Schriftsteller, 1492–1556.*

13,14 Pasquillant *Verfasser einer anonymen Schmäh- oder Spottschrift.*

14,9 Makamenspitzfindigkeit *Die Makame ist eine besonders komplizierte Dichtungsform der persischen Lyrik. Friedrich Rückert legte 1826 eine freie Umbildung der Makamen des Hariri vor (›Die Verwandlungen des Abu Seid von Seng, oder die Makamen des Hariri‹). In seiner Vorrede heißt es: »Über den Geist des Buches sage ich nichts; wenn es einen hat, wird er sich dem Leser am Ende von selbst darstellen. Vielleicht aber sollte ich noch ein Wort sagen zur Entschuldigung der unendlichen Wort- und Klangspiele, der gereimten Prosa, der übertriebenen Bilder, des spitzfindigen, überkünstlichen Ausdrucks, kurz alles dessen, was man den falschen orientalischen Geschmack nennen kann.« (Friedrich Rückerts Werke in sechs Bänden. Hrsg. von Prof. Dr. Conrad Beyer. Leipzig: Gustav Fock o. J., Bd. 6, S. 7; FDH/HvH Bibl.) (Hinweis Christoph Michel, Freiburg i. Br.)*

14,20f. per Hetz *Hetz: große Erlustigung, Spaß, Gaudium; aus Hetz: zum Spaß (J. Jakob, Wörterbuch des Wiener Dialektes. Wien und Leipzig 1929; Neuauflage Wien 1969).*

187,4 Firdusi *Bedeutendster persischer Epiker (939–1020). Vgl. Goethe, ›Noten und Abhandlungen zu besserem Verständniß des West-östlichen Divans‹, WA I/7, S. 51 f.*

PHANTASTISCHES VOLKSSTÜCK

ENTSTEHUNG

Zeugnisse oder andere Anhaltspunkte für eine Datierung dieses Planes scheinen nicht zu existieren; aufgrund des Schriftduktus kann vermutet werden, daß die Notiz 1894 entstand.

ÜBERLIEFERUNG

N   H III 198.2

Konvolutdeckblatt H III 198.1 mit der Aufschrift: Phantastisches Volksstück

ERLÄUTERUNGEN

15,3 Volksstück *Die Gattung ›Volksstück‹ war in den 1890er Jahren am Wiener Volkstheater durch Werke u. a. von Anzengruber, Ganghofer, Karlweis[1] und L'Arronge repräsentiert (vgl. Karl Glossy, Vierzig Jahre Deutsches Volkstheater. Ein Beitrag zur deutschen Theatergeschichte. Wien o. J. ⟨1929⟩, S. 294–323).*

15,7 Drahn *Die Nacht durchschwärmen, die Nacht zum Tag machen (J. Jakob, Wörterbuch des Wiener Dialektes. Wien und Leipzig 1929; Neuauflage Wien 1969). Vgl. SW XXVI 330, 17–23 und 31–36. Hans-Albrecht Koch verweist dort auf die Wiener Lieder- und Schlagertexte ›Weil i an alter Drahrer bin, a so an alter Aufdrahrer bin‹ und ›Das Drah'n, das is mei Leb'n‹.*

15,7 Brillantgrund *Die Wiener Fabrikantenvorstadt Schottenfeld.*

PHANTASTISCHE KOMÖDIE

ENTSTEHUNG

Der Plan zu einer phantast⟨ischen⟩ Komödie *fällt vermutlich in die depressionsreichste Zeit von Hofmannsthals Freiwilligenjahr in Göding, den Juli oder August 1895. Zwar gibt es keine Zeugnisse, die sich auf diesen Komödienentwurf beziehen, doch hält das Prosagedicht aus* G⟨öding⟩ 11 VI 95. Giorgiones Bild der 3 Geometer *folgendermaßen fest:* Bild von Giorgione: die 3 Geometer. Welche Legende? Geometer, Astronom seiner eigenen geistig-sinnlichen Welt. Ihre Winde und Wolken kennen, ihr tiefes Wasser, ihre Erde, ihre Bäume. Schiffsbaukunst, die dem Begreifen der Vögel nahe bringt. *(SW XXIX 239,3–6; vgl. ebenda S. 398, 21–23) Dasselbe Blatt, das das Prosagedicht enthält, verzeichnet auch das* Gödinger Diarium III.*, worin es heißt:* seit 25ten Juli ist es wieder sehr heiss. Himbeeren, Pfirsiche Melonen.

---

[1] *Zu C. Karlweis vgl. BW Beer-Hofmann 30 und 212.*

in den 3 Früchten 3 Phasen des Sommers. *(H VB 4.8) Auch die in dieser Zeit täglich geschriebenen Briefe an die Eltern halten entsprechende Eindrücke fest:* Übrigens giebt es gute Erd- und Himbeeren *(am 9ten Juli an die Mutter; FDH, ehemals Volkswagen-Stiftung), und:* Jetzt verlang ich mir weniger Bäckerei, weil man gute Erdbeeren und Himbeeren bekommt *(an die Eltern, 20. Juli; FDH, ehemals Volkswagen-Stiftung). An Leopold von Andrian heißt es am 7. August 1895:* Den ganzen Sommer hab ich nur an dem Wechsel von Himbeeren, Pfirsichen und Melonen nach Tisch erlebt *(BW Andrian 54).*

Eine phantastische Komödie *entwirft auch der Tagebucheintrag aus dem Gödinger Diarium II. vom 23ten Juni 1895:* um 5 Uhr früh nach Wien. Nur die Eltern. Um halb 8 Uhr abends zurück. Sonnenuntergang. (Im Halbschlaf und großer aufgeregter Müdigkeit eine Täuschung, als ob mehrere Sonnenuntergänge nacheinander gewesen wären, an verschiedenen Stellen des westlichen Horizontes.) Eine Landschaft voll Traurigkeit, zuunterst ein Steinbruch mit Geleise, darauf ein verlassener Lastzug. Oberhalb ein Karrenweg. Zuoberst am Rand des Hanges eine Linie von Apfelbäumen. An den Dragoner Schmidt gedacht. Eine phantastische Komödie, des Starken und des Schwachen, Verträumten, dem Unmittelbarkeit fehlt und der zuletzt doch quasi der Stärkere bleibt. *(TBA RuA III 402)*

Der Begriff des »Phantastischen« findet sich bei Hofmannsthal u. a. an folgenden Stellen: BW Schnitzler 13; B I 230; SW II 72 f.; SW III 725, 36; SW XVIII 250, 298 f. und 332, 12; SW XXIX 35 f. und 284, 7–10. Vgl. im vorliegenden Band den Prolog zu einer fantastischen Komödie *(S. 9) und* Phantastisches Volksstück *(S. 15).*

ÜBERLIEFERUNG

N1   H III 195.1^a

N2   H III 195.1^b

VARIANTEN

16, 15   den *Stenographie.*

ERLÄUTERUNGEN

15, 24–26: *Vgl. dazu SW XXIX 27, 19 (*Delio und Dafne, *N1:* Himbeeren, Gewitter*), die auf 1895 datierbare Notiz N3 zu der Erzählung* Caserne *(SW XXIX 63), in der die Motive* Gewitterscene *und* Himbeeren *gleichfalls verbunden werden, schließlich die Notiz N10 zu der Erzählung* Die Verwandten: Anfang. es ist heute ein Monat – Rückblick   Gerad am ersten! sagt das Kind   damals waren noch Erdbeeren   jetzt nur mehr Himbeeren *(SW XXIX 331, 9 f.).*

15,27f.: *Das Hofmannsthal in diesem Zeitraum beschäftigende Bild von Giorgione (vgl. S. 189, 20ff.) – Hofmannsthal nennt es* die 3 Geometer *– hängt im Kunsthistorischen Museum in Wien und trägt den Titel* ›I tre filosofi‹ *bzw.* ›I tre Magi che aspettano l'apparizione della stella‹.

16,3: *Vgl. die Tagebuchaufzeichnung aus dem Jahr 1895:* Österreich: Unser Tisch in Göding: Starhemberg, 2 Taxis, ein Pereira, Fürstenberg, Dobřensky, Gorayski, Haugwitz. (Eleganz, pervertierte καλοκαγαθία) Obst; Pferde; Gelehrsamkeit; Weiber. *(TBA RuA III 403)*

EIN MÖGLICHES LUSTSPIEL

ENTSTEHUNG

Die Notiz für ein mögl⟨iches⟩ Lustspiel *findet sich auf einem dreiseitig beschriebenen Doppelblatt, das u.a. Notizen zum* Kinderfestspiel *(*Das Kind und die Gäste *bzw. zu den daraus hervorgehenden Verse⟨n⟩ auf ein kleines Kind) enthält, mithin in den Vareser Aufenthalt (24. August bis 11. September 1897) datiert werden kann.*

ÜBERLIEFERUNG

N   H VB 10.7ᶜ *– Auf derselben Seite Aufzeichnungen und Notizen zu* Kinder in einem Garten *und* Das Kind und die Gäste *(SW III 807, 20f. bzw. SW I 342, 33f.), auf 7ᵃ Aufzeichnungen u.a. zu* Der Dichter und seine Stoffe *und* Weltanschauung des Ariost*, auf 7ᵇ Aufzeichnungen (u.a. SW III 632, 11–13) und N7 zu* Das Kind und die Gäste *(SW III 809, 3–7).*

ERLÄUTERUNGEN

16, 19f.: *Vgl. Hofmannsthals Aufzeichnung aus der Gödinger Zeit (Sommer 1895):* Der Dragoner Schmidt stärker als ich ⟨...⟩ *(TBA RuA III 402; s.o. S. 190, 16), und N4 der Erzählung* Caserne *(SW XXIX 63, 16–31).*

16, 21 seit 2 *Christoph Michel schlägt in SW III 820, 25 die Ergänzung* seit 2 ⟨Jahren verwitwet⟩ *vor, die aber angesichts der in Zeile 7 genannten* Witwe von Ephesus *(vgl. die folgende Erläuterung) als zu großzügig erscheinen kann. Vor allem angesichts des von*

Hofmannsthal herausgegriffenen Motivs der treulosen Witwe *(SW III 287–289) könnte als Ergänzung sogar seit* 2 ⟨Tagen verwitwet⟩ *vermutet werden (es sollte in der* Treulosen Witwe *ja sogar noch zu einer Begegnung am Sarg des Mannes kommen: SW III 287, 11).*

16, 23 Witwe von Ephesus *Christoph Michel hat in den Entstehungsberichten zu* Der weiße Fächer *(SW III 642, 13 ff.) und* Die treulose Witwe *(SW III 820, 3 ff.) auf die gemeinsame Quelle ›Die treulose Witwe. Eine orientalische Novelle und ihre Wanderung durch die Weltliteratur‹ von Eduard Grisebach hingewiesen. Das Motiv der* Witwe von Ephesus *war Hofmannsthal schon von Richard Beer-Hofmann erzählt worden (Tagebuch vom 20. März 1894, SW III 820, 3–6); darüber hinaus wird es ihm aus Petrons ›Satyricon‹ bekannt gewesen sein.*

16, 24 f.: *Vgl. S. 47, 8 und die Erläuterung dazu.*

EINE COMÖDIE

ENTSTEHUNG

Die Notiz kann aufgrund ihrer Überlieferung auf den produktiven Aufenthalt in Varese (August/Anfang September 1897) oder kurz danach datiert werden, da auf derselben Seite Notizen zu den in Varese begonnenen Werken Das Kind und die Gäste *(SW III 279 ff.) sowie* Die Hochzeit der Sobeide *(SW V) überliefert sind. Der Plan scheint über einen ersten Einfall hinaus nicht weiterverfolgt worden zu sein – es sei denn, es bestünde ein Zusammenhang mit den wohl nur wenig später entstandenen Aufzeichnungen* Der Reisende *(H IV B 131.1–3; teilweise gedruckt TBA RuA III 427 f.).*

ÜBERLIEFERUNG

N E III 145.49^b *(jetzt FDH 19930) – 49^a: pag. 47 von 1 H^1 zu* Der Kaiser und die Hexe *(s. SW III 683, 33 ff.). Auf Seite 49^b auch N 12 zu* Das Kind und die Gäste *(SW III 805, 28–32) und N 10 zu* Die Hochzeit der Sobeide *(SW V 353, 1–5), ferner eine Leseliste (SW III 678, 19–23). Die Notizen zu* Eine Comödie, Das Kind und die Gäste *sowie* Die Hochzeit der Sobeide *sind in einem Zug gestrichen.*

IDYLLISCHE COMÖDIE

ENTSTEHUNG

Der Plan einer Dramatisierung von Boccaccios vierte⟨r⟩ *Novelle des fünften Tages aus dem ›Decamerone‹ dürfte dem Jahr 1898 entstammen, als sich Hofmannsthal in Czortkow (wohin er im Juli zu einem Manöver eingezogen worden war) erneut und, wie die Zeugnisse nahelegen, intensiv mit dem* wirklich wundervollen und unbeschreiblich unterhaltenden Boccaccio *(7. Juli 1898 an Emil Schlesinger; Kopie: FDH, ehemals Volkswagen-Stiftung) beschäftigte. Auch Briefe an Leopold von Andrian vom 6. Juli (BW 101), an die Eltern vom 7. Juli (B I 249) und an die künftige Schwiegermutter, Franziska Schlesinger, vom 10. Juli berichten von der Lektüre:* Am schönsten ist der Boccaccio *(Kopie: FDH, ehemals Volkswagen-Stiftung).*

In Hofmannsthals Bibliothek (FDH) erhalten ist die Ausgabe: Il Decameron di Giovanni Boccaccio. Volume secondo. *Leipzig: F. A. Brockhaus 1865.*

Zur Quelle: In der vierten Novelle des fünften Tages beabsichtigt Filostrato »von einer Liebe zu erzählen, die ohne ein andres Ungemach als ein paar Seufzer und eine kurze mit Scham gemischte Angst zu einem fröhlichen Ende gelangt ist«[1]*: Messer Lizio da Valbona und seine Frau Giacomina lassen den jungen Ricciardo großzügig in ihrem Haus ein- und ausgehen, ohne ihm zu mißtrauen. Er verliebt sich in Caterina, die schöne Tochter des Hauses, und kommt mit ihr rasch zu einem Einverständnis. Vorgeblich um der Hitze zu entgehen, gelingt es Caterina, ihre Eltern zu überreden, daß sie ihr in dem über dem Garten gelegenen Erker das Bett für die nächste Nacht richten. Nach der anschaulich geschilderten Liebesnacht findet der Vater am nächsten Morgen die Liebenden unbekleidet vor. Ricciardo bekennt sich schuldig und räumt ein, den Tod verdient zu haben, doch hat Lizio Interesse an einer Verschwägerung mit dem reichen Jüngling und fordert ihn auf, Caterina zur Ehefrau zu nehmen. Ricciardo willigt ein, und die Vermählung wird an Ort und Stelle mit einem Ring Giacominas vollzogen.*

ÜBERLIEFERUNG

N 1 H III 132.1 – 1[b]: *gestrichener Titel* Die beiden Kinder[2]

N 2 H III 281.1

N 3 H III 281.2

---

[1] Zitiert nach Giovanni di Boccaccio, Das Dekameron. Mit 110 Holzschnitten der italienischen Ausgabe von 1492. Deutsch von Albert Wesselski. Leipzig: Insel-Verlag 1909; Neuausgabe Wiesbaden o. J., S. 497. Nach dieser Ausgabe im folgenden die deutschen Übersetzungen.

[2] Vgl. dazu das Fragment einer Novelle dieses Titels, SW XXIX 221, 2–11.

N4   H VB 8.38

Konvolutdeckblatt VIII 13.31 mit der Aufschrift: Idyllische Comödie; *am linken oberen Rand:* Statuen, von Leben trächtig jedes Glied

ERLÄUTERUNGEN

17, 12 Andreuola *Ein bei Boccaccio in der sechsten Novelle des vierten Tages vorkommender Name.*

17, 13 Leonetto *In der Vorlage bei Boccaccio heißt der junge Mann Ricciardo. Leonetto ist eine Figur aus der sechsten Novelle des siebten Tages.*

17, 20f.: *Zitat aus der Vorlage (in Hofmannsthals Ausgabe, s. S. 193, 12f., S. 25f.; die Übersetzung s. S. 193, 14–16).*

17, 23 auf Reisen gehen *Das auch in N3 aufgegriffene (und dort wohl verselbständigte) Motiv von Leonettos Reiseplänen hat eine ironische Vorlage in der frivolen Schilderung von Ricciardos und Caterinas Liebesspiel. Nach ihrer offiziellen Vermählung in Anwesenheit der Eltern heißt es bei Boccaccio weiter: Als die Eltern »weggegangen waren, umarmten sich die jungen Leute von neuem und legten nun, weil sie in der Nacht nicht mehr als sechs Meilen zurückgelegt hatten, vor dem Aufstehn noch zwei zurück, womit sie denn die erste Tagereise zu Ende brachten.« (A. a. O., S. 502)*

18, 1: *Boccaccio (Hofmannsthals Ausgabe), S. 28: »essendo le notti piccole« (»da die Nächte damals kurz waren«).*

18, 2f.: *Boccaccio, a. a. O., S. 29 (»O weh, was sollen wir machen«, »Wir werden es schon machen.«).*

18, 4f.: *Boccaccio, a. a. O., S. 29 (»Herr, ich bitte Euch um Gottes willen, habt Erbarmen mit mir. Ich bekenne, daß ich als ein treuloser und schlechter Mensch den Tod verdient habe.«).*

18, 6–10: *Boccaccio, a. a. O., S. 29 (»⟨Ricciardo⟩, du hast weder die Liebe verdient, die ich zu dir getragen habe, noch das Vertrauen, das ich in dich gesetzt habe; weil es aber einmal so ist und dich deine Jugend zu einem so großen Vergehen verleitet hat, so nimm du Caterina, um dir den Tod und mir die Schande zu ersparen, zu deinem ehelichen Weib, damit sie auf Lebenszeit dein sei, so wie sie es in dieser Nacht gewesen ist.«).*

18, 18f.: *Boccaccio, a. a. O., S. 27 (»Mutter, Ihr solltet sagen: ›Nach meiner Meinung‹, und vielleicht würdet Ihr dann die Wahrheit sagen.«).*

18, 20f.: *Boccaccio, a. a. O., S. 27 (»Gott gebe es, aber es geschieht nicht gerade häufig, daß die Nächte frischer werden, wenn es gegen den Sommer geht.«).*

LIEBESCOMÖDIE

ENTSTEHUNG

Die drei Notizen einer Liebescomödie *sind inhaltlich so eng verflochten, daß ihre gemeinsame Entstehung Anfang 1899 wahrscheinlich ist. Hofmannsthal war Anfang Januar 1899 in Baden bei Wien, um dort den* Abenteurer *für die im März erfolgende Uraufführung umzuarbeiten. – Ob der Konvolutumschlag E III 276.1, der u. a.*

  3 Dichtercomödien: Günther der Dichter
                 Liebescomödie des Dichters Sch.
                 Jupiter und Semele.

nennt und mit dem Datum seit Anfang März 1901. Wien *versehen ist (SW XVIII 450,14–16), auf eine Wiederaufnahme des Planes schließen läßt, ist nicht evident. Immerhin war Schnitzler (und auf ihn deutet ja die Initiale* Sch. *auf dem Konvolutumschlag von 1901) schon früher von Hofmannsthal als Dramenfigur erwogen worden – so in N 8 des* Kleinen Welttheaters *(SW III 601,21), auch später, 1900, in* Paracelsus *und* Dr Schnitzler *(s. S. 23, 15).*[1] *Daß Schnitzler auch in den von 1899 stammenden Notizen Vorbild für den* Dichter *war, ist nicht sehr wahrscheinlich.*

Die folgende Aufzeichnung – eine der wenigen, in denen sich Hofmannsthal zu Goethes ›Clavigo‹ *äußert – ist in die Jahre 1897–1899 datiert worden:* ›Clavigo‹ lesen und dabei Phrase für Phrase in ein gegenwärtiges Wiener kleinbürgerliches Milieu und dessen Sprache übertragen – wo gewohnheitsmäßig am Gesagten keine dialektische und keine innerliche Kritik geübt wird. *(TBA RuA III 427; vgl. ferner die von Rudolf Hirsch publizierte Äußerung über Goethes Stück vom Februar 1902, in: Drei Vorträge aus dem Jahre 1902. Mit Aufzeichnungen Hofmannsthals zu* ›Die natürliche Tochter‹ *und* ›Torquato Tasso‹. *In: HB 26 [1982], S. 6.)*

ÜBERLIEFERUNG

N1   H III 265.1
N2   H III 265.2
N3   H VA 40

VARIANTEN

18,27   auf dem *Stenographie.*

19,25f.   dem ... Frau *aus* der sich um der Liebe einer ... Frau willen

---

[1] *Vgl. auch die Erwähnung Schnitzlers in dem Fragment* Ein Frühling in Venedig *(1900), SW XXIX 133,20.*

ERLÄUTERUNGEN

19,14 à la Carlos – Clavigo *Gemeint sind die Szenen im 1. und 4. Akt von Goethes Trauerspiel.*

19,17 Hängelampenstimmung *Dabei handelt es sich wohl um eine Erfahrung der jungen Schriftstellergeneration vor 1900. Schnitzler hält in seinem Tagebuch unter dem 18. März 1892 u. a. fest:* »Bei Bératon's. Leichte Hängelampenstimmung – von fernher ein Hauch von Kunst.« *(Arthur Schnitzler, Tagebuch 1879–1892, S. 370) (Hinweis Ellen Ritter, Bad Nauheim) – Vgl. ferner Hofmannsthals Brief an Josephine von Wertheimstein vom 3. Februar 1894, B I 96.*

19,19 Kierkegaard *Die Bekanntschaft mit dem Werk Kierkegaards verdankt Hofmannsthal vermutlich Gesprächen mit Raoul Richter in der Villa Andrian in Altaussee, die im August 1896 stattfanden (nach einem nachgelassenen Blatt zu schließen, H V B 3.21). Aus den Jahren davor haben sich in Hofmannsthals Bibliothek (FDH) zwei Bücher von Kierkegaard erhalten: Stadien auf dem Lebenswege. Studien von Verschiedenen. ⟨...⟩ Übersetzt von A. Bärthold. Leipzig: Fr. Richter 1886 (der Band enthält zahlreiche Anstreichungen und Aufzeichnungen zu* Der Schwierige, SW XII; *vgl. bereits den Titel* Stadien auf dem Lebenswege des Tarquinius Morandinus, *SW II 138); und:* Zur Psychologie der Sünde, der Bekehrung und des Glaubens. Zwei Schriften Sören Kierkegaards. *Übersetzt und eingeleitet von Chr. Schrempf. Leipzig: Fr. Richter 1890 (der Band umfaßt die Schriften* ›Der Begriff der Angst‹ *und* ›Philosophische Bissen oder Ein Bißchen Philosophie‹ *und enthält Anstreichungen Hofmannsthals). Eine wie die* Liebescomödie *aus dem Jahr 1899 stammende Notiz läßt auch auf Hofmannsthals Vertrautheit mit einem weiteren Werk Kierkegaards schließen:* Tagebuch eines Verführers. auch deine Schmerzen nur mir zugeeignet. *(SW I 375,28f.; FDH/HvH Bibl.: Das Tagebuch des Verführers. Leipzig: Insel-Verlag 1903.) – Schließlich kannte Hofmannsthal auch die Kierkegaard-Studie von Georg Brandes (vgl. seinen Brief an Brandes vom 29. XII ⟨1906⟩, in: JDSG 23 [1979], S. 77).*

In den ›Stadien auf dem Lebenswege‹ *handelt Kierkegaard S. 152 ff.* »von dem Fehlgehen in dem Verlieben« *und erläutert seine Auffassung an einem Beispiel aus Goethes Autobiographie. Resümierend heißt es S. 156:* »Jener existierende Dichter in ›Aus meinem Leben‹ faßt keinen Entschluß, er ist kein Verführer, er wird nicht ein Ehemann, er wird – Kenner.«

19,19 Altenberg *Peter Altenberg ist das Pseudonym des Schriftstellers Richard Engländer (1859–1919), den Hofmannsthal im Februar 1894 kennenlernte (SW I 234, 26–30). 1896 besprach er Altenbergs* ›Wie ich es sehe‹ *(Ein neues Wiener Buch, TBA RuA I, 222–229). Vgl. auch S. 91, 20 und die Erläuterung dazu.*

19,19f. Biogr⟨aphien⟩ ... Raimund *Das problematische Verhältnis Lenaus und Grillparzers zur Ehe ist mit den Namen Sophie Löwenthal und Kathi Fröhlich hinlänglich* belegt; Ferdinand Raimunds Liebe zu Toni Wagner blieb ebenso unglücklich wie seine Ehe mit Louise Gleich. – Indessen läßt sich nicht mit Bestimmtheit sagen, welches Motiv Hofmannsthal aus den Biographien der genannten Dichter hatte aufgreifen wollen.

Für Nikolaus Lenau konnte Hofmannsthal auf die ›Biographische Skizze‹ zurückgreifen, die dem in seiner Bibliothek (FDH) erhaltenen Band als Einleitung beigegeben ist: Nicolaus Lenau's sämmtliche Werke in einem Bande. Hrsg. von G. Emil Barthel. Zweite, durch eine Biographie des Dichters vermehrte Auflage. Leipzig: Ph. Reclam o. J., S. XIII bis CCIV. – Zu Raimund vgl. Ferdinand Raimund. Bilder (S. 36 ff. und 218, 26 ff.), ferner Der Sohn des Geisterkönigs (S. 55 ff. und 242 ff.).

MUTTER UND TOCHTER

ENTSTEHUNG

Die Notizen zu Mutter und Tochter *sind mit Ausnahme von N 7, die in einem Umschlag mit dem Datum* Fusch. vom 30ten Juni 1900. *lag, nicht datiert; nur eine Maschinenabschrift der Notizen N 3–N 6, wohl von Gerty von Hofmannsthal vorgenommen, liefert den Anhaltspunkt: »Aus dem Paket: ›Notizen November 99‹« (VIII 3.1). Die für N 3–N 6 verwendeten Papiersorten (mit zweierlei Wasserzeichen) gehören zusammen – es handelt sich um ursprünglich verbundene Doppelblätter, wie sie sich auch in der Reinschrift des 2. und 3. Aktes sowie in der Niederschrift des 4. und 5. Aktes von* Das Bergwerk zu Falun *(E III 40.18–29, 49–56; E III 41.174–186) wiederfinden, außerdem auf den noch ungetrennten, als Konvolutumschläge dienenden Doppelblättern E III 41.143 und 173. Diese Konvolutumschläge sind auf den Venedig-Aufenthalt Mitte Oktober 1899 (vgl. SW VI) datiert. Es liegt daher die Vermutung nahe, daß die auf derselben Papiersorte festgehaltenen Notizen zu* Mutter und Tochter *(N 3–N 6) schon im Sommer oder Herbst 1899 geschrieben wurden, zumal die* Wien November 1899 *datierte Umarbeitung des 1. Aktes des* Bergwerks *auf anderem Papier (E XXIII 7.1–56) vorgenommen wurde.*

Vorausgegangen sein dürften N 1 und N 2, die sich in einem Konvolut befinden, das hauptsächlich Aufzeichnungen und Fragmente der Jahre 1897–1899 enthält (vgl. bes. SW II). N 7 entstand sehr wahrscheinlich im Jahr 1900; eine spätere Beschäftigung Hofmannsthals mit dem Plan Mutter und Tochter *ist nicht anzunehmen.*[1]

---

[1] *Eine spätere Datierung als 1899 schlagen Paul Werner Müller (Hugo von Hofmannsthals Lustspieldichtung. Diss. Basel 1935, S. 6: »etwa 1903 oder noch später«) und, ihm folgend, Martin Stern (Hugo von Hofmannsthal, Silvia im ›Stern‹. Bern, Stuttgart 1959, S. 205) vor. Vgl. dagegen Günther Erken, Hofmannsthal-Chronik, in: Literaturwissenschaftliches Jahrbuch 3 (1962), S. 259, Anm. 6; ferner TBA Dramen IV, S. 561.*

Vermutlich ganz unabhängig von dem Komödienplan Mutter und Tochter *sind die Aufzeichnungen Hofmannsthals aus dem Jahr 1895, die, z. T. unter der Überschrift* Mutter, Tochter und das Leben, *auf Tini Schönberger, die Gasthofstochter in der Brühl, und ihre Mutter zu beziehen sind (vgl. TBA RuA III 393, 397 f. und 402, ferner BW Schnitzler 339).*

Aufgrund des erhaltenen Materials muß die Datierung von Mutter und Tochter *auf Mitte 1899 bis Mitte 1900 hypothetisch bleiben, und die folgenden Briefzeugnisse können nicht mit absoluter Sicherheit diesem Plan zugeordnet werden. Am 17. Juli 1899 schreibt Hofmannsthal aus Marienbad an Hermann Bahr:* Es drängt sich aber ein zweiter Stoff nach, der phantastisch auf einer äußerst realen Grundlage, ja völlig real, besser gesagt mit einem einzigen phantastischen Ressort darin, der Wiener Dialekt verlangt. Mir schwebt für die Hauptrolle eine Mischung von Gewinnendem, Brutalem und Unheimlichem vor, wie sie, wenn ich nicht irre – aus Girardi herauszuholen ist. *(B I 288) Der Schauspieler Alexander Girardi (1850–1918), dessen Name auch in den Briefen Bahrs an Hofmannsthal fällt, war 1898 vom Theater an der Wien an das Deutsche Volkstheater, mithin von der Operette zur Sprechbühne gewechselt; dort hat ihn Hofmannsthal vielleicht als Argan in Molières ›Eingebildetem Kranken‹ (Premiere 1. 12. 1898) oder als Valentin in Raimunds ›Der Verschwender‹ (Premiere 18. 3. 1899) gesehen.*[2]

Am 7. Oktober 1899 heißt es dann in einem Brief an Josef Kainz: Ich freue mich so sehr darauf, Ihnen das neue Stück[3] zu bringen. Und dahinter dämmert schon wieder ein Anderes, in dem will ich Ihnen wieder so eine schöne Rolle schreiben: einen sehr schlechten bösen Menschen, von einem unheimlich bunten Schicksal umhergetrieben, in Wien, in den Zwanzigerjahren. *(Neue Rundschau 92 [1981], S. 93) – Vermutlich in diesem Zusammenhang, dessen Verbindung zu* Mutter und Tochter *nicht gesichert ist, schrieb Hofmannsthal während der Arbeit am* Bergwerk zu Falun *an Harry Graf Kessler am 18. November 1899:* Meine gegenwärtige Arbeit ist leider noch nicht die comédie picaresque *(BW Kessler 19), worauf Kessler, offenbar eingeweiht, am 22. November antwortete:* »Keine comédie picaresque; aber doch also eine Komödie?« *(BW 20)*

ÜBERLIEFERUNG

N1   *H VB 6.2*

N2   *H VB 6.3*

N3   *E III 181.1 (jetzt FDH 20327)*

N4   *E III 181.2 (jetzt FDH 20327)*

[2] *Vgl. Karl Glossy, Vierzig Jahre Deutsches Volkstheater. Wien 1929. Vgl. TBA RuA II 246 und 270.*
[3] Das Bergwerk zu Falun

	N 5	E III 181.3 (jetzt FDH 20327)
	N 6	E III 181.4 (jetzt FDH 20327)
	N 7	H III 277.5 – gehört zum Konvolut H III 277 mit der Aufschrift (auf 277.1) Fusch. vom 30ten Juni 1900.
	t	V III 3.1 – Maschinenschriftliche Abschrift (von Gerty von Hofmannsthal?) der Notizen N 3–N 6 mit der Überschrift: »Aus dem Paket: ›Notizen November 99‹«.
	d	Mutter und Tochter / Figuren zu einer ungeschriebenen Komödie (1899) In: Die neue Rundschau. XXXX. Jahrgang der freien Bühne. Elftes Heft. November 1929, S. 624–625. – Der Untertitel stammt offenbar nicht von Hofmannsthal.

VARIANTEN

21,6   jungen Gräfin *aus* Comtes⟨se⟩

ERLÄUTERUNGEN

20,20 Goldoni *Hofmannsthals Vertrautheit mit dem Werk Goldonis läßt sich bis mindestens 1892 zurückverfolgen, als er in Briefen an Marie von Gomperz die* ›Locandiera‹ *erwähnt (21.5.1892, Stadtbibliothek Wien, IN 122.676).*

20,20 Marivaux *Bereits im Oktober 1897 notiert sich Hofmannsthal im Anschluß an Marivaux den Titel* die Spiele der Liebe und des Schicksals/Zufalls *(SW III 293,2f. und 829,2ff.).*

20,24 Geschwister *Schauspiel in einem Akt von Goethe (1776).*

20,24 Julia *von Hebbel* ›Trauerspiel in drei Akten‹ *(1845/47).*

20,25: *Vgl. Mussets* ›A quoi rêvent les jeunes filles‹ *und die* ›Entstehung‹ *zum Einacter, S. 169, 15 ff.*

22,2 Marie Thérèse *Vgl. Der Rosenkavalier (SW XXIII 11,30). Zuvor schon SW XXIX 130,23 (Der Verführer).*

22,3 Xaver *Vgl. Silvia im »Stern«, SW XX 73,4–8 und 200,20.*

22,4 Herr Castelli *Ignaz Franz Castelli (1781–1862), dessen Memoiren sich Hofmannsthal von Schnitzler erbat (BW Schnitzler 148¹), war Schriftsteller. Seine Selbstbiographie enthält keine Anregung für* Mutter und Tochter

22,5 Sonnleithner *Grillparzers Mutter Anna war eine geborene Sonnleithner. Vgl. die Figur der* Josepha Sonnleithnerin *im Prosa-*Jedermann, *SW IX 9, 22.*

22,6 Netterl *Wiener Mundart:* Anna *(vgl. SW XX 82, 16 und oben S. 114, 38).*

22,7 Fohleutner *Hofmannsthals Mutter, Anna Maria Josefa von Hofmannsthal, war eine geborene Fohleutner.*

22,9 Zehetner *Vgl. den Namen* Zehentner *im* Andreas *(SW XXX 30, 6); in der Handschrift ist der Name von Hofmannsthal verschrieben und könnte wohl auch* Zehetner *heißen.*

PARACELSUS UND DR SCHNITZLER

ENTSTEHUNG

Wie zahlreiche Pläne zu Gedichten, Dramen und Erzählungen verdankt der Entwurf Paracelsus und Dr Schnitzler *seine Entstehung dem Paris-Aufenthalt Hofmannsthals im Frühjahr 1900. Der erhaltene Konvolutumschlag (H III 193.1), in dem fünf der sechs Notizen lagen, trägt die Aufschrift:*
[Notizen:] Paracelsus u Dr Schnitzler
Paris März u. April 1900.
Am Dienstag, dem 20. Februar, hatte Hofmannsthal den Eltern geschrieben: Bitte das Buch über Paracelsus gelegentlich herschicken *(B II 11), und konnte, nach einer erneuten Bitte am 26. Februar (FDH, ehemals Volkswagen-Stiftung), am Mittwoch, dem 7. März, bereits andeuten:* unter dem Lesen oder Herumgehen fällt mir manches ein, das ich auszuführen Lust hätte. *(FDH, ehemals Volkswagen-Stiftung) Es ist durchaus möglich, daß sich der Kommentar im Brief vom* 11. März *(an die Eltern) ebenfalls auf die Notizen zu* Paracelsus und Dr Schnitzler *bezieht:* Die Arbeit drängt sich mir förmlich auf, in der leichtesten, angenehmsten Form, ich fühle eine seltene innere Freiheit von allen Hemmungen und Belästigungen und sehe meine Existenz, meine Kunst und alles mit ganz andern, d.h. mit den richtigen Augen an. *(B II 18) Unter dem Datum des 15. März berichtet Hofmannsthal*

---

¹ *Zur problematischen Datierung des Briefes auf Juni 1901 vgl. S. 219, 17–19.*

dann Arthur Schnitzler: Es fällt mir manchmal mehr ein als ich aufschreiben kann: kleinere und größere Stücke, Erzählungen und anderes Phantastisches. Ich hoffe, daß ich wohl halbwegs Abgeschlossenes fertig bringe. ⟨...⟩ Ich beschäftige mich mit Ihnen in Gedanken in einer sehr lebhaften sonderbaren Weise. Mir ist unter andern ein ganz incommensurables kleines groteskes Stück eingefallen, in welchem Sie und Paracelsus (der wirkliche, von dem ich ganz außerordentliche Bücher hier, übersetzt, auszugsweise, mit habe) die Hauptfiguren sind. Es ist ein Stoff der mich merkwürdig aufregt. Wenn ich es fertig bringe, müßten wir es beim Richard spielen. Ich spüre dabei sehr stark, daß mir an dem Verkehr mit Ihnen g a r n i c h t s unfruchtbar ist; auch nicht die kleinste Sache, mit der sich nicht in der Erinnerung etwas anfangen ließe. *(BW Schnitzler 134f.)*

Das letzte, vielleicht ebenfalls noch in Paris festgehaltene Zeugnis (Hofmannsthal fuhr Anfang Mai nach England weiter) von seiner Beschäftigung mit dem Stoff enthält ein undatiertes Blatt mit Titeln zu einem Band: Vorspiele *(danach, gestrichen:* Phantast. Theater*), zu denen auch* Paracelsus. eine Groteske. *gehört (H VA 47.3; vgl. SW III 725, 27 ff.).*

In Hofmannsthals Bibliothek (FDH) haben sich drei Werke von Franz Hartmann über Paracelsus erhalten, die Anstreichungen und z. T. Annotationen (vgl. SW XVIII 451, 20–40) enthalten: 1. Theophrastus Paracelsus als Mystiker. Ein Versuch, die in den Schriften von Theophrastus Paracelsus verborgene Mystik durch das Licht der in den Veden der Inder enthaltenen Weisheitslehren anschaulich zu machen. Leipzig: Wilhelm Friedrich o. J. ⟨nach 1893⟩; 2. Grundriss der Lehren des Theophrastus Paracelsus von Hohenheim. Vom religionswissenschaftlichen Standpunkte betrachtet. Leipzig: Wilhelm Friedrich 1898; 3. Die Medizin des Theophrastus Paracelsus von Hohenheim. Vom wissenschaftlichen Standpunkte betrachtet. Leipzig: Wilhelm Friedrich o. J.; außerdem der Band: Paracelsus, sein Leben und Denken. Drei Bücher von Michael Benedict Lessing. Berlin: G. Reimer 1839.

Hofmannsthal war auf Paracelsus mehrfach gestoßen: In Schopenhauers Abhandlung ›Transcendente Spekulation über die anscheinende Absichtlichkeit im Schicksale des Einzelnen‹ *fand Hofmannsthal ein Paracelsus-Zitat, das er übernahm (SW XXIX 48, 20f. und 295, 22–297, 32). Im Mai/Juni 1895 berichtet er den Eltern von seiner Browning-Lektüre, dessen* ›Paracelsus‹ *(vgl. BW Beer-Hofmann 54 und SW III 679, 31–34) bereits in* Das kleine Welttheater *und* Der Kaiser und die Hexe *(vgl. SW III 630, 709, 715, 718, 719) nachweisbar ist (s. die Erläuterung zu S. 23, 3). Schließlich gehört Schnitzlers Stück* ›Paracelsus‹, *das im September 1894 konzipiert und ab Oktober desselben Jahres ausgeführt wurde*[1], *zu den unmittelbaren Voraussetzungen von Hofmannsthals Plan. Am 28. Juni 1898 hatte Schnitzler Hofmannsthal das Stück vorgelesen, offenbar »mit großem Erfolg«*[2], *denn Hofmannsthal schrieb drei Wochen später, am 19. ⟨Juli 1898⟩, aus Czortków an Schnitzler:* In wunderschöner lebhafter Erinnerung hab ich vom Paracelsus die

---

[1] Arthur Schnitzler, Tagebuch 1893–1902, S. 87, 92 und 93.
[2] Ebenda, S. 288.

Führung des Ganzen und wie die Figuren gegeneinanderstehen *(BW Schnitzler 106)*. *Die Uraufführung von Schnitzlers ›Paracelsus‹ fand am 1. März 1899 im Wiener Burgtheater statt.*

ÜBERLIEFERUNG

N 1	H III 193.4 – *Auf derselben Seite N 2 zu der Novelle* Das Fräulein und der Berühmte *(SW XXIX 124, 23–25)*.
N 2	H III 193.2
N 3	H VB 10.57
N 4	H III 193.3
N 5	H III 193.5 [a, b]
N 6	H III 193.6

Konvolutumschlag H III 193.1 mit der Aufschrift:
[Notizen:] Paracelsus u Dr Schnitzler
Paris März u. April 1900.

d   *Rudolf Hirsch, ›Paracelsus u. Dr Schnitzler‹. In: Modern Austrian Literature 10 (1977), S. 163–167.*

VARIANTEN

24, 20:   *aus* Paracelsus u. Arthur Schnitzler

ERLÄUTERUNGEN

23, 3 Paracelsus ... Dichter. *Eine Begegnung zwischen Paracelsus und dem Dichter Aprile stellt Browning ins Zentrum des zweiten Teils seiner ›Paracelsus‹-Dichtung.*

23, 9 Professor Pilgram *Gestalt aus Schnitzlers Einakter ›Die Gefährtin‹.*

23, 11 Morgenlandschaft *Im ›Grundriss der Lehren des Theophrastus Paracelsus‹ erläutert Franz Hartmann auf S. 204f. in einer Anmerkung:* »So könnte z. B. der geistige Anblick einer Morgenröte bedeuten, dass im Innern des Menschen der Tag der Erkenntnis angebrochen ist.«

23,15 Dr Arthur Schnitzler *Der Freund Hofmannsthals taucht schon in N 8 des Kleinen Welttheaters (SW III 601, 21) und im Fragment* Ein Frühling in Venedig *(SW XXIX 133, 20) als fiktive Figur auf; vgl. im vorliegenden Band die* Liebescomödie, *S. 18–20.*

23,17 Theophrastus Aureolus P. *Den Namen des Paracelsus gibt Hartmann im ›Grundriss‹ (S. 29) mit »Philippus Aureolus Theophrastus Paracelsus Bombastus von Hohenheim« an.*

23,18f. Evestrum Trarames *Vgl. Hartmann, ›Grundriss‹, S. 115 f.: »Die ›Materie‹ ist sozusagen coagulierter Rauch, oder wie geronnene Milch. Sie ist mit dem Geiste durch ein dazwischenliegendes Prinzip verbunden, das sie von dem Geiste erhält. Dieses Mittelding zwischen Geist und Materie ist allen Dingen in den drei Reichen der Natur zu eigen. Es ist der ›Astralkörper‹ der Okkultisten ⟨…⟩. Dieser Astralkörper kann unter gewissen Bedingungen sichtbar gemacht werden, vorausgesetzt, dass man die hierzu nötige geistige Kraft, welche alles niedriger Stehende und folglich auch die Astralebene beherrscht, besitzt. In Tieren wird dieses Zwischenprinzip von Paracelsus ›Evestrum‹ genannt, und im Menschen der ›siderische Körper‹, der aber nicht, wie es von manchen Spiritisten so oft geschieht, mit dem eigentlichen Menschengeiste zu verwechseln ist. Jedes Ding hat seine ›Astralseele‹ und folglich auch die Welt. Jedes Wesen ist durch den Besitz dieses Astralkörpers mit der Astralseele der Welt verbunden.«*

Ebenda, S. 203 f.: »Der Astralkörper, von Paracelsus ›Evestrum‹ genannt, bildet die eigentliche Substanz aller Dinge, sowohl derjenigen, deren Formen vergänglich sind, als auch der höheren Wesen in den überweltlichen Regionen. Er ist die Grundlage, auf welcher jede Erscheinung, sei es die eines Steines oder eines göttlichen Wesens, beruht. Somit hat auch jeder Mensch sein Evestrum, und dasselbe ist unkörperlich ›wie der Schatten auf einer Wand‹. Es kommt in dieses Dasein mit dem Körper, wächst mit demselben und bleibt mit ihm ›bis in seine letzte Materie‹. In dem Evestrum ist die Kraft des innerlichen Sehens, des Voraussehens kommender Ereignisse und der Prophezeiung enthalten.

Zu unterscheiden von diesem Evestrum ist Trarames, von Paracelsus ›der Schatten der Vernunft‹ genannt; die Kraft, welche durch die innere Stimme zum Menschen spricht, ihm Warnungen und Ratschläge erteilt. Das Evestrum verursacht Träume, Visionen und Erscheinungen; Trarames dagegen innerlich wahrgenommene Töne, Musik, Worte, Jubeln und Jauchzen, das aus dem Herzen kommt, wenn es die wahre Freiheit erkennt, den Schall des Triumphes, wenn die Erkenntnis ihren Einzug im Herzen hält, den Trompetenton des Sieges über das Selbst u.s.f. Das Evestrum spricht zum Menschen durch Lieder und Allegorien, welche sich dem innerlichen Gesichte darstellen, sei es im Traume, im Halbwachen, oder im wachen Zustande, und welche seinem Verständnisse angemessen sind. Es kann ihn dadurch auf seine eigenen Fehler, die er zu überwinden hat, aufmerksam machen, ihn aufmuntern, oder warnen, indem es ihm sinnbildliche Darstellungen seiner eigenen Zustände vor Augen führt.«

23,23 Verhältnis … Stoff *Vgl.* Jupiter und Semele, *SW XVIII 155, 25–27.*

23, 24 Dichter ... Raupe *Vgl. die Erläuterung von Rudolf Hirsch in d: »Der Weg der nackten grünen Raupe über Kiesel ist ein bei Hofmannsthal immer wiederkehrendes Motiv, das auf einem Erlebnis, welches er 1897 während seines Aufenthaltes in Varese hatte, beruht« (S. 166); R. Hirsch verweist auf die Notiz zu* Die Briefe des Zurückgekehrten*:* Die Erde horchte in übernatürlicher Stille auf einen Laut, den Laut einer Nachtcicade, die ganz nahe war; und doch war es als schwebte diese Stimme verloren in der Unendlichkeit des Raumes, dimensionslos – und als wäre ich diese Stimme. Damals ging es mir (das war dunkel als Hintergrund gelagert) mit dieser Stimme so wie als Kind mit der Raupe von Varese. aber hinter dieser Raupe von Varese steckt eben noch etwas tieferes. Damals als mir mit dieser Raupe das begegnete sagte ich mir ich habe Gott gesehen. Ich wusste dass es identisch war mit jenem mir selbst entschweben beim Ministrieren. *(SW XXXI 430, 6–14) Vgl. ferner SW III 263, 13 (*Wo zwei Gärten aneinanderstossen*), SW XVIII 150, 5 (*Leda und der Schwan*) und TBA RuA III 426.*

23, 27: Das Zitat aus dem 1. Korintherbrief 15, 40 wird von Hartmann im ›Grundriss‹ auf S. 207 zitiert und ist von Hofmannsthal in seinem Exemplar unterstrichen worden.

24, 1 Thiernatur *Vgl. Hartmann, ›Grundriss‹, S. 44: »Die höheren Seelenkräfte gehören der Individualität des Menschen an; die niederen seiner Tiernatur. Jedem Menschen, solange er nicht ein vollkommener Adept geworden ist, hängt dieses Wesen an, welches man, so unhöflich dies auch klingen mag, nicht treffender denn als »Tiernatur« bezeichnen kann, obgleich es fähig ist zu denken, zu spekulieren und zu philosophieren. Durch dieses Wesen leuchtet die höhere Individualität oft nur wie ein seltener Blitzstrahl hindurch, in sehr veredelten Personen erscheint das innere wahre Wesen durch die Maske der Persönlichkeit klarer und deutlicher. Diese seine Tiernatur zu überwinden ist jedes Menschen eigene Sache; kein anderer überwindet sie für ihn.«*

24, 1–4 physische ... Erscheinungen *Vgl. Hartmann, ›Grundriss‹, S. 208f.: »Die Astralwelt ist eine von unserer physischen Ebene verschiedene Welt, obgleich sie mit dieser aufs innigste verbunden ist und sie durchdringt. Sie hat ihre Gegenstände und Bewohner, die diesen Bewohnern sichtbar sind. Sie ist für uns unter normalen Verhältnissen nicht sichtbar, und viele ihrer Bewohner wissen von unserm Dasein ebenso wenig, als wir von dem ihrigen. 〈...〉 Aber die physische und die astralische Welt werfen ihre Schatten aufeinander, und das verursacht trügerische Träume, Visionen, Erscheinungen, Ahnungen, Vorbedeutungen u. dgl., wobei nur der Weise das Wahre von dem Falschen unterscheiden kann.« (Der letzte Satz von Hofmannsthal unterstrichen.)*

24, 2 Feuergeist *Vgl. Hartmann, ›Grundriss‹, S. 147: »Aber der Mensch ist aus allen vier Elementen geboren und lebt dort, wo diese vier beisammen sind; jedoch kann in ihm das eine oder das andere vorherrschend sein, und sein Temperament und seinen Charakter dadurch beeinflussen. So hat z. B. eine Person, in welcher das materielle Element (Erde) vorherrschend ist, dadurch grössere Neigung zu Ackerbau und Bergbau; ein anderer mit einem Überschuss von Gemüt (Wasser) ist zu Schwärmerei, Reisen und Wasserfahrten geneigt; eine Person mit viel Geist (Feuer) ist feuriger Natur, jähzornig, herrschsüchtig u. s. w.«*

24, 17f. Thürm⟨e⟩ ... ragen *Vgl. Arthur Schnitzler, Der Schleier der Beatrice. Schauspiel in fünf Akten. Berlin: S. Fischer 1901, 1. Akt, S. 32:* »*Doch sah ich immer uns're Thürme ragen*« *(Nachweis Helga Weidmann, Frankfurt a. M.). Schnitzlers Widmungsexemplar für Hofmannsthal (FDH/HvH Bibl.) trägt das Datum 28. Februar 1901, doch ist in Schnitzlers Tagebuch unter dem 22. August 1899 eingetragen:* »*Erzählte Hugo ›Beatrice‹*«*, dann unter dem 26. November 1899:* »*Abd. las ich Specht, Hugo, Richard, Salten, Gustav, Georg H., Wassermann, Andrian, Beatrice vor; war ein schöner Erfolg.*« *(Arthur Schnitzler, Tagebuch 1893–1902, S. 312 und 317.) Vgl. ferner den BW Hofmannsthal–Schnitzler S. 132 und 144.*

24, 21 der einführende Klosterzögling *In der Paracelsus-Biographie von M. B. Lessing (s. S. 201, 26–28) hat Hofmannsthal folgende Stelle angestrichen:* »*Später bildete er sich bei verschiedenen Klostergeistlichen, besonders in dem nahe gelegenen Kloster zu St. Andrä im Laronthale, unter Leitung des gelehrten Bischofs* Eberhard Paumgartner *aus* ⟨...⟩« *(S. 8). (Nachweis Helga Weidmann, Frankfurt a. M.)*

24, 26 d'Annunzio *Hofmannsthals intensive Beschäftigung mit dem Werk des italienischen Dichters (1863–1938) geht aus einer Reihe von Aufsätzen hervor:* Gabriele d'Annunzio I *von 1893 (TBA RuA I 174–184) und* II *von 1894 (TBA RuA I 198–202),* Der neue Roman von d'Annunzio *aus dem Jahr 1895 (TBA RuA I 206–213) und* Die Rede Gabriele d'Annunzios *von 1897 (TBA RuA I 591–601); in diesem Aufsatz aus dem Jahr 1897 nennt Hofmannsthal d'Annunzio* den größte⟨n⟩, den einzige⟨n⟩ große⟨n⟩ Dichter des gegenwärtigen Italiens *(a. a. O. 592). – Schon 1893, wohl zu Beginn seiner Beschäftigung mit dem Dichter, hatte Hofmannsthal ein Fragment aus* ›L'Innocente‹ *übersetzt (SW XXIX 245f.); später arbeitete er an einem Nachruf auf Kaiserin Elisabeth, der auf einem Aufsatz d'Annunzios beruht (SW II 142–144). – Aus d'Annunzio hatte Hofmannsthal auch die Quelle für* Die Frau im Fenster *(1897; SW III 93–114) gewonnen. Zu einer persönlichen Begegnung zwischen beiden kam es im September 1898 in Florenz.*

24, 26 Anatol *Schnitzlers ›Anatol‹-Zyklus.*

24, 26f. Filippo ... Herzog *Figuren aus Schnitzlers ›Der Schleier der Beatrice‹.*

24, 27 der fingierte Paracelsus *In Schnitzlers ›Paracelsus‹.*

25, 9 Botschaft ... fehlt *Nach Goethe, Faust I, V. 765.*

COCOTTENCOMÖDIE

ENTSTEHUNG

Die erhaltenen Notizen einer Cocottencomödie *entstammen mit einiger Wahrscheinlichkeit dem Jahr 1900. Dafür spricht vor allem ein auf Hofmannsthals Paris-Aufenthalt im Frühjahr datierbares Blatt (H VA 143.6), das mit dem Vermerk* Jules Renard: Poil de carotte. *auf seine unmittelbar danach erfolgende Übersetzung unter dem Titel* Fuchs *(SW XVII) verweist, u. a. aber auch den offenbar frühesten Hinweis auf Hofmannsthals (zumindest geplante) Beschäftigung mit dem dramatischen Werk George Lillos enthält:* Lillo: George Barnwell, Arden of Feversham, Fatal Curiosity

Die in N 1 *bereits genannte* Mrs Kittinger *war eine Bekannte der mit Hofmannsthal befreundeten Brüder Clemens und Georg von Franckenstein, die die Phantasie der Schriftstellergeneration um 1900 fasziniert haben muß. Hofmannsthal erwähnt sie bereits, im selben Jahr 1900, in dem Erzählfragment* Ein Frühling in Venedig *(SW XXIX 132,14f. und 134,10); auch spielt sie in Briefen von Edgar Karg von Bebenburg an Hofmannsthal vom 6. 1. 1899 (BW 136) und von Hofmannsthal an Hannibal Karg von Bebenburg vom 3. März 1899 eine Rolle:* Die Franckensteinbuben und früher auch die Kittinger (die jetzt nicht mehr in Wien ist) haben viel von der Lili-fahrt geredet, die mir natürlich auch großes Vergnügen machen würde. *(Kopie: FDH, ehemals Volkswagen-Stiftung) Noch Schnitzlers Roman* ›Der Weg ins Freie‹ *steht in Zusammenhang mit dieser Figur, denn am 31.12.1909 schreibt er ins Tagebuch:* »Paul erzählte O., daß Clemens Franckenstein sich voriges Jahr über meinen Roman geäußert ... ›Es ist doch unangenehm, wenn man Bekannte hat, die Privatsachen die sie von Einem wissen so in die Öffentlichkeit bringen – ‹ mit Beziehung darauf, daß Georg Wergenthin, der viele Züge von Cl. Fr. hat, mit einer Engländerin sein Geld verputzt ...« *(Arthur Schnitzler, Tagebuch 1909–1912, S. 114).*

George Lillos ›The London Merchant or, The History of George Barnwell‹ *(1731), das Hofmannsthal in* N 2 *(S. 26,6) ausdrücklich nennt, gilt als Beginn des bürgerlichen Trauerspiels. Im Mittelpunkt steht die intrigante Kokotte Millwood, die den unerfahrenen George Barnwell, einen Kaufmannsgehilfen, verführt und zu Diebstahl und Mord anstiftet. Beide enden auf dem Schafott. – Einen ersten Höhepunkt des bürgerlichen Trauerspiels in Deutschland stellt Lessings* ›Miss Sara Sampson‹ *(1755) dar, doch gibt es bei Lessing selbst die Figur der* Mrs Sampson *(N 4, S. 27,4) nicht. – Thematische Parallelen ergeben sich zu Abbé Prevosts* ›Manon Lescaut‹.

ÜBERLIEFERUNG

N 1	H III 52.3
N 2	H III 144
N 3	H III 52.1
N 4	H III 52.2

ERLÄUTERUNGEN

25, 22 Cle *Clemens Freiherr von Franckenstein (1875–1942), Jugendfreund Hofmannsthals.*

25, 28 Lisl *Elisabeth Baronin Nicolics (1877–1954), Jugendfreundin Hofmannsthals und Freundin von Edgar Karg von Bebenburg.*

26, 7 Edler ... Hofbuchhändler *Johann Thomas Edler von Trattnern, gestorben 1798, war Hofdrucker und Buchhändler in Wien; er ließ 1773–1776 an Stelle des Freisingerhofes den großen Trattnern-Hof erbauen (R. Groner, Wien wie es war, S. 513).*

26, 11 Victor Taxis *Nicht ermittelt.*

26, 23 Perspicacität *Scharfsinn, Scharfblick.*

27, 1 Coquilles *Frz., Muscheln.*

EPICOENE

ENTSTEHUNG

Die Datierung des einzigen erhaltenen Blattes zu einer Komödie Epicoene *kann nur aufgrund des Schriftduktus versucht werden, der den Zeitraum 1900/1901 wahrscheinlich macht. Daß Hofmannsthal intensiver an dem Plan gearbeitet hat und weitere Notizen einmal existiert haben müssen, legt ein spätes Briefzeugnis Hofmannsthals nahe. In seinem Schreiben vom* 10 XI 26. *an Stefan Zweig bedankt er sich offenbar für dessen Zusendung des Bandes* ›Volpone. Eine lieblose Komödie in drei Akten‹ *(Potsdam: Kiepenheuer 1926):* ich danke Ihnen sehr herzlich, daß Sie bei dieser Gelegenheit so freundlich an mich gedacht haben, und mich sehen lassen wollen, in welcher Weise Sie eine Aufgabe bewältigt haben, die in so naher Verwandtschaft steht mit manchen die ich mir selbst im Stillen gestellt habe: am nächsten wohl mit meinem langgehegten u. nie völlig aufgegebenen Plan, B⟨en⟩ J⟨onson⟩'s Epicoene für die lebendige Bühne zu gewinnen. *(BW St. Zweig 109; vgl. dort S. 116, Anm. 92.) – Stefan Zweig bearbeitet Jonsons* ›Epicoene; or, The Silent Woman‹ *1935 für das Libretto zu Strauss'* ›Die schweigsame Frau‹.[1]

In Hofmannsthals nachgelassener Bibliothek (FDH) hat sich der Band: Famous Elizabethan Plays. Expurgated and Adapted for Modern Readers By H. Macaulay Fitzgib-

---

[1] *Vgl. dazu:* Richard Strauss–Stefan Zweig: Briefwechsel. *Hrsg. von Willi Schuh. Frankfurt a. M. 1957.*

bon. London: W. H. Allen *1890*, erhalten, der auf den Seiten *179–272* Jonsons ›Epicoene‹ enthält, jedoch ohne Anstreichungen Hofmannsthals.

1904 plante Hofmannsthal eine Bearbeitung des Volpone *(s. S. 30–32)*. Ob er Tiecks im Jahr *1800* im zweiten Teil des ›Poetischen Journals‹ gedruckte Übersetzung ›Epicoene, oder Das stumme Mädchen‹ (*1829* im *12*. Band der Gesammelten Schriften unter dem Titel ›Epicoene, oder Das stille Frauenzimmer‹) gekannt oder verwendet hat, ist nicht erkennbar.

ÜBERLIEFERUNG

N   H III 79

ERLÄUTERUNGEN

27, 14 den … strampelnden *Diese Szene findet sich nicht bei Jonson. Dort zieht sich Morose am Ende wortlos zurück, nachdem sein Neffe, Sir Dauphine Eugenie, seine Intrige aufgedeckt hat: Um seinen Onkel zu zwingen, ihm wieder testamentarische Vollmachten einzuräumen, hat er dem höchst lärmempfindlichen Onkel die nur scheinbar völlig ruhige Epicoene als Ehefrau zugespielt, die sich aber als recht selbständig und wenig zurückhaltend erweist. Dauphine erlöst den Onkel von ihr, indem er sie als verkleideten Jungen entlarvt, den er für seine Zwecke eingesetzt hat. – Hofmannsthal plante wohl, daß der Neffe am Ende dem Onkel eine ironische Ansprache halten sollte.*

VOLKSSTÜCK

ENTSTEHUNG

Die Notiz ist auf demselben Blatt überliefert wie N2 der Einrichtung von Der Tod des Tizian *für die Böcklin-Gedenkfeier und dürfte damit dem Jahr 1901 entstammen.*

ÜBERLIEFERUNG

N   H VB 18.16 – *Auf derselben Seite N2 zu* Der Tod des Tizian *(1901)*, SW III *738, 33–36.*

ERLÄUTERUNGEN

27,23 Volksstück *Vgl.* Phantastisches Volksstück *(S. 15) und die Erläuterung zum Titel, S. 189, 5–8.*

DAS MONDSCHEINHAUS

ENTSTEHUNG

Der einzige Anhaltspunkt für eine Datierung des Fragments Das Mondscheinhaus *ist ein Konvolutumschlag mit der Aufschrift* Das Mondscheinhaus (Wien April 1901) *und den weiteren Titeln* Die Söhne des Fortunatus *(vgl. SW XVIII 456, 17–20) und* Der Verbrecher *(vgl. SW XVIII 462, 3–5).*

ÜBERLIEFERUNG

N1   E III 276.2

N2   H VB 10.130 – *Auf derselben Seite N2 zu* Vorspiel zur Antigone *(SW III 728, 13–15), N2 zu* Das Festspiel der Liebe *(SW XVIII 138, 8–10) und N1 zu* Leda und der Schwan *(SW XVIII 146, 3f.).*

N3   E III 275.9

Konvolutumschlag E III 275.1 mit der Aufschrift:
    Die Söhne des Fortunatus Trauerspiel (Paris April 1900 und Rodaun August 1901).
    Der Verbrecher. Trauerspiel (Wien April 1901)
    Das Mondscheinhaus (Wien April 1901)

VARIANTEN

28,14   ein fürstl⟨ich⟩ Mansfeldischer *aus* ein Bedienter

28,14   Läufer *über der Zeile eingefügt.*

ERLÄUTERUNGEN

28,3 Faschingscomödie *Aufgrund der weiteren Nestroy-Anspielungen im Mondscheinhaus ist ein Bezug zu Nestroys Posse ›Die verhängnisvolle Faschingsnacht‹ nicht auszuschließen (FDH/HvH Bibl.: Johann Nestroy's Werke. 2 Bände. Hrsg. von Ludwig Gottsleben. Berlin und Leipzig: Wiener'sche Verlagsbuchhandlung o. J. Die ›Faschingsnacht‹ hat Hofmannsthal mit dem Datum XII 19 [S. 3] versehen).*

28,4 Haus zum Mondschein *»Zum Mondschein war das Schild eines Hauses auf der Wieden unweit der Karlskirche. Konrad Ramperstorffer erkaufte von Margarethe Mondschein eine ›Ziegelwerkstatt‹, von der er Ziegel nach St. Stefan lieferte (1408). Die Ziegelei verschwand, der Name Mondschein blieb aber an dem Hause haften und ging später auf die unterhalb der Karlskirche nächstgelegene Wienflußbrücke über. Als erster Eigentümer des nach der ersten Türkenbelagerung neu gebauten Hauses erscheint der Stadt-Unterkämmerer Georg Altschaffer. 1772 kam das Gebäude in den Besitz des Joachim Kronschnabel, Traiteur der deutschen Nobelgarde, der das Haus durch Erbauung eines großen Tanzlokales zu einem beliebten Vergnügungsorte machte. In dem berühmten Lang-aus-Saal wurde der seinerzeit populäre Wiener Tanz ›Der Langaus‹ getanzt, der schließlich wegen seiner Ausartung polizeilich untersagt werden mußte. Eine letzte Glanzperiode ward dem Mondscheinlokal zur Zeit des Wiener Kongresses zuteil. 1825 durch Konrad Graf in eine der ersten Klavierfabriken umgewandelt, blieb, nach Demolierung des Saales, der Name noch dem dort etablierten Gasthause. 1896 wurde das Gebäude niedergerissen, um Neubauten Platz zu machen.« (R. Groner: Wien wie es war, S. 315)* – *Hofmannsthal erwähnt das Haus später im Projekt* Ehrenstätten Österreichs *(HB 4 [1970], S. 284)*.

28,4f. zu ... Stock *Vgl. Nestroys gleichnamiges Singspiel, in Hofmannsthals Ausgabe (s. oben) mit dem Lesedatum 30 V versehen.*

28,7 Nanni *Eine Wäscherin Nani findet sich in Nestroys ›Die verhängnisvolle Faschingsnacht‹ (Akt II, Szene 2).*

28,7f. Tratsch ... »Unbedeutenden« *Vgl. Nestroys ›Der Unbedeutende‹, Akt I, Szenen 17–22 (dieses Stück hat Hofmannsthal in seiner Ausgabe, s. oben, mit zahlreichen Anstreichungen versehen).*

28,12 Christine Wögerer *Möglicherweise eine Person aus dem Bekanntenkreis Hofmannsthals. In einer Tagebucheintragung Schnitzlers vom 27. Juni 1894 wird ein Herr »Woegerer« erwähnt (Tagebuch 1893–1902, S. 79f.).*

28,13 Grassalkowicz *Österreichisches Fürsten- und Grafengeschlecht. Derselbe Name erscheint später in N 1 und in der Handschrift des* Andreas-Romans *(SW XXX 7, 23 und 82, 2ff.).*

28,14 Colloredo *Österreichisches Fürsten- und Grafengeschlecht, ab 1789 auch Colloredo-Mansfeld benannt.*

28,17 St Veit *Teil des 13. Wiener Gemeindebezirks.*

GÜNTHER DER DICHTER

ENTSTEHUNG

Durch einen Konvolutumschlag (E III 276.1) sind die Notizen zu Günther der Dichter *auf das Jahr 1901 zu datieren:*
3 Dichtercomödien: Günther der Dichter
seit Anfang März   Liebescomödie des Dichters Sch.
1901. Wien   Jupiter und Semele.
Während die Liebescomödie des Dichters Sch. *möglicherweise auf den Plan der* Liebescomödie *von 1899 (s. S. 18–20),* Jupiter und Semele *(SW XVIII 155 ff.) sowie weitere, auf derselben Seite genannte Titel und Notate (vgl. SW XVIII 146, 6–13 und 450, 13) sicher auf den Paris-Aufenthalt im Frühjahr 1900 zurückverweisen, ist es nicht ausgeschlossen, daß* Günther der Dichter *schon etwas vor März 1901, sicherlich aber in einem Zuge, konzipiert wurde.*

Eine Anregung oder Quelle des Fragments konnte nicht ermittelt werden, obschon N 1 ganz den Charakter eines Exzerptes hat. Auszuschließen sein dürfte der Bezug auf Johann Christian Günther; nicht ganz aus der Luft gegriffen scheint die Vermutung, Hofmannsthal habe das Buch ›Recht und Sprache. Ein Beitrag zum Thema vom Juristendeutsch‹ von Ludwig Günther (Berlin: Carl Heymann 1898) zum Anlaß einer ironischen Behandlung des Verfassers genommen. – Eine wohl auf 1904 datierbare Bücherliste nennt Recht u. Sprache Günther *(SW VIII 222, 36).*

ÜBERLIEFERUNG

N 1   *H III 119.2*
N 2   *H III 119.3*
N 3   *H III 119.4*

Konvolutumschlag H III 119.1 mit der Aufschrift: Günther der Dichter

ERLÄUTERUNGEN

29, 22 Ilse *Noch an zwei weiteren Stellen ist im Werk Hofmannsthals eine Figur dieses Namens belegt, im* Andreas *(N 65, SW XXX 100, 14 f.) sowie im* Schwierigen *(N 160, SW XII 299, 12); beide Male scheint ein autobiographischer Bezug zu Ilse Olden, der späteren Gräfin Seilern, die eine Nichte der mit Hofmannsthal ebenfalls bekannten Fürstin von Liechtenstein war, möglich (vgl. SW XXX 423, 24–26 und SW XII 568, 20 f.).*

29, 25: *Schiller, Das Lied von der Glocke, V. 3.*

30, 10: *Rudolf Hirsch hält es für möglich, daß diese Zeile im Zusammenhang mit Hofmannsthals Habilitationsschrift über Victor Hugo niedergeschrieben wurde.*

30, 15 Emerson, Unterhosen *Nicht ermittelt. Hofmannsthal notiert sich bereits 1895 unter der Überschrift* Continuität der Cultur des Jahrhunderts. u. a. Emerson *und* Nietzsche, dazwischen unendliches Geschwätz *(H VB 2.20). Im August 1896 verweist er auf den Swedenborg-Aufsatz von Emerson (H VB 3.6) und notiert sich wohl noch im selben Jahr eine ausführliche, aber nicht ausgeführte* Bemerkung über Emerson. *(E II 2ᵇ, vgl. SW II 387) 1901 heißt es in N 18 zu* Leda und der Schwan: Emerson *für:* Masken sind alle Wesen, dahinter der Gott *(SW XVIII 151, 27). Eine Bücherliste von 1904 führt* Emerson, Essays *auf, die sich in der Ausgabe* London: Macmillan 1903, *mit Anstreichungen und Annotationen auch in Hofmannsthals Bibliothek (FDH) erhalten haben (darin der Eintrag* Der Dichter ein geduldeter Actäon *am Rand von Emersons ›The Poet‹, S. 325: vgl. SW XXIX 295, 5–15). Gelesen hat er wohl in dieser Ausgabe – nach Ausweis eines Tagebuchs (H VII 16.22) – im August/September 1905. Etwa zum selben Zeitpunkt hält er in N 7 zum Dramenfragment* Des Ödipus Ende *(SW XVIII 253, 5) fest* Emerson (citiert bei Maeterlinck ⟨...⟩) *und zitiert dann 1906 aus Emersons ›On Manners‹ in N 11 zum* Gespräch über die Novelle von Goethe *(SW XXXI 150, 26–30); an den Rand der Notiz N 8 zu* Hauptmann Aichinger *schreibt er* Emerson gentleman *(SW XVIII 549, 30). Noch einmal, 1917, wird in einem Werkplan, der Notiz N 4 zu* Frau v. Grignan an ihre Mutter Frau v. Sevigné, *festgehalten:* lesen: ⟨...⟩ Emerson: on manners. *(SW XXXI 190, 10)*

VOLPONE

ENTSTEHUNG

Hofmannsthals Plan, den ›Volpone, or The Fox‹ von Ben Jonson zu bearbeiten, taucht in einem Brief an Hermann Bahr vom 17. Februar ⟨1904⟩ auf, der das ungefähre Entstehungsdatum der erhaltenen Notizen anzeigen dürfte: Wenn ich mit dem »Geretteten

Venedig« fertig bin, mache ich das Mysterium »Jedermann«. Dann die »Bacchen«, eine ganz freie Umdichtung. Später bearbeite ich den »Volpone« von Ben Jonson und die »Tochter der Luft« von Calderon. *(B II 102, dort ein Jahr zu früh eingeordnet.)* Diese zahlreichen Pläne Hofmannsthals stehen offensichtlich im Zusammenhang mit dem im Jahre 1903 besonders von Harry Graf Kessler forcierten Plan, Hofmannsthal für das Weimarer Theater zu gewinnen (vgl. *BW Kessler 54*). Noch am 24. Dezember 1903 läßt Kessler den Dichter wissen: »*Wir müssen sehen, daß wir schnell die Stelle für Sie freimachen.*« (*BW 61*) Daß der ›Volpone‹ im Rahmen dieses Vorhabens eingeplant war, geht auch aus einem auf die Jahre 1903/04 datierbaren Repertoirevorschlag Hofmannsthals hervor, der u.a. Ben Jonson Volpone nennt (*H V B 24.43*).

Unsicher ist, wann sich Hofmannsthal zuerst mit der Komödie von Ben Jonson beschäftigte (vgl. *Epicoene, S. 27 und 207, 14 ff.*), deren Hauptfigur immer wieder in seinen Werken genannt wird. In Hofmannsthals Bibliothek erhalten hat sich die von Aubrey Beardsley ausgestattete Prachtausgabe: Ben Ionson / His / Volpone: or The Foxe / A New Edition / With a Critical Essay on the Author by Vincent O'Sullivan ⟨…⟩. London: Leonard Smithers and Co 1898.

Während die aus ›Volpone‹ in Gestern übernommenen Namen Mosca und Corbaccio auch aus Hippolyte Taines ›Histoire de la littérature anglaise‹ entlehnt sein können (vgl. Hofmannsthals Ausgabe: Geschichte der englischen Literatur, Band 1, S. 444 f.; dazu auch den *BW Ottonie Gräfin Degenfeld* 41 ff. und 158), taucht Volpone 1901 im Fortunatus-Fragment auf (*SW XVIII 161,3*), 1902 in Über Charaktere im Roman und im Drama (*SW XXXI 29, 31*), um 1903 in einer Pantomime (*H III 187. 2^b, SW XXVII*), 1906 im Dominic Heintl (*SW XVIII 308, 13*), 1907 in einer Aufzeichnung (*TBA RuA III 488*), 1909 im Lucidor (*SW XXIX 248,3*), 1910 im Steinernen Herz (*SW XVIII 335, 29*), 1917 im Timon (*SW XIV 121, 17*), 1920 im Xenodoxus (*N 4, SW XIX*) und 1927 in Die Kinder des Hauses (*N 6, SW XIX*).

ÜBERLIEFERUNG

N1   *H IV B 173.1–2 – 173.2 pag. 2.*

N2   *H IV B 173.3 – pag. 3.*

Konvolutdeckblatt E III 231.1[1] *mit der Aufschrift:*
    Die Tochter der Luft.
      Volpone.
        Liebchen des Gomez Arias.

---

[1] Dieses Konvolutdeckblatt wird in *SW XVIII 524, 13–18* auf 1918 datiert, weil die Form Liebchen des Gomez Arias eher auf eine Übersetzung als die 1904 geplante Bearbeitung des Calderónschen Werkes deute. Allerdings weist auch der – nach *SW XVIII 378, 13–16* – auf 1903/04 zu datierende Repertoireplan *H V B 24.43* die Titel

Calderon { Tochter der Luft
            Liebchen d. Gomez Arias

aus, ebenso den des Jonsonschen ›Volpone‹. Eine Datierung des Konvolutdeckblattes *E III 231.1* auf 1904 liegt damit nahe.

ERLÄUTERUNGEN

31,3–5 Scene ... sein? *Vgl. Jonsons ›Volpone‹, Szene III,7.*

31,23 Rossellino *Antonio Rossellino (1427–1479), italienischer Bildhauer.*

31,23 Laurana *Francesco da Laurana (1420/25–1502), italienischer Bildhauer, Medailleur, Baumeister; vgl. B I 269.*

31,24 Mino *Mino da Fiesole (1431/32–1484), italienischer Bildhauer.*

31,28 Wedekind *Aller Wahrscheinlichkeit nach handelt es sich bei dieser Nennung um Frank Wedekind (1864–1918) und nicht um seinen Vorfahren aus der Barockzeit, Christoph Friedrich Wedekind (1709–1777). Bereits in dem auf 1903/04 datierbaren Repertoireplan Hofmannsthals (H V B 24.43) ist ein Stück von Wedekind vorgesehen; vermutlich stieß Hofmannsthal über Gertrud Eysoldt auf den Dichter, dessen ›Erdgeist‹ sie 1902 in Berlin gespielt hatte (Hofmannsthal begegnete ihr und Max Reinhardt 1903 in Wien). Schnitzler berichtet Hofmannsthal in einem Brief vom Juni 1903 über das Ensemble-Gastspiel von Max Reinhardts Neuem und Kleinen Theater, das am 24. Juni den ›Erdgeist‹ gezeigt hatte (BW 171 und 363). Am 17. Februar 1904 schreibt Hofmannsthal dann an Hermann Bahr:* Ich sitze ganz still da und habe fast zuviel Anregung. Ich zwinge mich, jetzt die fehlenden Teile des »Geretteten Venedig« zu machen. Wissen Sie, wer mir sehr dazu hilft? Sie können es nie erraten: Wedekind. Sein Ton, seine leichte Hand hilft mir den Ton zu finden für die Prosaszenen, für das Verschwörergesindel, für alles mögliche. Der »Erdgeist« ist schön, die »Büchse der Pandora« ist noch viel mehr. *(B II 102, dort ein Jahr zu früh eingeordnet.) Im Jahr 1905 nennt Hofmannsthal den Namen Wedekinds im Zusammenhang mit* Dominic Heintls letzte Nacht *(SW XVIII 540,43) und in N 23 zu* Das Gespräch über Gedichte *(SW XXXI 333,32 f.); 1906 wird in N 6 der* Knabengeschichte Wedekinds ›Frühlingserwachen‹ *erwähnt (SW XXIX 169,29). Wie Gertrud von Hofmannsthal ihrem Schwiegervater am 26. Januar 1906 berichtet, sollte es an diesem Tag zu einem Diner Hofmannsthals mit Reinhardt und Wedekind kommen. – Vom 4. Oktober 1912 datiert Wedekinds Brief an Hofmannsthal:* »Zu dem großen, immer wachsenden Erfolg Ihres herrlichen Mysteriums von ›Jedermann‹, den ich bei den schönen Eigenschaften der Dichtung für reichlich verdient halte, bitte ich Sie meine herzlichen Glückwünsche entgegenzunehmen.« *(FDH, ehemals Volkswagen-Stiftung)*

In Hofmannsthals Bibliothek (FDH) haben sich die 2. und 3. Auflage von ›Erdgeist‹ (München 1903 und 1905), ›Die Büchse der Pandora‹ (o. J.) und ›Der Marquis von Keith‹ (1921) erhalten.

31,33 Ärzte *Vgl. die Ärztesatire in Jonsons ›Volpone‹, Szene II,2.*

32,4 Volpone ist 40 *Vgl. hierzu den Malteser im* Andreas*-Roman (SW XXX 99,29 und 421,35), ferner* Jedermann *(SW IX 49,27–29 und 297,28–33).*

32, 4: Vgl. die Schilderung von Jonsons äußerer Erscheinung in Taines ›Geschichte der englischen Literatur‹, Bd. 1, S. 424: »Wir sehen da eine rüstige, schwerfällige, rauhe Gestalt; ein langes und breites, frühzeitig vom Skorbut entstelltes Gesicht mit tüchtigen Kinnbacken, großen Wangen und dem strengen Blick eines jähzornigen Menschen; die Organe der thierischen Leidenschaften sind ebenso entwickelt, wie die der geistigen Eigenschaften. Der ganze Mann gleicht einem Athleten; zu vierzig Jahren hat er seiner eigenen Aussage zufolge ›einen häßlichen Gang und einen bergförmigen Unterleib.‹«

COMÖDIE

ENTSTEHUNG

Das Fragment zu einer Comödie *läßt sich nur aufgrund der Schrift datieren, für die der Zeitraum um 1904 in Frage kommt. Diese Zuordnung bleibt allerdings fraglich, zumindest solange es nicht gelingt, das französische Zitat (S. 32, 12–16) zu identifizieren.*

ÜBERLIEFERUNG

N   H III 55

VARIANTEN

32, 12:   davor, gestrichen: der eine

32, 18   der Verstand *aus* die Welt

ERLÄUTERUNGEN

32, 12–16: Quelle nicht ermittelt.

LYSISTRATA

ENTSTEHUNG

Die Fragmente zu einer Bearbeitung der Lysistrata *des Aristophanes sind in einem Konvolut überliefert, das die Aufschrift trägt:* Lysistrata (seit Juni 1905) *(H III 174.1).*
    *Hofmannsthal muß wohl eine Originalausgabe benutzt haben, zumal in der in seiner Bibliothek (FDH) noch erhaltenen Ausgabe (*Die Lustspiele des Aristophanes. Übersetzt

und erläutert von Hieronymus Müller. 3 Bände. Leipzig: F. A. Brockhaus 1843–1846) lediglich die Stücke ›Die Vögel‹ (vgl. den Brief an Kessler vom 4. Februar 1908, BW 174) und eben ›Lysistrate‹, beide im 2. Band, aufgeschnitten sind, in den Fragmenten aber auf weitere Stücke des Aristophanes angespielt wird.

Möglicherweise hatte Hofmannsthal die Absicht, die aristophanische Komödie von der listigen Verhinderung des Krieges durch die Enthaltsamkeit der Frauen mit Elementen der lukianischen Hetärengespräche und seinem Interesse für den Tanz zu verbinden. Darauf läßt ein Brief an Kessler schließen, in dem Hofmannsthal von den nächsten Arbeitsvorhaben berichtet. Ich mache jetzt, *heißt es am 4. XI.* ⟨1905⟩, den dritten Act ⟨von Ödipus und die Sphinx⟩. Daneben stürmt ›Jedermann‹ herein, eine wundervolle Semiramis, zu der du mir helfen mußt, so viel helfen, dann das kleine griechische Hetärenstück. *(BW 109) Da mit letzterem die* Lysistrata-*Bearbeitung gemeint sein könnte, erscheint die mehrfach tradierte These, das* Hetärenstück *sei der – erst ab Juli 1906 entwickelte –* Dialog Furcht *(vgl. BW Kessler 495; TBA Erzählungen 676; SW VIII 197,40), nicht zwingend.*

Auffallend ist indes, daß die in N3 genannte bösartige kleine Dirne Laidion (vgl. die Erläuterung zu S. 35,19) namensgleich ist mit der Hauptfigur des Furcht-*Dialogs (SW XXXI 118 ff.) und mit der ebenfalls im Juli 1906 dem* Traum *(dem Urteil des Bocchoris) hinzugefügten Hetärenfigur (SW XVIII 119 f.). Eine Anregung Hofmannsthals durch den 1774 erschienenen Roman von Wilhelm Heinse, ›Laidion, oder Die Eleusinischen Geheimnisse‹, ist wahrscheinlich. Hofmannsthal konnte in Goethes Briefen vom Sommer 1774 auf Heinses Roman gestoßen sein; er bezog auch die ab 1902 im Insel-Verlag erscheinende Heinse-Ausgabe von Carl Schüddekopf (vgl. BW Insel-Verlag Sp. 120 f.), allerdings den die ›Laidion‹ enthaltenden Band III/1 wohl erst Ende September 1906 (BW Insel-Verlag Sp. 182).*

Wie weit Hofmannsthals Beschäftigung mit dem Lysistrata-*Plan reicht, läßt sich nicht absehen. 1908, als er für Max Reinhardts Inszenierung der aristophanischen ›Lysistrata‹ einen* Prolog *schrieb (TBA Dramen III 491–494), erwähnt er seinen eigenen Plan nicht mehr.*

Rein hypothetisch bleibt auch, ob ein Bezug zu der geplanten Lysistrata *im folgenden Notizblatt gegeben ist, das seiner Handschrift nach um 1905 entstanden sein dürfte:*

                    Lustspielcyclus
Hans Sachs   Adam u Eva   Farce de maitre Pathelin
Plautus
Aristophanes. *(H III 173)*

ÜBERLIEFERUNG

H	*H III 174.4–6 – pag.* 1., 2. *und* 3.
N1	*H III 174.7*
N2	*H III 174.2*

N3	H III 174.3
N4	H III 174.8
N5	H III 174.9^a – 9^b: N25 zu Jedermann (SW IX 145, 16–24).

Konvolutumschlag H III 174.1 mit der Aufschrift: Lysistrata (seit Juni 1905)

VARIANTEN

H

32, 23	Die ersten *ü. d. Z.*
33, 11 f.	Ich … wird. *ü. d. Z.*
33, 23	mich *Einschub.*

N1

| 34, 29 | fahle Morgendämmerung *ü. d. Z.* |
| 34, 32 | mit … Mann *Einschub.* |

N2

| 35, 11 | Harz *danach, gestrichen:* im glühen |

N3

| 35, 20 | (mit Vorhang) *ü. d. Z.* |
| 35, 23 | Der … Philosoph. *ü. d. Z.* |

ERLÄUTERUNGEN[1]

32, 23–25: *Vgl. die Eingangsszene zwischen Lysistrata und Kalonike bei Aristophanes, V. 1–68.*

33, 1 f. Salabaccho *Name einer Hetäre in Aristophanes' ›Die Ritter‹, V. 765, und ›Thesmophoriazusen‹, V. 805 (Hinweis Christoph Michel, Freiburg i. Br.).*

---

[1] *Die nachstehenden Erläuterungen sind Klaus E. Bohnenkamp, Tübingen, vielfältig verpflichtet.*

33, 2f. durchsichtiges Gewand *Vgl. Aristophanes' ›Lysistrata‹, V. 48 und 150, ferner N 10 von* Die Bacchen nach Euripides *(Pentheus):* die Bacchantinnen mit Halbmasken, durchsichtige Gewänder mit Blumen und Gesichtern darauf *(SW XVIII 52, 6f.).*

33, 8f. Ich arbeite ... Verrückte. *Vgl. Aristophanes' ›Lysistrata‹, V. 17 ff.*

33, 38 Nikeno *Vielleicht in Anlehnung an ›Nike‹ von Hofmannsthal gebildet. Es gibt den männlichen Namen ›Nikenos‹ und den weiblichen Namen ›Nikema‹.*

34, 13 Für ... Zeit. *Anspielung auf den orgiastischen Adoniskult; vgl. Aristophanes' ›Lysistrata‹, V. 389 ff.*

34, 14 Artemis anrufen *Vgl. die vom Chor gesprochene Strophe in Aristophanes' ›Lysistrata‹, V. 1262 ff.*

34, 24f. Schluss: ... Hymne *Vgl. den Schlußchor von Aristophanes' ›Lysistrata‹.*

34, 24 Rathsherr *Vgl. diese Figur in Aristophanes' ›Lysistrata‹, V. 388 ff.*

34, 32 Myrrhino *Myrrhine heißt eine Figur in Aristophanes' ›Lysistrata‹.*

35, 13 Lampito *Name einer Spartanerin in Aristophanes' ›Lysistrata‹.*

35, 19 bösartigen ... Laidion *Abgeleitet von Laïs; steht für eine schöne Hetäre. Laïdion (= kleine Laïs, kleine Dirne) ist in der antiken Literatur nicht belegt; vgl. auch S. 216, 16 ff.*

35, 31 Cynalopex *›Hundsfuchs‹, Beiname eines Kupplers in Aristophanes' ›Lysistrata‹, V. 957, und ›Die Ritter‹, V. 1069 (Hinweis Christoph Michel, Freiburg i. Br.). Hier ist aber möglicherweise ein Ort gemeint.*

35, 33f. korybantisch *Wild begeistert, ausgelassen.*

36, 9 der Friede *Wahrscheinlich Anspielung auf die Auffindung des Friedens (der Eirene) in Aristophanes' ›Frieden‹, V. 20 ff., wo Eirene, das verschüttete Bildnis der Göttin, wieder ans Tageslicht gezogen wird.*

FERDINAND RAIMUND. BILDER

ENTSTEHUNG

Die Aufzeichnungen zu einem Stück Ferdinand Raimund. Bilder, *der Persönlichkeit und dem Schicksal des österreichischen Dramatikers und Schauspielers (1790–1836) gewidmet, sind durch den Konvolutumschlag H III 80a.1 auf den 24ten Juni 1906 datiert.*

Hofmannsthal hielt sich zu dieser Zeit auf dem Semmering auf. Nach seiner Rückkehr nach Rodaun schrieb er an seinen Vater am 2. Juli 1906: Die 5 Tage am Semmering ⟨...⟩ haben mir in jeder Beziehung sehr wohl gethan, mir meine größern Arbeiten, auch neue Stoffe, näher gebracht *(FDH, ehemals Volkswagen-Stiftung).* Zu den in diesen Tagen ausgeführten Arbeiten zählt das Vorspiel für ein Puppentheater *(SW XVII), für das Hofmannsthal Anregungen aus Raimunds Zaubermärchen* ›Der Verschwender‹ *bezog, aus dem Dialog zwischen Dumont und dem alten Mütterchen im 5. Auftritt des 2. Aufzuges. Zunächst war das* Vorspiel *wohl als Teil der Folge von* Bilder⟨n⟩ *aus Raimunds Leben vorgesehen, denn das in N 1 entwickelte Motiv:* Im Wald mit dem alten Weib und der ersten Geliebten *(S. 37, 1) kann zumindest partiell im* Vorspiel *wiedererkannt werden.*

Ob sich Hofmannsthal auch nach dem Semmering-Aufenthalt mit dem Plan, Bilder aus Raimunds Leben *zu dramatisieren, befaßt hat, läßt sich nicht beweisen; ein Brief vom 30 IX* ⟨*06*⟩ *an Rudolf Alexander Schröder betont jedenfalls ein anhaltendes Interesse an Raimund:* er sei, heißt es, ein genug merkwürdiger Dichter, um einen Platz unter deinen Büchern zu verdienen *(Abschrift: FDH, ehemals Volkswagen-Stiftung). – Vermutlich gehört dann der von Schnitzler erst nachträglich auf »Ende Juni 1901« datierte Brief Hofmannsthals vom Semmering ebenfalls in den Juni 1906 – denn Hofmannsthal war im Juni 1901 gar nicht auf dem Semmering (Hinweis Rudolf Hirsch). In diesem Brief an Schnitzler heißt es:* bitte schicken Sie mir nach Rodaun die Selbstbiographie von Castelli. Ferner wenn Sie eine gute Biographie von Raimund haben, sowie Briefe oder Tagebücher von Raimund. Ferner wenn Sie etwas dergleichen das näheres über Raimund enthält, nicht haben aber wissen, so schreiben Sie mir bitte den Titel gleich. Bitte schicken Sie alles möglichst bald. Ich bin herzlich dankbar dafür. *(BW 148) Damit wäre Hofmannsthals Interesse an Raimunds Biographie Ende Juni 1906 belegt; hinzu kommt, daß der in Hofmannsthals Bibliothek (FDH) erhaltene Band:* Ferdinand Raimunds sämtliche Werke in drei Teilen. Hrsg. von Eduard Castle. Leipzig: Max Hesse's Verlag o. J. ⟨1903⟩, *Aufzeichnungen zu der im Juli 1906 begonnenen* Unterhaltung über den »Tasso« von Goethe *enthält (N 1, SW XXXI 373, 37–39 und 374, 32–38). In der Einleitung des Herausgebers fand Hofmannsthal eine knappe Schilderung der Biographie Raimunds (S. XXXII–XLVII) und weitere Angaben über biographische Darstellungen (S. CXXV), die indes beide keinen Quellenwert für Hofmannsthals Plan bieten können. Ihm kam es nicht auf detailgetreue Schilderung äußerer Lebensumstände an, sondern auf eine poetische* Bilder-*Folge. – Während sich über Raimunds unglückliche Liebe zu Antonie Wagner, die er nicht heiraten durfte, und über seine glücklose, bald geschiedene Ehe mit Louise Gleich in seinen Briefen und Dokumenten der Zeitgenossen Zeugnisse erhalten haben, scheinen solche – zumindest Hofmannsthal – für Raimunds Kindheit und das Verhältnis zu den Eltern nicht bekannt geworden zu sein (die Mutter Raimunds starb schon 1802, der Vater 1804); denn anläßlich der Sammlung von Raimunds Lebensdokumenten durch Richard Smekal betonte Hofmannsthal 1920, daß das darin* Vorgelegte *ungefähr alles* enthalte, *was wir von Raimund wissen (TBA RuA II 117).*

Neben der besonders an dem Fragment Der Sohn des Geisterkönigs *(s. S. 55 ff.) ablesbaren Bedeutung, die das Werk Raimunds für Hofmannsthal hatte, zeigte sich dieser*

auch immer wieder von Persönlichkeit und Lebensschicksal dieses Dichters fasziniert.[1]
Eine Notiz zur Liebescomödie *von 1899 (s. S. 19, 19f.) verrät eine Aufmerksamkeit
auf die* Biogr⟨aphie⟩ *von* ⟨...⟩ Raimund; *1902 plant Hofmannsthal, gemeinsam
mit Beer-Hofmann zur Bestattung von Raimund im neuen Grab nach Gutenstein,
dem Landsitz Raimunds, zu fahren (BW Schnitzler 158), und 1903 halten die* ⟨Notizen
zu einem Grillparzervortrag⟩ *fest:* Wie voll Form ist ein so schlichtes Leben
wie das Ferdinand Raimunds. *(TBA RuA I 26) Zur selben Zeit entsteht der erste
Versuch, Raimunds Biographie zu fiktionalisieren und mit dem Schicksal Leopold von
Andrians zu kombinieren: das* Phantast⟨ische⟩ *Stück von 1903/04 (SW XVIII
298 f.). Einen Monat vor den Notizen zu einer* Bilder-*Folge aus Raimunds Leben, am
26. Mai 1906, wird Hofmannsthals zweiter Sohn geboren, der den Namen Raimund erhält.
Anfang 1916 – als Hofmannsthal an Raimunds ›Der Diamant des Geisterkönigs‹ Interesse findet – korrespondiert er mit Max Mell (BW 111) über das von R. Smekal zusammengestellte Bändchen ›Ferdinand Raimunds Lebensdokumente‹, das, zunächst für die
›Österreichische Bibliothek‹ vorgesehen (BW Insel-Verlag 656 f. und 659), erst 1920
erscheint, begleitet von Hofmannsthals Einleitung (TBA RuA II 117–122). Darin spiegelt
Hofmannsthal noch einmal seine – 1906 Fragment gebliebene – Vision einer poetischen
Biographie des Dichters, wenn er diese »Lebensdokumente« als* Bilder, *als lauter kleine
Mythen anspricht (TBA RuA II 117).*[2] *(Vgl. auch S. 242–248.)*
  Auch im Projekt der Ehrenstätten Österreichs *sollten Stationen aus Raimunds
Leben zur Abbildung kommen (vgl. HB 4 [1970], S. 285).*

ÜBERLIEFERUNG

	N1	H III 80a.4
H		H III 80a.3 – *pag. β, mit zugehörigem Deckblatt (H III 80a.2), pag. α. mit der Aufschrift:* Ferdinand Raimund. 1tes Bild im Elternhaus
	N2	*Privatbesitz*
	N3	H III 80a.5
	N4	H III 80a.6

[1] *Vgl.* Eduard von Bauernfelds dramatischer Nachlaß *(TBA RuA I 185).*
[2] *Der weitaus größte Teil der von Smekal zusammengestellten Lebensdokumente stammt aus Quellen, auf
die schon Castle (a. a. O., S. CXXV) hingewiesen hatte. Ob Hofmannsthal, der in Castles Ausgabe 1906
Notate zum ›Tasso‹-Gespräch eintrug (vgl. SW XXXI 373, 37–39), für seinen* Bilder-*Plan auf diese
Quellen zurückgriff oder 1916 Einfluß auf die Auswahl der Dokumente durch Smekal nahm, ist nicht
bekannt; Hofmannsthals Urteil über Smekal war im übrigen schwankend (vgl. BW Mell 111).*

N 5   *Privatbesitz*

Konvolutumschlag H III 80a.1 mit der Aufschrift:
    Ferdinand Raimund.
    Bilder.
        (Semmering, *(1)* 26 *(2)* 24 | ᵗᵉⁿ Juni 1906).

VARIANTEN

38, 1f.   wie ... gescheidt *Ü. d. Z., gestrichen:* schmeiß Geld hinaus

38, 5   herzepperlt *aus* hertrappelt

39, 18–21   freilich ... Rehhäutel *Einschub.*

ERLÄUTERUNGEN

36, 14 Tod des Vaters *Vom dramatischen Tod des Vaters, der die theatralische Passion seines Sohnes im Tode noch verflucht, berichtet D. F. Reiberstorffer, dessen ›Charakterzüge und Berichte aus Raimunds Leben‹ in den Band von Smekal eingingen, vermutlich nach der von Castle (a. a. O.) aufgeführten Erstpublikation im Österreichischen Morgenblatt von 1841 (Ferdinand Raimunds Lebensdokumente, gesammelt von Richard Smekal. Eingeleitet von Hugo Hofmannsthal. Wien, Berlin: Wiener Literarische Anstalt 1920, S. 4–29; zum Tod des Vaters S. 14f. – FDH/HvH Bibl.).*

37, 3 Die ... Publicum. *»Einladungen« und »Abdankungen«, d. h. Raimunds Epiloge und Theaterreden, sind im 3. Teil der Raimund-Ausgabe von Eduard Castle, die Hofmannsthal benutzte, abgedruckt (S. 533–562).*

38, 4 Hernals *Früher selbständiger Ort, 1892 nach Wien eingemeindet.*

38, 27–30: Über Raimunds Heirat und seine Ehefrau berichtet das Tagebuch von Carl Ludwig Costenoble, Aus dem Burgtheater. 1818–1837. Wien: Carl Konegen 1889, unter dem 28. August 1821 (S. 132–135); dieser Auszug wurde auch in den Band von Smekal aufgenommen (S. 30–33).

39, 1 Poldi *Raimunds Frau hieß Louise Gleich; vgl. aber das* Phantast⟨ische Stück⟩ *(SW XVIII 298f.) mit der Konfrontation von Raimund mit der Hypochondrie Leopold (Poldi) von Andrians.*

39, 17 f. In ... zurückkriechen. *Vgl. dazu Elis in* Das Bergwerk zu Falun, *1. Akt:*
⟨...⟩ Mir wär
Sehr wohl, könnt ich mich in die dunkle Erde
Einwühlen. Ging es nur, mir sollt es schmecken,
Als kröch ich in den Mutterleib zurück. *(TBA Dramen II 98)*

DIE FRAU VON FÜNFZIG JAHREN

ENTSTEHUNG

Die beiden ersten Notizen des Komödienplanes Die Frau von fünfzig Jahren *sind (im gleichen Duktus der Handschrift) im September 1908 niedergeschrieben, als Hofmannsthal mit der frühesten Fassung der Florindo-Cristina-Komödie befaßt war. Dem Schriftbild nach dürfte N3 etwas später hinzugekommen sein.*

Eine Vorlage für diesen Plan konnte nicht ermittelt werden.

ÜBERLIEFERUNG

N1   *H III 90.1*

N2   *H III 90.2*

N3   *H IVA 18 – pag.* a *Auf der unteren Blatthälfte Aufzeichnung (TBA RuA III 497:* Subalternen Naturen ⟨...⟩*).*

VARIANTEN

40, 7   vue *aus* vues

40, 18   uns *danach, gestrichen:* so

40, 25   snob *danach Einschub mit Einweisungszeichen:* von dem snob erzählt der Freund sehr amüsant die Qual die es dem snob bereitet in einem Milieu zu sein wo man die Nuancen, mit wem er verkehrt und nicht verkehrt, nicht recht appreciiert.

40, 27   verleugnen, *danach, gestrichen:* besser

40, 33–35:   *a. r. R.:* siehe Janet les obsessions

ERLÄUTERUNGEN

40, 18 f.: Zitat aus Meister Eckharts Traktat ›Von der Abgeschiedenheit‹: »Nun passt auf, vernünftige Geister allesamt! Das schnellste Tier, das euch zur Vollkommenheit trägt, ist Leiden, denn es geniesst niemand mehr der ewigen Seligkeit als wer mit Christus in der grössten Bitternis steht. Es gibt nichts Galligeres als leiden und nichts Honigsameres als gelitten haben.« (Meister Eckharts mystische Schriften. In unsere Sprache übertragen von Gustav Landauer. [= Verschollene Meister der Literatur, Bd. 1.] Berlin: Karl Schnabel 1903, S. 179; FDH/HvH Bibl., mit Anstreichungen). – Hofmannsthal kommt 1917 in dem Vortrag Die Idee Europa auf dieses Zitat zurück: Ja es kam das Leiden, von dem Meister Eckhart, unser alter Mystiker, sagt, es ist das schnellste Tier, das zur Vollkommenheit trägt. (TBA RuA II 52)

41, 5 Häutchen über Häutchen Vgl. die Erläuterung und den Stellenbeleg in SW XI 849, 27–31 und SW XX 268, 23–43.

41, 6 Begriff des Soliden Die Vermutung (Hinweis Heinz Rölleke, Wuppertal), daß es sich dabei um eine Anspielung auf Chamissos (französische) Vorrede zu der 1838 erschienenen Ausgabe von ›Peter Schlemihls wundersame Geschichte‹ handelt, wird gestützt durch die Tatsache, daß der erste Hinweis auf Chamisso im literarischen Werk Hofmannsthals ins Jahr 1908 zu datieren ist (N 16 zu Der adelige Kaufmann, SW V 86, 18), also in das Entstehungsjahr der Frau von fünfzig Jahren. Chamisso schreibt:

Cette histoire est tombée entre les mains de gens réfléchis qui, accoutumés à ne lire que pour leur instruction, se sont inquiétés de savoir ce que c'était que l'ombre. Plusieurs ont fait à ce sujet des hypothèses fort curieuses; d'autres, me faisant l'honneur de me supposer plus instruit que je ne l'étois, se sont adressés à moi pour en obtenir la solution de leurs doutes. Les questions d'ont j'ai été assiégé m'ont fait rougir de mon ignorance. Elles m'ont déterminé à comprendre dans le cercle de mes études un objet qui jusque-là leur était resté étranger, et je me suis livré à de savantes recherches dont je consignerai ici le résultat.

De l'ombre

»Un corps opaque ne peut jamais être éclairé qu'en partie par un corps lumineux, et l'espace privé de lumière qui est situé du côté de la partie non éclairée, est ce qu'on appelle *ombre*. Ainsi l'*ombre*, proprement dite, représente un solide dont la forme dépend à la fois de celle du corps lumineux, de celle du corps opaque, et de la position de celui-ci à l'égard du corps lumineux.

L'ombre considéré sur un plan situé derrière le corps opaque qui la produit, n'est autre chose que la section de ce plan dans le solide qui représente l'ombre.«

Haüy, Traité élémentaire de physique. T. II. § 1002 et 1006.

C'est donc de ce solide dont il est question dans la merveilleuse histoire de Pierre Schlémihl. La science de la finance nous instruit assez de l'importance de l'argent, celle de l'ombre est moins généralement reconnue. Mon imprudent ami a convoité l'argent dont il connaissait le

prix et n'a pas songé au solide. La leçon qu'il a chèrement payée, il veut qu'elle nous profite et son expérience nous crie: songez au solide.
Berlin en Novembre 1837
(Zitiert nach: *Adelbert von Chamisso, Sämtliche Werke in zwei Bänden.* Textredaktion Jost Perfahl, Bibliographie und Anmerkungen Volker Hoffmann. München 1975. Bd. 1, S. 785 f.) – Hofmannsthals Ausgabe: *Adelbert von Chamissos sämtliche Werke in vier Bänden. Mit Bildnis, einer Biographie und Charakteristik Chamissos von Adolf Bartels.* Leipzig: Max Hesse o. J. (FDH/HvH Bibl.), enthält allerdings weder Chamissos französische Vorrede noch die 1839 erstmals gedruckte ›Vorrede des Herausgebers‹ Eduard Hitzig zu seiner Stereotypausgabe des ›Schlemihl‹, in welcher Hitzig auch den zitierten Passus aus der französischen Vorrede von 1838 übersetzt (vgl. die Ausgabe von Perfahl und Hoffmann, S. 777 f.).

41, 11 appreciieren *(zu) schätzen (wissen), würdigen.*

222, 26 Janet les obsessions *Ein diesem Zusammenhang genau entsprechender Fall konnte in dem zweibändigen Werk von F. Raymond und Pierre Janet: Les Obsessions et la Psychasténie. Paris: Félix Alcan 1903 (FDH/HvH Bibl.; beide Bände sind weitgehend unaufgeschnitten), nicht nachgewiesen werden. Allerdings kannte Hofmannsthal im September 1908 wohl nur den 2. Band, den er in der 1. Auflage von 1903 besaß und benutzte (Anstreichungen). Der 1. Band ist in der 2. Auflage von 1908 erhalten und trägt auf S. 3 das Lesedatum:* zu lesen begonnen 6 III 1910 am Tage der Rückkehr aus Berlin. *Eine Anregung für die* Frau von fünfzig Jahren *könnte Hofmannsthal allenfalls aus der von Janet im 2. Band, S. 198–200, berichteten Fallgeschichte erhalten haben: Eine 49jährige Witwe dient als Beispiel einer ›Agoraphobie‹. Sie zieht sich unter verschiedenen Krankheitssymptomen immer mehr auf sich zurück, nachdem sie auch von der Frau ihres jüngsten Sohnes enttäuscht ist. Im Unterschied zu Hofmannsthals Komödienfigur handelt es sich bei der Witwe in Janets Darstellung um einen pathologischen Fall.*

DIE MISSVERSTÄNDNISSE

ENTSTEHUNG

Mit großer Wahrscheinlichkeit wurde das Bruchstück aus einer Comödie: die Missverständnisse *im Jahr 1908 niedergeschrieben. Dies legt ein bei der Erstpublikation des Blattes durch Roger C. Norton (s. unten) noch vorhandener, inzwischen wohl nicht mehr existenter Konvolutumschlag nahe, der die Aufschrift trug* Ab Juli 1908 *und zu dem auch das vorliegende Blatt gehörte.*

Auffallend ist die Ähnlichkeit der Schriftzüge dieses Blattes mit der Handschrift der Frau von fünfzig Jahren, *die auf* September 1908 *datiert ist.*

ÜBERLIEFERUNG

N H III 180

d Roger C. Norton, The Inception of Hofmannsthal's ›Der Schwierige‹: Early Plans and Their Significance. In: PMLA 79 (1964), S. 98.

ERLÄUTERUNGEN

41, 19 Hündchen Wackerlos *Figur aus dem ›Reineke Vos‹; vgl. Goethes ›Reineke Fuchs‹, I, V. 41–56 (WA I/50, S. 6f.).*

41, 27–31 der snob ... desgleichen *Vgl. auch S. 49, 13–15.*

42, 4 Zeileis *Vermutlich ein Arzt aus Hofmannsthals weiterem Bekanntenkreis; außerdem erwähnt auf Blatt H V B 16.13, das auch N 25 der* Lucidor-Novelle *enthält (SW XXVIII 251, 36–252, 2) und auf 1909 zu datieren ist, in einem Brief an Gerty vom 8. Mai 1910 aus Budapest (FDH, ehemals Volkswagen-Stiftung) und im BW Andrian, S. 395.*

42, 4f. »abwesend« ... Grosscophta *In Goethes Lustspiel ›Der Groß-Cophta‹ (1791) werden die Machenschaften des ancien régime vor Ausbruch der Französischen Revolution geschildert. Der betrügerische Graf, der sich als der Groß-cophta ausgibt, führt im 5. Auftritt des 2. Aktes ein Beispiel seiner angeblichen ›Abwesenheit‹ vor, bei der sein Geist einem Abwesenden beistehe, während sein lebloser Körper zurückbleibe.*

42, 8 Freud ... Witz. *Freuds ›Traumdeutung‹ hat sich in Hofmannsthals nachgelassener Bibliothek (FDH) in der Erstausgabe von 1900 erhalten, nicht dagegen die 1905 erschienene Schrift ›Der Witz und seine Beziehung zum Unbewußten‹. Vgl. aber Hofmannsthals Brief an Oscar A. H. Schmitz über Freud (vom Januar 1908), dessen Schriften ich sämtlich kenne (mitgeteilt von Rudolf Hirsch, Zwei Briefe über den »Schwierigen«, in: HB 7 [1971], S. 74). (Damit ist Bernd Urban, ›Hofmannsthal, Freud und die Psychoanalyse‹. Frankfurt 1978, S. 65, es gebe über diesen Brief hinaus »kein weiteres Indiz bei Hofmannsthal für die Kenntnis des ›Witz‹-Buches«, zu revidieren.)*

DIE LÜGNERIN CORALINA

ENTSTEHUNG

Die Notiz wurde im Jahr 1909 niedergeschrieben. Ein Blatt mit der Überschrift Kl⟨eine⟩ Comödien für ein Gartentheater. (Einfälle gekommen während einer Automobiltour München – Burghausen – Passau 19–21 Juni 1909.) (H III 259) hält die Titel fest:

Die Lügnerin Coralina.
Die beiden Liebhaber. (La chance du mari.)¹
Die Freundin. (Balzac Physiol⟨ogie du mariage⟩)²
Der Verworfene (aus den Fioretti di San Francesco.)
Der gefährliche Gatte. (Fechtmeister, fescher Kerl und affectierter Litterat.)
(Beobachter der Thiere)

Der Zusammenhang des vorliegenden Fragmentes mit den aus den Jahren 1910 und 1913 stammenden Notizen zu Die Lügnerin *(s. S. 50 f.) ist möglich, aber nicht gesichert. – Zum Motiv der Lügnerin in Hofmannsthals Komödien in diesen Jahren vgl. S. 237, 24 ff.*

ÜBERLIEFERUNG

N   H III 172.1

ERLÄUTERUNGEN

42, 12 Coralina *Den Namen entlehnte Hofmannsthal möglicherweise der Komödie ›La serva amorosa‹ von Goldoni, deren Hauptfigur Corallina heißt (in Hofmannsthals Ausgabe: Commedie scelte di Carlo Goldoni, volume quarto. Milano: Società Editrice Sonzogno 1905, S. 49–113; Lesedatum auf S. 51:* II 17*).*

42, 14 stuffato *stufato, ital., Schmorbraten.*

42, 19 f. verborgenen ... bezeichnet *Das Essen als verborgene Zeichensprache ist ein Motiv, das auch in Ben Jonsons ›Volpone‹, Szene II, 1, vorkommt (vgl. Hofmannsthals Volpone-Bearbeitung S. 30 ff.). Zur volkskundlichen Bedeutung von (Knob)lauch und Petersilie vgl. die Artikel im ›Handwörterbuch des deutschen Aberglaubens‹, Bd. V, Sp. 1 bis 6, Bd. VI, Sp. 1527–1530; dort auch (Sp. 1530) die Information über eine gemeinsame Verwendung von Knoblauch und Petersilie:* »Bei den Slowaken bindet man Knoblauch und Petersilie auf das Leintuch, unter dem die Wöchnerin liegt, um diese vor Zaubereien zu bewahren.«

---

¹ *Vgl. S. 42 f. und S. 227, 3 ff.*
² *Vgl. den Abschnitt XXIV in Balzacs ›Physiologie‹ (s. S. 240, 2 ff.).*

DIE BEIDEN LIEBHABER

ENTSTEHUNG

Die Notizen zu einem Komödienplan Die beiden Liebhaber *sind im Jahr 1909 entstanden. Das handschriftlich beschriebene Blatt H III 259 hält unter der Überschrift* Kl⟨eine⟩ Comödien für ein Gartentheater (Einfälle gekomen während einer Automobiltour München – Burghausen – Passau 19–21 Juni 1909.) *u. a. den Titel* Die beiden Liebhaber. (La chance du mari.) *fest (vgl. auch S. 226, 1 ff.).*

Die Titelvariante La chance du mari *greift den Titel von Georges de Porto-Riches Einakter ›La chance de Françoise‹ auf (vgl. die Erläuterung zu S. 43, 4).*

ÜBERLIEFERUNG

N1   H III 283.2

N2   H VB 18.2^b – 2^a: *Notiz zu der Komödie* Die Unbekannte *(SW XI 189 und 458, 18–22).*

ERLÄUTERUNGEN

43, 3 Bramarbas *Der Typus des Prahlers, belegt seit 1710, verbreitet seit G. A. Detharings Übersetzung von L. Holbergs Lustspiel ›Jacob von Tiboe‹ (1741): ›Bramarbas oder der großsprecherische Soldat‹ (1742).*

43, 3 Kassian *Anspielung auf Schnitzlers Einakter ›Der tapfere Cassian‹, der 1906 im Band ›Marionetten‹ erschien (Berlin: S. Fischer; Widmungsexemplar: FDH/HvH Bibl.). Am 19. September 1909 schrieb Hofmannsthal an Schnitzler:* Ich habe eine Spieloper gemacht, die glaub ich hübsch ist ⟨Der Rosenkavalier⟩. (Nicht so hübsch wie der tapfere Cassian). *(BW 246)*

43, 4 Motiv … Françoise *Gemeint ist Georges de Porto-Riches (1849–1930) Einakter ›La chance de Françoise‹ in dem Band: Théâtre d'Amour. Paris: Société d'Éditions Littéraires et Artistiques ⁹1907, S. 1–54 (FDH/HvH Bibl., mit Anstreichungen in ›Le Passé‹; vgl. SW XI 862, 13–19). – Françoise ist die junge, aber nicht sehr glückliche Ehefrau des Malers Marcel, der, als »homme à femmes«, ihre Geduld beansprucht; die zurückliegende Episode mit der Frau seines Freundes droht ihm nun ein Duell einzubringen, das aber Françoise zu verhindern weiß, indem ihre Liebe für Marcel dessen Freund rührt und die Duellforderung zurücknehmen läßt.*

Hofmannsthal hatte schon in der Notiz N 5 zu Silvia *im »Stern« vorgemerkt:* la chance de Françoise?? *(SW XX 140, 14) und kommt im Plan einer* Comödie *auf* das verhinderte Duell (la chance de Françoise) *(S. 49, 22) zurück.*

Vgl. Hermann Bahrs Artikel ›Verliebt‹ über Porto-Riches Stück ›Amoureuse‹, enthalten in: H. Bahr, Glossen. Zum Wiener Theater (1903–1906). Berlin: S. Fischer 1907, S. 162–167 (FDH/HvH Bibl.); ferner Kesslers Brief an Hofmannsthal vom 18. Juli 1908 (BW 185) sowie SW XII 478, 11–14.

DER MANN VON FÜNFZIG JAHREN

ENTSTEHUNG

Der Komödienplan Der Mann von fünfzig Jahren *beschäftigte Hofmannsthal in den Jahren 1909 bis 1911. Wie aus N 1 hervorgeht, kam ihm der Einfall während der Molière-Lektüre im August 1909, als er in Aussee daranging, Molières ›Le Mariage forcé‹ zu übersetzen. Mit der berühmten Novelle aus Goethes ›Wilhelm Meisters Wanderjahre‹ hat Hofmannsthals Plan den Titel und die Liebeskonstellation von vier Figuren gemeinsam, während die Handlung selbst offenbar nicht Goethe, sondern einigen Begebenheiten aus der Familie des Prinzen Charles de Ligne (1735–1814) folgen sollte, dessen Schwiegertochter Hélène tatsächlich, wie es in N 11 heißt, eine geborene Massalski war. Welches historische Werk über den Prinzen von Ligne Hofmannsthal heranzog, ist nicht sicher – weder der 1812 in französischer (hrsg. von Madame de Staël) und deutscher Sprache erschienene Band ›Briefe, Charaktere und Gedanken des Prinzen Carl von Ligne‹ noch die zweibändige, von Rilke sehr geschätzte (vgl. seinen Briefwechsel mit Marie von Thurn und Taxis. Band 2. Zürich 1951, S. 645) Biographie der Schwiegertochter Lignes:* Histoire d'une grande dame au XVIIIe siècle. La Princesse Hélène de Ligne. Par Lucien Perey. Paris 1887, *können als Vorlage gelten.[1]*

Aufgrund des Schriftduktus können die Blätter N 2 bis N 7 dem Jahr 1909 zugewiesen werden. N 8 entstammt vermutlich dem Jahr 1910, in dem Hofmannsthal – nach einem Gespräch mit Rudolf Alexander Schröder am 26. August 1910 – die Einsicht gewann, den Stoff besser als Novelle auszuführen anstatt als Comödie *(SW XXIX 367, 20). Am 26. und 28. August 1910 notierte Hofmannsthal Einfälle zu einer Novellenfassung (SW XXIX 188, 10–29).*

Im Jahr 1911 kehrte Hofmannsthal zu der ursprünglichen Absicht, den Stoff als Komödie darzustellen, zurück – dies belegt die auf den 8. Juli datierte Notiz N 12. Aufgrund der darin genannten, zuvor nicht erwähnten oder anders lautenden Personennamen – nur in N 2 heißt die Schwiegertochter einmal Antoinette *– lassen sich auch N 9 bis N 11 der*

---

[1] *Vgl. ferner BW Mell 106.*

Arbeitsphase vom Sommer 1911 zuweisen: Der Vetter heißt jetzt Adam, *und aus der Schwiegertochter ist* Marie *geworden, die aber nicht mehr die Schwiegertochter, sondern nunmehr die Nichte von* Onkel Karl *zu sein scheint. – Im Oktober 1911 kam Hofmannsthal zum letzten Mal auf den Novellenplan zurück (SW XXIX 189, 15–18).*

Der Einfluß der Stendhal-Lektüre auf den Mann von fünfzig Jahren *wurde schon anläßlich des Novellenplanes vermerkt (SW XXIX 367, 24–29).*

Gemäß seiner Kennzeichnung als Gesellschaftscomödie *– in Briefen an Kessler und den Vater aus dem August 1911 –, spielen Entlehnungen aus dem Französischen und, weniger dominant, aus dem Englischen eine auffallende und zugleich bedeutungstragende Rolle in den Notizen.*

ÜBERLIEFERUNG

N1	*H III 176.7*	*– datiert* Aussee 17 VIII 1909
N2	*H III 176.3*	
N3	*H III 176.1*	
N4	*H III 176.4*	
N5	*H III 176.5*	
N6	*H III 176.6*	*– datiert a. l. R.:* R⟨odaun⟩ 9 XI 09.
N7	*H IVA 56.4*	
N8	*H IVA 56.3*	*– datiert* Aussee 25 VIII ⟨1910⟩
N9	*H III 176.8*	
N10	*H III 176.10*	
N11	*H III 176.11*	
N12	*H III 176.13*	*– datiert* 8 VII ⟨1⟩911

Konvolutumschlag H III 176.9 mit der Aufschrift:
    Mann v⟨on⟩ 50 Jahren
    Comödie

t   *V III 14.1–3 – Spätere Abschrift der Notizen N10–N12 und des dazwischenliegenden Blattes H III 176.12, das eine Aufzeichnung enthält. N11 ist mit der handschriftlichen Ergänzung »Rodaun 28. VII. 09«, wohl von Gerty von Hofmannsthal, versehen, was weder in der Orts- noch in der Zeitangabe exakt sein dürfte.*

VARIANTEN

43,7–17:   *a. r. R.:* der Einfall kam nachmittags als es sehr heiß war, während eines halbschlafenden Lesens im *(1)* Homer *(2)* Molière |. nachher gingen wir mit Rudolf Schroeder und Clärchen nach Grundlsee, wo Seebeleuchtung war.

44, 17   Witwe. *danach, gestrichen:* (Mit ihr und dem Vetter ereignet sich das Abenteuer im Getreidefeld.)

ZEUGNISSE

7. Mai 1910, Pressenotiz

Hugo von Hofmannsthal ist mit der Ausarbeitung eines Stückes[1] beschäftigt, dessen Stoff dem modernen Gesellschaftsleben entnommen ist. Es ist beabsichtigt, dieses Stück im Hofburgtheater zur Uraufführung zu bringen.
(Neue Freie Presse Nr. 16417, Abendausgabe, S. 5)

⟨*4. Juli 1911*⟩, *an Ottonie Gräfin Degenfeld*

Kennen Sie die Geschichte von der Frau mit dem Hündchen?[2] oder von dem Knaben Euseb?[3] oder die von dem fünfzigjährigen Prinzen?   *(BW 151)*

7. Juli 1911, Arthur Schnitzler, Tagebucheintrag

Hugo erzählt mir einen sehr hübschen Stoff (Graf Larisch und die Schwiegertochter)[4]
(Arthur Schnitzler, Tagebuch 1909–1912, S. 252)

20. Juli ⟨*1911*⟩, *an den Vater*

Ich arbeite soweit, dass die Arbeitsfähigkeit nicht einschläft, betrachte aber die nächsten 2–3 Wochen in der Hauptsache als Ferien und will erst gegen Ende August wieder anfangen mich mit meiner Prosacomödie[5] intensiver

---

[1] *Möglicherweise ist hier* Der Schwierige *gemeint. – Auf die Pressenotiz nimmt Hofmannsthal in einem Brief an Alfred von Berger vom 1. Mai 1910 Bezug:* Es wäre mir recht sehr lieb, wenn die kleine Notiz, deren wir erwähnten, vor Reinhardts Gastspiel in die Presse käme und wenn sie auch über Cristina das Nötige enthielte ⟨…⟩. *(Österreichisches Staatsarchiv, Wien) Vgl. hierzu SW XI 812, 27–30.*

[2] *Die Dame mit dem Hündchen ist einer der Werktitel des Andreas-Romans (SW XXX).*

[3] *Vgl.* Knabengeschichte *(SW XXIX 167–188).*

[4] *Von einem Grafen Larisch ist bei Hofmannsthal nur in einem Brief* ⟨*Januar/Februar 1916*⟩ *an Max Mell die Rede (BW 112 und 316).*

[5] *Möglicherweise ist damit* Der Schwierige *gemeint.*

zu beschäftigen lege aber kein Gewicht darauf, sie fürs nächste Spieljahr
fertigzustellen. *(Kopie: FDH, ehemals Volkswagen-Stiftung)*

⟨*4. August 1911*⟩, *an den Vater*
Möchte im Herbst ruhig eine Comödie schreiben.⁶
(Kopie: FDH, ehemals Volkswagen-Stiftung)

14. August ⟨*1911*⟩, *an Harry Graf Kessler*

Ich beginne sobald die letzte Zeile von »Jedermann« geschrieben ist, eine
Gesellschaftscomödie mit nur 4 Personen (in 3 Aufzügen, Prosa, Gegenwart,
ein Schloß) deren Mittelpunkt ein Mann von 50 Jahren ist. *(BW 339)*

16. August ⟨*1911*⟩, *an den Vater*

⟨...⟩ später möchte ich mich an eine mir seit einigen Jahren vorschwebende
Gesellschaftscomödie machen, mit nur 4 Personen, aber ohne jede Übereilung, auch ganz ohne Rücksicht auf das laufende Theaterjahr.
(Kopie: FDH, ehemals Volkswagen-Stiftung)

⟨*6. September 1911*⟩, *an Ottonie Gräfin Degenfeld*

Auf der Rückfahrt ⟨...⟩ bespreche ⟨ich⟩ mit Reinhardt alles nötige für
»Jedermann« und schaffe mir hoffentlich 2 Monate Ruhe für meine Comödie.⁷
(BW 168)

⟨*29. September 1911*⟩, *an Ottonie Gräfin Degenfeld*

Das Schönste erzähl ich aber erst im Wald. Das war die gestrige Penthesilea –
und nicht die Eysoldt. Eine neue, junge Schauspielerin, Mary Dietrich, wie
geläufig ist mir heut schon der Name, das ist mehr als Hoffnung, fast schon
Erfüllung, eine künftige große Schauspielerin. Das Schönste was aufgetaucht
ist seit Moissis Auftauchen, eine wundervolle Partnerin für ihn, die junge
Fürstin meiner Prosacomödie ⟨...⟩. *(BW 176)*

11. September 1911, an Max Mell

⟨...⟩ ich habe den dringenden Wunsch, in die Arbeit an meiner Komödie⁸,
die gleiche welche ich Ihnen im Juni erzählte, hineinzukommen, was bis jetzt

---

⁶ *Auch hier könnte* Der Schwierige *gemeint sein.*
⁷ *Möglicherweise ist hier* Der Schwierige *gemeint.*
⁸ *Möglicherweise* Der Schwierige

nicht der Fall war, denn ich hatte reichlich zu tun um den »Jedermann« und
die beiden Pantomimen[9] wirklich druckfertig zu kriegen.   *(BW 84)*

ERLÄUTERUNGEN

43,11 Prinz von Ligne *Hofmannsthal zitiert ihn auch im Tagebuch vom 31. Januar 1910 (TBA RuA III 503; vgl. ferner TBA RuA I 69; SW XXVI 331,5; SW XVIII 329,15 und HB 4 [1970], S. 285).*

44,11 Leopold Andrian *(1875–1951), Freund Hofmannsthals; Schriftsteller und Diplomat.*

45,7 Tartuffe *Der Typus des heuchlerischen Betrügers, nach Molières Komödie ›Le Tartuffe ou L'Imposteur‹.*

45,11 dephlegmatisiert *Vom Textsinn her wäre eher ›phlegmatisiert‹ zu erwarten, da ›dephlegmatisieren‹ soviel wie »eine Beschleunigung des Kreislaufs und der Bewegung, eine Freisetzung der gebundenen Kräfte« bedeutet (Novalis. Werke, Tagebücher und Briefe Friedrich von Hardenbergs. Hrsg. von Hans-Joachim Mähl und Richard Samuel, Bd. 3: Kommentar. Von Hans Jürgen Balmes. München 1987, S. 417). »Philosophiren ist dephlegmatisiren, vivificiren«, heißt es in einem Fragment von Novalis (Novalis sämmtliche Werke. Hrsg. von Carl Meißner, eingeleitet von Bruno Wille. Bd. 3. Florenz und Leipzig 1898, S. 99; der Nachweis, daß Hofmannsthal diese Ausgabe benutzt hat, in SW XXXI 280, Fußnote. In der Ausgabe von Mähl/Samuel findet sich das Fragment in Bd. 2, S. 317). Auf dieses Novalis-Zitat dürfte Hofmannsthal zuerst in Walter Paters Essay ›Conclusion‹ gestoßen sein (W. Pater, The Renaissance. Studies in Art and Poetry. London 1904, S. 236; FDH/HvH Bibl. Daß Hofmannsthal das Buch bereits 1894 kannte, belegt sein Brief an Hermann Bahr vom 6. August 1894, B I 119). – Vgl. auch TBA RuA I 58f.*

45,25 Marivaux – Band I *In Hofmannsthals Bibliothek (FDH) haben sich zwei Marivaux-Ausgaben erhalten: 1. Œuvres choisies de Marivaux. 2 Bände. Paris: Librairie de la Bibliothèque Nationale 1888 und 1885; Band 1 enthält ›Le jeu de l'amour et du hazard‹ und ›L'Épreuve‹. – 2. Théâtre choisi de Marivaux. Publié en deux volumes par F. de Marescot et D. Jouaust. Paris: Librairie des Bibliophiles o. J.; Band 1 enthält: ›La double inconstance‹, ›Le jeu de l'amour et du hazard‹ und ›L'École des mères‹.*

45,30 Chesterfield *In Hofmannsthals Bibliothek (FDH) ist erhalten (z. T. unaufgeschnitten): Letters of Philip Dormer, Fourth Earl of Chesterfield to His Godson and Successor. Edited ⟨...⟩ by the Earl of Carnarvon. Oxford: Clarendon Press 1890.*

---

[9] Amor und Psyche *und* Das fremde Mädchen

46,14 Eugenie *Goethe, ›Die natürliche Tochter‹.*

46,15 das Salz des Lebens *»Thätigkeit ist das Salz des Lebens« wird als Sprichwort angeführt in: Deutsches Sprichwörter-Lexikon, hrsg. von Karl Friedrich Wilhelm Wander. Nachdruck der Ausgabe Leipzig 1867: Augsburg 1987, Bd. IV, Sp. 1142 (Nachweis Heinz Rölleke, Wuppertal).*

46,16–19: Quelle nicht ermittelt.

47,5 Lauzun *Hofmannsthal war durch die Lektüre von Stendhals ›De l'Amour‹ auf die* Memoires de Lauzun *aufmerksam geworden, die er sich in einer Leseliste auf dem hinteren Vorsatzblatt von Stendhals Buch notierte. Zur Stendhal-Lektüre während der Arbeit am* Mann von fünfzig Jahren *vgl. SW XXIX 367,24–29. – Vgl. auch Hofmannsthals (undatierten) Brief an Carl J. Burckhardt aus dem Jahre 1920 (BW 53 f. und 324).*

47,6f.: Anspielung auf eine von Eduard von Bauernfeld in seiner Autobiographie ›Aus Alt- und Neu-Wien‹ berichtete Szene: Bauernfeld war als Erbe des Komponisten Johann Schenk (ein Lehrer Beethovens) vorgesehen; Schenk starb 1836 im Alter von dreiundachtzig Jahren, war aber in seinen letzten Stunden nur noch in der Lage, ein mündliches Testament zu hinterlassen. In Anwesenheit Bauernfelds und des wohlhabenden Hofkapellmeisters Weigl vom Advokaten gefragt, wen Schenk zu seinem Erben einsetzen wolle, konnte sich dieser nicht entscheiden: »›Mein verehrter Hofkapellmeister‹ – hieß es – ›mein lieber Eduard.‹
  Ob vielleicht die beiden miteinander erben sollten?
  ›Sind beide gute, liebe Männer – werden sich vergleichen.‹
  Das ginge nicht an, eine bestimmte Willenserklärung sei nötig, der Namen des Erben müsse genannt werden. Der Sterbende brachte endlich nach langem Zureden den Namen ›Weigl‹ hervor. – Der Advokat sah mich verwundert an. Ich winkte ihm leise, den Leidenden nicht länger zu quälen.« (Bauernfelds ausgewählte Werke in vier Bänden. Mit einer biographisch-kritischen Einleitung hrsg. von Dr. Emil Horner. Leipzig: Max Hesse o. J., Bd. 4, S. 78; FDH/HvH Bibl., mit Anstreichungen und Lesedaten aus den Jahren 1911–1918.)

47,8 Sorglosigkeit. Mozart. *In Hofmannsthals Bibliothek (FDH) erhalten ist das zweibändige Werk von Otto Jahn: W. A. Mozart. 4. Auflage. Leipzig: Breitkopf und Härtel 1905 und 1907.*

47,8 Sorglosigkeit … Lenz. *In dem auch für die* Unterhaltung über die Schriften von Gottfried Keller *(SW XXXI 104,12 f. und 15–19 sowie 369,30–370,11 und 370,16–28) wichtigen Band von P⟨ater⟩ Desiderius Lenz: Zur Ästhetik der Beuroner Schule. Wien und Leipzig: Wilhelm Braunmüller o. J. (FDH/HvH Bibl.), heißt es auf S. 6: »Daß es mit Arbeiten, mit der Handfertigkeit allein nicht getan sei, das fühlte ich zu deutlich, ich aber hatte ein Verlangen, von der Kunst alles zu wissen. Zu diesem hatte mir der liebe Gott außer einigen Mitteln zum Anfang eine unbegrenzte Sorglosigkeit betreffs meiner ferneren Existenz gegeben, und faktisch hatte Er diese Sorge auf sich genommen.«*

47,11 Mad⟨ame⟩ de la Carlière *Novelle von Diderot.*

47,22 Grassi *Der Bildnis- und Miniaturmaler Josef Grassi (ca. 1758–1838).*

47,23 Fonds *Vorrat; etwas, woraus man schöpfen kann. Vgl. auch N 34 von* Cristinas Heimreise *(SW XI 569,28).*

48,1f. Grossmutter Massalska *Die Schwiegertochter des Prinzen von Ligne, Hélène, war eine geborene Massalski.*

48,18 ein dritter störend *Dies ist das Thema von Goethes ›Wahlverwandtschaften‹: »Mir sind leider Fälle genug bekannt, wo eine innige unauflöslich scheinende Verbindung zweier Wesen durch gelegentliche Zugesellung eines dritten aufgehoben, und eins der erst so schön verbundenen in's lose Weite hinausgetrieben ward.« (WA I/20, S. 54)*

LUSTSPIEL FÜR MUSIK

ENTSTEHUNG

Die undatierte Notiz zu einem Lustspiel für Musik *fällt, nach ihrem Schriftduktus zu urteilen, sehr wahrscheinlich in die Jahre 1909 oder 1910, in die Entstehungszeit des* Rosenkavalier, *dessen Untertitel,* Komödie für Musik, *sie ursprünglich wohl als Überschrift trug (s. S. 235,2). Vermutlich aufgrund dieses Titels wurde das einzelne Blatt dem Konvolut des* Rosenkavalier *(E III 210) zugeordnet.*

Die Paginierung des Blattes (8), die vielleicht von Hofmannsthal selbst stammt, könnte darauf schließen lassen, daß weitere Notizblätter existiert haben. Allerdings weist die Notiz Züge eines Szenariums, eines Personenverzeichnisses und einer Einzelnotiz auf, d. h. es dürfte sich – trotz der Paginierung – um einen über dieses Blatt hinaus nicht weiterentwikkelten Entwurf handeln.

ÜBERLIEFERUNG

N   *E III 210.31 – a. r. R. pag. 8*

VARIANTEN

48,22   Lustspiel *aus* Comödie

48,32   des *danach, gestrichen:* jungen

ERLÄUTERUNGEN

48,26f. Das ... entflammend *Vgl. dazu Brentanos Lureley-Gedicht (Hinweis Heinz Rölleke, Wuppertal).*

COMÖDIE

ENTSTEHUNG

Aufgrund der handschriftlichen Züge läßt sich das Notizblatt zur Comödie *in die zweite Hälfte des Jahres 1909 datieren. In diesem Zeitraum arbeitete Hofmannsthal an zahlreichen Komödienplänen (vgl. den Plan* Kl⟨eine⟩ Comödien für ein Gartentheater, *H III 259, s. S. 225, 29 ff.;* Cristinas Heimreise, *SW XI;* Die Lügnerin Coralina, *S. 42;* Der Mann von fünfzig Jahren, *S. 43 ff.; sowie den Plan zu einer* Lucidor-*Komödie, SW XXVIII bzw. XXVI). In einem Brief an den Vater vom 16. Oktober 1909 heißt es:* Neue Stoffe strömen mir immerfort zu, ich weiß nicht einmal, welchen ich als den nächsten anpacken werde. *(B II 377)*

ÜBERLIEFERUNG

N   H III 54

VARIANTEN

49,12   Bäurin *aus* Maurin

ERLÄUTERUNGEN

49,6 Silvia, II[ter] Theil. *Hofmannsthals Komödie* Silvia im »Stern« *war überwiegend als drei- bzw. fünfaktiges Stück geplant (vgl. aber N 1 vom Juli 1907, SW XX 137, 2); eine intensive Arbeitsphase (N 139–154) ist auf den Oktober 1909 datiert (SW XX 202, 1* *bis 206,18). Nicht auszuschließen ist, daß die Charakterisierung* II^ter *Theil sich auf eine der beiden Vorlagen der* Silvia-*Komödie bezieht: Robert Chasles'* ›Histoire de Monsieur Des Frans et de Silvie‹ *aus den* ›Illustres Françoises‹*, die in zwei Teilen erschienen waren (vgl.* SW XX *101, 10 ff., 250, 32 ff.). Die voranstehende Charakterisierung:* eine sehr schöne Frau, die nicht aus der großen Welt ist, *trifft dagegen inhaltlich eher auf die zweite* Silvia-*Vorlage, das Leben der Julie de Lespinasse, zu (vgl.* SW XX *251, 11 ff., ferner das Fragment* Julie *in* SW XXII*).*

49, 7 ménage *frz.,* Ehepaar.

49, 11 f. Diese ... Herrn *Quelle nicht ermittelt.*

49, 13–15: *Vgl. auch S. 41, 27–31.*

49, 22: *Georges de Porto-Riche:* ›La chance de Françoise‹*; vgl. S. 227, 23–30.*

COMÖDIE
DER ZWEI JUNGEN COCOTTEN

ENTSTEHUNG

Wahrscheinlich die beiden ersten, vielleicht alle drei Notizen zur Comödie der zwei jungen Cocotten *sind Ende Februar 1910 entstanden, als sich Hofmannsthal nach der Berliner Uraufführung von* Cristinas Heimreise *(11. Februar) für ein paar Tage bei Harry Graf Kessler in Weimar aufhielt (vgl. HB 35/36 [1987], S. 98). Ob Hofmannsthal den Stoff der Komödie einer Erzählung Kesslers oder einem literarischen Vorbild verdankt, konnte nicht ermittelt werden. Auf eine Beteiligung Kesslers läßt die Tatsache schließen, daß Hofmannsthal ihm am 16. Mai 1910 aus Rodaun schrieb:* Ich glaube ich bin der Gesellschaftscomödie sehr nahe. Dann schreib ich die farce von den 2 Cocotten, wienerisch, dann die Ion-legende, in Versen. *(BW 294) Die Erwähnung eines Komödienplanes in einem Briefzeugnis ist bei Hofmannsthal eher die Ausnahme; vielleicht hat sie ihren Grund in Gesprächen mit Kessler, die dem Stoff – wie bereits 1909 bei* Cristinas Heimreise *und beim* Rosenkavalier*, im Februar 1910 beim* Schwierigen *geschehen – eine dramatische Gestalt geben sollten.*

ÜBERLIEFERUNG

N1 H III 53.1
N2 H III 53.2
N3 H III 172.2 – *Auf derselben Seite* N1 *zu* Die Lügnerin *(vgl. S. 238, 2 f.).*

VARIANTEN

50,3 sagt ihr *ü. d. Z. Einweisungszeichen, auf Text am unteren Blattrand bezogen:* B erfährt von der »Liebesnacht« mit A, vergiftet sich. A. der er die Thür verschliesst erschiesst sich.
Im rechten unteren Eck des Blattes Hinweiszeichen auf ein folgendes Blatt (= H III 53.2).

ERLÄUTERUNGEN

49, 27 Colin *Dieser Name scheint bei Hofmannsthal nur an dieser Stelle belegt zu sein; vielleicht hat er ihn aus seiner – nicht ermittelten – Vorlage übernommen. Eine Figur namens Colin wird erwähnt in der Szene IV, 3 von Molières Komödie* ›Don Juan, ou Le Festin de Pierre‹, *die Hofmannsthal im Mai 1908 gelesen hatte (Lesedatum: Œuvres de Molière. Tome premier. Paris 1841, S. 494; FDH/HvH Bibl.).*

50, 19 Ruffian *Raufbold, Schurke.*

50, 20 ombragös *scheu, argwöhnisch.*

DIE LÜGNERIN

ENTSTEHUNG

Die Notizen zu Die Lügnerin *entstammen vermutlich den Jahren 1910 (N1 und N2) und 1913 (N3). N1 ist zusammen mit einer Notiz zur* Comödie der zwei jungen Cocotten, *die auf 1910 datiert werden kann, N3 auf einem Blatt des* Andreas-Romans *von 1913 überliefert.*

Es ist nicht auszuschließen, daß die vorliegenden drei Notizen zu dem 1909 belegten Plan Die Lügnerin Coralina *(s. S. 42) gehören. Beide Fragmente werden hier getrennt publiziert, da ihr Zusammenhang aufgrund der erreichbaren Materialien nicht als gesichert gelten kann. Auch hat Hofmannsthal in anderen Entwürfen dieser Zeit das Motiv der Lügnerin aufgegriffen, so in N156 und N163 zu* Silvia im »Stern« *(SW XX 206,34 und 208,28), ferner in N2 und N10 der ursprünglich als Rahmen für* Ariadne auf Naxos *geplanten* Klugen Gräfin *(SW XXIV 104,30 und 112,29).*

ÜBERLIEFERUNG

N 1   H III 172.2 – *Auf derselben Seite N 3 zu* Comödie der zwei jungen Cocotten *(vgl. S. 236, 31)*.

N 2   H III 172.3

N 3   E IV A 4.221 – *Auf derselben Seite Beginn von N 69 des Andreas-Romans (SW XXX 103, 13–104, 2) und gestrichenes Vornotat zum Andreas, auf 221^b Schluß von N 69 des Andreas (SW XXX 104, 3–5) und Brief von Georg Witkowski an Hofmannsthal vom 18. Juli 1913.*

ERLÄUTERUNGEN

50, 25 Perchtoldsdorfer *Perchtoldsdorf in unmittelbarer Nachbarschaft von Rodaun.*

50, 26 elle et lui ›Elle et lui‹: *Roman von George Sand, erschienen 1859, der in der Dreiecksgeschichte zwischen Thérèse Jacques, Laurent de Fauvel und Richard Palmer wenig verschlüsselt das Verhältnis zwischen der Autorin, Alfred de Musset und dem venezianischen Arzt Pagello gestaltet – allerdings sehr aus der Perspektive der Autorin. Ihr Ebenbild, Thérèse, bleibt in den Anfeindungen der gegenseitigen Eifersucht von Laurent und Palmer zwar unglücklich, doch überlegen. Während der ältere Palmer auf die Ehe mit ihr verzichtet, ist Laurent ihr Liebhaber, wird jedoch von Thérèse wie ein Kind behandelt.*

50, 29 Arnold *Victor Arnold (1873–1914), Schauspieler an Max Reinhardts Deutschem Theater in Berlin (vgl. u. a. SW XI 866, 5 f.; SW XXIV 104, 29 und 252, 26 f.).*

51, 1 Rufinatscha *Johann Rufinatscha, österreichischer Komponist und beliebter Musikpädagoge, geboren 1812, gestorben 1893 in Wien. Woher Hofmannsthal Rufinatscha kannte, ließ sich nicht ermitteln. (Vgl. den Artikel in: Deutsches Biographisches Archiv, 1066, 123 bis 127. – Nachweis Heinz Rölleke, Wuppertal)*

EINE KLEINE COMÖDIE

ENTSTEHUNG

Die Aufzeichnung Eine kleine Comödie *vom 3. XI. 11 steht im Zusammenhang mit Hofmannsthals Zusammenarbeit mit der Tänzerin Grete Wiesenthal; vorausgegangen war am 15. September 1911 die Uraufführung der Ballette* Das fremde Mädchen *und* Amor und Psyche *durch Grete Wiesenthal im Berliner Hebbel-Theater.*

Das Motiv vom Mädchen, das sich stumm stellt, *um einer verhaßten Ehe zu entgehen, hat Hofmannsthal aus Molières Komödie ›Le Médecin malgré lui‹ übernommen, in der Lucindes ›Krankheit‹ von Sganarelle, der gar kein Arzt ist, geheilt wird, indem er dem Mädchen den Geliebten, Léandre, zuführt und den Vater, Geronte, versöhnt. – Wohl schon 1891 hat sich Hofmannsthal mit einem Epilog zu Molières Komödie befaßt (s.* ⟨Entwurf eines Epilogs⟩, *S. 8 und 170, 20 ff.).*

Bemerkenswert ist, daß sich Hofmannsthal einen Tag vor der Niederschrift dieser klei*nen Comödie* für *Silvia im* »Stern« *festhielt:* Molière'sches Schema nicht aus den Augen lassen! *(N 156 vom 2. 11. 1911, SW XX 206, 25)*

ÜBERLIEFERUNG

N   H III 147

VARIANTEN

51, 20:   *Später a. r. R. ergänzt:* (Als Revue?)

ERLÄUTERUNGEN

51, 22–28: *Hofmannsthal übernimmt das Personal aus Molière mit großen Abweichungen, ersetzt den Vater Geronte durch die* Mutter, *streicht u. a.* Sganarelle, seine Frau *und die anderen Bediensteten und läßt den* Bewerber *im Unterschied zu Molière selbst auftreten.*

EINACTIGE COMÖDIE

ENTSTEHUNG

Aufgrund der Überlieferung (s. unten) ist anzunehmen, daß die einzelne Notiz zu einer einact⟨igen⟩ Comödie *im Sommer 1912 aufgezeichnet wurde. Eine konkretere Ausarbeitung des Entwurfs hat sich nicht gefunden.*

ÜBERLIEFERUNG

N   E VA 33.4^b *(jetzt FDH 20321) –* Mit Stift gestrichen. *– 4^a: pag. a einer auf 1912 datierbaren Niederschrift zur Einleitung des Bandes* Deutsche Erzähler *(vgl. BW Insel-Verlag Sp. 456–468).*

ERLÄUTERUNGEN

52,5 Physiol⟨ogie⟩ du mariage *Aus diesem Werk Balzacs zitiert Hofmannsthal bereits 1908 im 3. Aufzug von* Florindos Werk *(vgl. SW XI 849,9–19); auch der im Juni 1909 genannte Plan* Kl⟨eine⟩ Comödien für ein Gartentheater: ⟨...⟩ Die Freundin *(vgl. S. 226,3) geht auf eine Anregung bei Balzac zurück. In Hofmannsthals Bibliothek (FDH) hat sich der Band:* Œuvres complètes de H. de Balzac. La comédie humaine. Seizième volume. Paris: V. A. Houssiaux 1874, *erhalten; darin S. 337–620 die* ›Physiologie‹, *mit Anstreichungen und Annotationen von der Hand Hofmannsthals.*

DER VERFÜHRER

ENTSTEHUNG

Aufgrund der Überlieferungslage ergibt sich der Anfang April 1914 als Entstehungszeit für die Notiz Der Verführer. *Weitere Textzeugnisse haben sich nicht nachweisen lassen. – Vgl. auch das Erzählfragment* Der Verführer *(SW XXIX 129–131 und 337).*

ÜBERLIEFERUNG

N   *Bibliotheca Bodmeriana, Genf. – Auf der Rückseite pag. 51 der Handschrift 4H des 3. Kapitels der Erzählung* Die Frau ohne Schatten *(SW XXVIII 283,19ff.); der Textumfang dieser pag. 51 entspricht SW XXVIII 138,10–14; für Seite 136,35 ist das Datum* S⟨emmering⟩ 1 IV. 1914 *(SW XXVIII 283,24) gesichert.*

ERLÄUTERUNGEN

52,9 Spiegls *Der mit Hofmannsthal und Leopold von Andrian befreundete Edgar von Spiegl-Thurnsee (1878–1931). Vgl. Hofmannsthals Charakterisierung im Brief an Leopold von Andrian vom 3. IX. ⟨1918⟩ (BW 278), ferner Arthur Schnitzlers Tagebucheintragung vom 15. XII. 1913 (A. Schnitzler: Tagebuch 1913–1916, S. 83).*

KOMÖDIE

ENTSTEHUNG

Die Aufzeichnung zu dieser Komödie ist unter dem Datum des 23. Januar 1916 in ein Tagebuch eingetragen. Hofmannsthal weilte vom 20. Dezember 1915 bis zum 21. März 1916 in Berlin; in dieser Zeit kam es zu einer regen Zusammenarbeit mit dem Theater Max

Reinhardts. Zeugen dieser Zusammenarbeit sind u. a. Der Sohn des Geisterkönigs *(S. 55 ff.) und* Der Emporkömmling *(SW XXII),* Die Lästigen *(TBA Dramen VI) sowie die Ballette* Die grüne Flöte *und* Die Schäferinnen *(TBA Dramen VI). Vgl. im vorliegenden Band auch die Notiz* Komödienmotiv *(S. 53).*

ÜBERLIEFERUNG

N   H VII 11.39 – *Eintragung im Tagebuch; auf derselben Seite Ende einer Aufzeichnung von Ende 1915/Anfang 1916 und die Eintragung* Komödienmotiv *(s. S. 53).*

ERLÄUTERUNGEN

52, 14 Holländer *Felix Holländer (1867–1931), Dramaturg und Regisseur am Deutschen Theater, Berlin.*

KOMÖDIENMOTIV

ENTSTEHUNG

Die Aufzeichnung zu einem Komödienmotiv *trug Hofmannsthal am 23. Januar 1916 in Berlin in ein Tagebuch ein. (Vgl.* Komödie, *S. 52 f. und 240, 27 ff.)*

ÜBERLIEFERUNG

N   H VII 11.39 – *Beschreibung s. S. 241, 6–8.*

DER SOHN DES GEISTERKÖNIGS

ENTSTEHUNG

Die Arbeit am Sohn des Geisterkönigs, *die mit einer Bearbeitung von Ferdinand Raimunds ›Der Diamant des Geisterkönigs‹ einsetzte, sich danach aber verselbständigte, begann während Hofmannsthals Berlin-Aufenthalt Anfang 1916. Nach dem Tod seines Vaters am 8. Dezember 1915, dem er sich überaus eng und liebevoll verbunden fühlte, befand sich Hofmannsthal offenbar zunächst in einer Krise:* Du musst ja denken, *heißt es in einem Brief an seine Frau am 7. März 1916 aus Berlin,* nach dem Tod eines Wesens mit dem ich durch vierzig Jahre so innig verbunden war und das in dieser Zeit, deren Finsternis und Bedrückendes ja noch nicht vorüber ist – so hätte ich entweder zur Armee gehen, oder krank werden oder ein drittes, das sich nur improvisieren ließ, wenn man Glück hatte, und das war dies hier – wofür ich Reinhardt mein Leben lang dankbar sein muss *(Deutsches Literaturarchiv, Marbach a. N.). Der Berlin-Aufenthalt vom 20. Dezember 1915 bis zum 21. März 1916 stand unter dem Zeichen politischer Gespräche und eines* amtlichen Auftrag⟨es⟩ *(Mitteilung an Ottonie von Degenfeld vom 2. Januar 1916, BW 335), vor allem aber einer engen Zusammenarbeit mit Max Reinhardt, von der eine spätere Tagebuchaufzeichnung berichtet:* Sonntag abende bei Reinhardt. Comödienpläne: Raimund-Comödie umzugestalten; der Emporkömmling; der Schwierige. / Schreibe die ›Lästigen‹ (Ende Februar); lese sie Eberhard und Gustav Richter vor. (Sie werden später, Ende April anonym gespielt.) / Mache mit Reinhardt das Scenarium zu dem Ballett: ›die grüne Flöte‹ *(HB 8/9 [1972], S. 96).*

Der Umgestaltungsplan der Raimund-Comödie bezieht sich auf Raimunds Zauberspiel ›Der Diamant des Geisterkönigs‹, das 1824 im Theater in der Leopoldstadt uraufgeführt worden war. Hofmannsthals Interesse an Werk und Person Ferdinand Raimunds (1790–1836) reicht weit zurück. Nach der wohl ersten Nennung im Jahr 1893 (Eduard von Bauernfelds dramatischer Nachlass, TBA RuA I 185) belegen bereits die Liebescomödie von 1899 (s. S. 19, 19 f.), danach die Briefe an Schnitzler vom Juni 1901 und vom 19. Juni 1902 (BW 148 und 158) Hofmannsthals besonderes Interesse an der Biographie Raimunds. Zeugnis dafür legt ferner der Dramenentwurf Phantast⟨isches⟩ Stück *von 1903/04 ab, das Raimunds unglückliche Ehe der Hypochondrie Leopold von Andrians konfrontieren sollte (SW XVIII 298 f.), und auch der auf Juni 1906 datierte Plan* Ferdinand Raimund. Bilder *(s. S. 36–39). Immerhin fällt ins Jahr 1906 auch die Geburt von Hofmannsthals zweitem Sohn, der den nicht eben gewöhnlichen Namen Raimund erhält. Auch der* Jedermann *war 1905/06 als eine Wiener Prosakomödie im Stile Raimunds geplant (SW IX 271, 30). Schließlich schreibt Hofmannsthal 1920 eine Einleitung zu den Lebensdokumenten Ferdinand Raimunds, die Richard Smekal 1916 für die ›Österreichische Bibliothek‹ zusammengestellt hatte (TBA RuA II 117–122). Eine auf Dezember*

1921 datierte Notiz zu dem Einakter Herbstmondnacht *lautet:* einer: Wie Ferdinand Raimund, bildlose Melancholie, Flucht vor sich selbst – *(SW XIX).*

Der Inhalt von Raimunds ›Diamant des Geisterkönigs‹ ist folgender: Der Geisterkönig Longimanus hat vor zwanzig Jahren die Erde bereist und ist seither, zum Leidwesen der ihn umgebenden Geister, den Menschen besonders wohlgesonnen. Bei seinem damaligen Aufenthalt hat Longimanus Freundschaft mit dem Magier Zephises geschlossen, der für die Klagen um den frühen Tod seiner Frau vom Geisterkönig die Gunst bewilligt bekommt, nach seinem Tod unter die Geister aufgenommen zu werden. Nun ist Zephises gestorben und bittet Longimanus, dem in unsicheren Verhältnissen auf der Erde zurückgelassenen Sohn Eduard ein Zeichen zukommen zu lassen und ihn vor Mangel und Verzweiflung zu bewahren. – Dem verwaisten Sohn stehen der liebenswürdige, aber wenig tatkräftige Diener Florian und dessen couragierte Braut Mariandl zur Seite. Bald nach dem Tod des Vaters sieht sich Eduard dem Ruin ausgesetzt; da tritt ihm im Auftrag des Longimanus die personifizierte Hoffnung entgegen und öffnet ihm den Weg ins Zauberkabinett seines Vaters. Dort findet Eduard eine Halle mit sechs mythologischen Statuen, dazu einen Schatz voller Gold und den Brief seines Vaters: Wenn er den Wunsch verspüre, auch die siebente Statue zu besitzen, »welche von rosenrotem Diamant und der größte Schatz ist, den du auf Erden besitzen kannst«, so müsse er sich an den Zauber- und Geisterkönig Longimanus wenden. Der Weg dorthin, auf dem ihn der kleine Genius Kolibri geleitet, führt durch das Reich des »bösen« (allerdings vom Geisterkönig angestellten und bezahlten) Genius Koliphonius. Er hütet den »musikalischen Baum«, in den Longimanus einst die Fee Diskantine verwandelt hat, so daß sie nun Rossini-Arien »vom Blatt« singen muß. Nur wer einen Zweig von diesem singenden Baum gewinnt, kann zu Longimanus kommen, doch darf er sich auf dem Weg dorthin nicht umdrehen. Während Eduard den von Koliphonius inszenierten Versuchungen sich umzuwenden widersteht und den Zweig erwirbt, läßt Florian, der seinen Herrn begleitet, sich täuschen und wird in einen Pudel verwandelt. Eduard tritt vor den Geisterfürsten und erfährt die Bedingung, unter der er die siebente Statue erhalten kann: Er muß Longimanus ohne Zögern ein Mädchen übergeben, das bis zu seinem 18. Jahr noch nicht gelogen hat. Der Schiedsrichter dieser Wahrheitsprobe soll der – inzwischen wieder zurückverwandelte – Florian sein, der bei einer Lügnerin Schmerzen, bei einem aufrichtigen Mädchen hingegen »ein außerordentliches Wohlbehagen« empfinden wird. Eduard und Florian treten daraufhin die Reise ins »Land der Wahrheit« an, in dem die Häuser nur Fenster zur Gartenseite haben und die Mädchen nur zu viert ausgehen, sich aber nie umsehen dürfen. Als Eduard die Wahrheitsprobe bei vier verschleierten Mädchen, die von zwei Mohren begleitet werden, anstellt, wird Florian von entsetzlichen Schmerzen gefoltert. Auch als der König des Landes, Veritatius, Eduard seine Tochter Modestina zur Braut geben will, trifft Florian »der Schlag« größter Schmerzen. Nur die im selbstgerechten Land der Wahrheit wegen ihrer Aufrichtigkeit des Verbrechens angeklagte, schuldlose Amine kann Eduard die Hand reichen, ohne daß Florian gepeinigt wird. Sie verlassen zu dritt das scheinheilige Land der Wahrheit, doch dann fordert Longimanus Eduard seine Braut ab und weist ihm als Ersatz die gewünschte Statue (und den Reichtum) an. Eduard kann aber ohne Amine nicht mehr leben. In Zephises' Zauberkabinett findet er sie als siebte Statue im rosafarbenen Kleid, Longimanus hat ihn nur auf die Probe gestellt: »*Ein Weib, wie die sein wird, ist der schönste Diamant, den ich dir geben hab können.*«

Als Quelle seines Stückes nennt Raimund in einer kurzen ›Selbstbiographie‹ eine Erzählung aus *1001 Nacht*[1]; gemeint war das Märchen vom ›König der Genien und dem Prinzen Zain-al-ásuâm‹[2], das auch von Hofmannsthal mehrfach herangezogen wird, so etwa in den Erzählfragmenten (*SW XXIX 49,1; 99,16; 137,17*), im Motiv des singenden Baumes, aber auch in der Frau ohne Schatten im Motiv des Lebenswassers (*SW XXVIII 433,16–25*).

In der Einleitung des Herausgebers zu der von Hofmannsthal benutzten Ausgabe (*Ferdinand Raimunds sämtliche Werke, Teil 1, S. LX*) heißt es zum ›Diamant‹: »*Insofern hier das Pygmalionmotiv die Grundlage bildet, mag wieder Wieland, von dem Goethe nicht ohne Grund rühmte, daß das südliche Deutschland zum großen Teile ihm seine Kultur verdanke, durch sein Märchen ›Der Druide oder die Salamandrin und die Bildsäule‹ den Stoff vermittelt haben*«. *Hofmannsthal strich diese Passage an. Der Pygmalionstoff hatte u. a. im* Vorspiel für ein Puppentheater *1906 eine Rolle gespielt, das aus der Beschäftigung mit Raimunds* ›Verschwender‹ *hervorgegangen war; zugleich verbindet das Thema der belebten Statue Raimunds Zauberstück mit Hofmannsthals Märchen* Die Frau ohne Schatten *(s. SW XXV und XXVIII). Dort geht es in einem analogen Versuch darum, die Existenz des Geisterwesens zu überwinden und des Menschseins teilhaftig zu werden. Was die Frau ohne Schatten, die Tochter des Geisterkönigs, zum Teil gegen den Willen ihres Vaters zu erreichen versucht, ist in der Raimund-Bearbeitung Hofmannsthals der Wunsch des Geisterkönigs selbst, den er mit seinem Sohn und durch ihn verwirklichen will.*

Von seinem Plan, mit Max Reinhardt zusammen die Komödie von Raimund umzugestalten, spricht Hofmannsthal erstmals in seinem Brief an Gerty von Hofmannsthal vom 20. Januar 1916 aus Berlin: Ich helfe spielender Weise und im geheimen Reinhardt einen kleinen Molière u. einen Raimund zur Aufführung einzurichten, dichte auch ein paar Scenen hinein (das darf aber niemand wissen) – aber das Ganze zeigt mir mein natürliches Verhältnis zum Theater u. gibt mir viele Hoffnungen wieder. *(S. 290,13–16) Eine Ende Januar ⟨bis⟩ Anfang Februar 1916 ausgearbeitete Handschrift von Szenen zwischen Eduard und vier Mädchen, die auf ihre Wahrhaftigkeit geprüft werden (1 H*[1]*), setzt die Notizen N1 bis N5 voraus und bildet wohl das erste Stadium der Raimund-Bearbeitung, das sich ursprünglich möglicherweise auf eine Ausweitung weniger Szenen (Akt II, Szenen 7 bis 16) beschränken sollte (*dichte auch ein paar Scenen hinein*). Hofmannsthal überschreibt diese Niederschrift mit dem Titel* Diamant des Geisterkönigs. Scenen der 4 Mädchen / (II Act) *(s. S. 248,30f.). Eine Neukonzeption der Vorlage scheint sich für Hofmannsthal in dem Moment ergeben zu haben, da er Eduard zum Sohn des Geisterkönigs Longimanus machte. Wann Hofmannsthal sich zu einer solchen Umformung des ›Diamant‹ in den Sohn des Geisterkönigs entschlossen hat, läßt sich nicht datieren (eine Andeutung davon*

---

[1] *Ferdinand Raimunds sämtliche Werke, Teil 1, S. 2.*
[2] *Ebenda, S. LX (Einleitung des Herausgebers).*

findet sich in N 4, doch wird die Neukonzeption erst ab N 25 tragend). Es gibt keinen sicheren Beleg dafür, daß die Szenen Eduard und die Mädchen *in dieses Projekt hätten integriert werden sollen, zumal sie bei ihrer Veröffentlichung stets wieder in den Rahmen der Raimund-Komödie eingebettet werden. Das geht aus dem Einleitungstext hervor, den Hofmannsthal für den Erstdruck (4 D¹) der Mädchen-Szenen in der Zeitschrift ›Donauland‹ verfaßte und in die Teildrucke 5 D² und 6 D³ übernahm:*

Eduard, der Sohn eines Hausherrn und Zauberers namens Zephises, erhält vom Geisterkönig den Auftrag, für diesen ein junges Mädchen zu suchen, der noch nie eine Lüge über die Lippen gekommen sei. Als Zeichen, damit er die Richtige erkenne, bestimmt der Geisterkönig dieses: So oft Eduard einem Mädchen die Hand reicht, das von der Lüge befleckt ist, wird sein treuer Diener Florian ein peinliches Reißen, wie von heftigen rheumatischen Schmerzen fühlen. Dieses Motiv, von Raimund im »Diamant des Geisterkönigs« gebracht, aber nur in der flüchtigsten Form, eigentlich pantominiert, in einer einzigen Szene, und mit Verzicht auf Individualisierung ausgeführt, gab das Thema der nachfolgenden Improvisation.

Hofmannsthal meinte die 12. Szene des II. Aktes in Raimunds ›Der Diamant des Geisterkönigs‹:

Vier verschleierte Mädchen erscheinen von zwei Mohren begleitet. Sie prallen bei Eduards Anblick etwas zurück. Vorige.

EDUARD *fällt auf die Knie, zur ersten* Tulpe der Schönheit, verzeihe einem Fremdling, der es wagt, dir seine höchste Verehrung darzubringen.
FLORIAN Mir ist, als wenn ich ausg'führt würde.
OSILLIS Ein artiger Mann.
AMAZILLI Welch sonderbare Tracht?
EDUARD Erlaube mir, deine reizende Hand zu küssen. *Ergreift ihre Hand.*
FLORIAN *schreit* Ui jegerl! Auslassen! Schwächer Auslassen! *Seufzt.*
Eduard läßt ihre Hand fahren.
OSILLIS *erschrickt* Was ist das! *Zu Florian* Was ist dir, Fremdling?
FLORIAN Nichts! Ist schon vorbei! Wir wissen schon ⟨wieviel's geschlagen hat⟩.
OSILLIS Aber du erschreckst uns, durch –
FLORIAN Ist ja nicht wahr; ist alles erlogen.
EDUARD Verzeihe ihm; und auch du holdes Mädchen! *Ergreift die Hand der zweiten.*
FLORIAN Auweh! Auweh! Auweh! Die lügt noch stärker. O Sapperment!
Eduard läßt sie los.
FLORIAN *ganz ermattet* Ah, das ist eine Komödie!
EDUARD Schweig, Bursche!
OSILLIS Ist er wahnsinnig?
EDUARD Nein, schönes Mädchen! *Tritt zwischen die beiden andern und ergreift zugleich ihre Hände.*
FLORIAN Um alles in der Welt! Ich halt's nicht aus! Ich geh' zu grund'!
Die Mädchen reißen ihre Hände los und entsetzen sich.
OSILLIS Welche Verwegenheit! Flieht, Schwestern, das ist ein Rasender!
Alle vier Mädchen entfliehen mit den Mohren in den Palast.

(Ferdinand Raimunds sämtliche Werke, Teil 1, S. 107.)

Gegen die Vermutung, daß Hofmannsthal auch nach dem Februar 1916 noch daran dachte, die Szenen Eduard und die Mädchen *in das entstehende Werk zu integrieren, spricht neben dem deutlich auf Raimund bezogenen Titel der Handschrift 1 H¹ (*Diamant des Geisterkönigs. Scenen der 4 Mädchen (II Act)*) und dem ebenfalls auf Raimunds Stück abzielenden Einleitungstext zu 4 D¹ (s. oben) auch die Tatsache, daß die Mädchen-Szenen gleichsam* spielender Weise *(an Gerty, 20.* ⟨*1. 1916*⟩*, s. S. 290, 13), fast ohne Überlegung (an R. Auernheimer, 5. 9.* ⟨*1917*⟩*, s. S. 291, 30) niedergeschrieben wurden. Wenn Hofmannsthal diese Szenen am 22. 8. 1917 Beer-Hofmann mit dem Hinweis zuschickt:* Es ist eine wahrhafte Improvisation, eine Antwort auf ein: Könnte man nicht? von Reinhardt – an zwei oder drei Nachmittagen im Hotel hingeschrieben *(s. S. 291, 18–20), so scheint er andeuten zu wollen, sie seien für den Hausgebrauch Reinhardts bestimmt gewesen. Auch nach allem, was die Notizen (insbesondere N 9, N 10, N 54, N 59, N 67, N 70, N 71; vgl. ferner den Konvolutumschlag E III 240.III, S. 254, 27f.) und die ausgeführten Handschriften für den vorgesehenen dritten Akt erwarten lassen, besonders mit der offenbar zentralen Funktion der* Not *und der – von Anfang an – als Eduards Frau bestimmten* Anna*, scheint es unwahrscheinlich, daß die Mädchen-Szenen hätten Verwendung finden sollen.*

Andererseits spricht das gegenüber der Vorlage vertiefte Motiv der Unwahrhaftigkeit, das sich in Longimanus' Erdenjahr vergiftend zwischen ihn und seine Verbindung mit den Menschen stellte, immer wieder eine Rolle, so daß die ›Wahrheitsprobe‹ *(wie in den Mädchen-Szenen) in diesem Zusammenhang ihren Platz hätte finden können (vgl. bes. N 44:* Longimanus gibt Eduard den Auftrag, ihm für eine Stunde das Mädchen zu verschaffen, das die Wahrheit spricht, *S. 149, 22f.).*

Während eine Zuordnung der Mädchen-Szenen in den Text vom Sohn des Geisterkönigs *aufgrund der Quellenlage weder definitiv bestritten noch bündig bewiesen werden kann, läßt sich die Chronologie der Überlieferungsträger hinlänglich deutlich erschließen: Die Notizen N 1 bis N 5 sind vor oder gleichzeitig mit der auf* Ende Januar ⟨bis⟩ Anfang Februar 1916 *datierten Niederschrift der Mädchen-Szenen (1 H¹, s. S. 248, 32f.) entstanden. Mit den z. T. sicherlich noch in Berlin – Hofmannsthal verläßt die Stadt erst am 21. März 1916 – entstandenen Notizen N 6 bis N 36 wird eine zunehmend selbständige Version vorbereitet (das gegenüber der Vorlage neue Moment der Vaterschaft des Longimanus ist erstmals in N 25 greifbar), deren Titel –* Der Sohn des Geisterkönigs *– erst spät festgehalten wird. Zwischen dem 27. April und dem 15. Mai arbeitet Hofmannsthal die Niederschrift 2 H² aus (vgl. die Datierungen S. 251, 10–13), die die Szenen 1 bis 26 sowie 29 und 30 des 1. Aktes umfaßt, also die Szenen in Longimanus' Kabinett und die in Eduards Haus. Daß die Szenen 27 und 28, die vermutlich ein Gespräch Eduards mit der kleinen Anna enthalten sollten, von Hofmannsthal nicht fixiert wurden, scheint aus mehreren Gründen wahrscheinlich: Es fehlen Notizen, die diese Szenen vorbereiten könnten; das Blatt H III 283.8 zeigt den Ansatz zum 27ten Auftritt, läßt aber die ganze Seite frei; und schließlich deutet die provisorische Paginierung der Szenen 29 und 30 – Eduards Gespräch mit Grünspan und Flederl sowie der Auftritt der Hoffnung – mit griechischen Buchstaben (vgl. S. 250, 32f.) darauf hin, daß diese niedergeschrieben wurden (zwischen dem 12. und 15. Mai 1916, s. S. 251, 12f.), als die vorausgehenden Szenen 27 und 28 noch nicht vorlagen. Sehr wahrscheinlich blieben sie auch später ungeschrieben.*

Inhaltliche Gesichtspunkte sprechen dafür, daß die Notizen N 37 bis N 67 zwischen Mitte Mai und Ende Juli 1916 entstanden sind, da sie offensichtlich die Handschrift 3 H³ vorbereiten. Diese wird zwischen dem 24. und 28. Juli 1916 in Aussee niedergeschrieben und umfaßt den vermutlich einzigen ausgeführten Teil des 2. Aktes. Den Beginn dieses 2. Aktes sollte wohl die Szene mit dem Zauberbaum bilden, die aus den Notizen ansatzweise rekonstruierbar ist. N 68 ist als einzige der Notizen datiert, und zwar auf den 19 VIII ⟨1916⟩; sie dürfte zur Schlußgruppe der handschriftlichen Überlieferung gehören.

Warum Hofmannsthal den vielversprechenden und relativ weit gediehenen Plan nicht mehr weiterverfolgte, kann nur vermutet werden.³ Schon im Februar 1916 war der Plan zu der Komödie Der Emporkömmling *neben den* Geisterkönig *getreten und hatte besonders Anfang August 1916 eine deutliche Präzisierung erfahren (s. SW XXII). Vom 20. VIII. 1916 datiert die erste Notiz eines neuen Komödienstoffes –* Die Rhetorenschule –, *aus dem später* Timon der Redner *wurde (SW XIV 109). – Am 25. August 1916 fragt Hofmannsthal bei Schnitzler an, ob er ihm diese problematischen Fragmente der Raimund-Bearbeitung vorlesen dürfe:* Ich werde diese vielleicht allzu gewagte Arbeit nachher entweder weglegen oder mit größerer Zuversicht wieder anpacken *(s. S. 290, 20–22). Trotz Schnitzlers ermutigendem Urteil – die Komödie würde »vielversprechend« einsetzen (s. S. 291, 3) – scheint Hofmannsthal den Plan nicht weiterzuverfolgen. Im September 1916 wendet er sich verstärkt dem 5. Kapitel der Märchenerzählung* Die Frau ohne Schatten *zu (vgl. SW XXVIII 350 ff.; BW Strauss 359 f.) und arbeitet gleichzeitig an mehreren* imaginäre⟨n⟩ Briefe⟨n⟩ *(SW XXXI 483, 17 bis 24). – Auch der summarische Brief an Hermann Bahr vom 15. Juni 1918 läßt unter den in Arbeit befindlichen bzw. zurückgelegten Komödien den* Sohn des Geisterkönigs *unerwähnt (Meister und Meisterbriefe um Hermann Bahr. Hrsg. von Joseph Gregor. Wien 1947, S. 176 f.).*

Im August 1917 erscheinen die Mädchen-Szenen in der Zeitschrift ›Donauland‹ (4 D¹) und werden 1918 noch zweimal nachgedruckt: Im Zweiten Teil *der* Rodauner Nachträge *veröffentlicht Hofmannsthal unter dem Titel* Der Sohn des Geisterkönigs / Phantasie über ein Raimund'sches Thema *(5 D²) zunächst die Auftritte 3 bis 12 des 1. Aktes (*Der Geisterkönig*) und danach die vier Mädchen-Szenen (*Eduard und die Mädchen*), ohne die Differenz zwischen beiden Teilen deutlich zu machen – daß Eduard in den* Geisterkönig*-Szenen der Sohn des Longimanus, in den Mädchen-Szenen aber der Sohn des Zephises ist. Auch in dem gegenüber 4 D¹ und 5 D² verbesserten Wiederabdruck der Mädchen-Szenen im ›Insel-Almanach auf das Jahr 1919‹ (6 D³) bleibt diese – für die Mädchen-Szenen selbst unerhebliche – Differenzierung unbeachtet. – Ein textgenetisch unbedeutender Nachdruck der Mädchen-Szenen erschien nach Hofmannsthals Tod unter dem gewiß nicht autorisierten Titel ›Eduard und die Lügnerinnen‹ am 25. Dezember 1930 im ›Neuen Wiener Tagblatt‹ (Nr. 353), überdies mit der unzutreffenden Angabe: »Aus dem bisher unveröffentlichten Nachlaß des Dichters.« – Nachdem die*

---

[3] *Herbert Steiners Datierung des Abbruchs der Arbeit am* Geisterkönig *auf 1917 (L III ⟨404⟩) läßt sich aus den vorliegenden Materialien nicht belegen.*

Longimanus-Szene (S. 108, 3–114, 3) in dem textgenetisch unergiebigen Druck 7 D⁴ publiziert worden war, erscheint die gesamte Szenenfolge Der Geisterkönig *erneut im Dezember 1922 in der Weihnachtsbeilage der ›Neuen Freien Presse‹ (8 D⁵) – in verbesserter Textfassung und mit dem Untertitel des Drucks 5 D²:* Phantasie über ein Raimund'sches Thema

1922/23 nimmt Hofmannsthal in N72 den früheren Plan noch einmal auf, diesmal als ein phant⟨astisches⟩ Schauspiel in Bildern *(S. 253, 33 f.). Daß unter der Überschrift* Der Sohn des Geisterkönigs, *die auf Hofmannsthals selbständige Version deutet, nunmehr ein* Rahmen zu den Scenen: Eduard u. die Mädchen *(S. 166, 8) gesucht wird, für die ja Raimunds Konstellation hinreichend gewesen war, zeigt abschließend noch einmal die geschilderten Schwierigkeiten an. – Nach freundlicher Auskunft von Dr. Rudolf Hirsch hat Hofmannsthals Tochter, Christiane Zimmer, von weiteren Überlieferungsträgern zum* Geisterkönig *aus dieser Zeit gesprochen; sie sind jedoch verschollen.*

Ins Jahr 1923 fällt die Publikation von Eduards Monolog *(nach dem Auftritt der Dichter Grünspan und Flederl in Szene 29) mit der Schiller-Rezitation und dem Auftritt der Hoffnung (9 D⁶). Danach scheint sich Hofmannsthal nicht mehr mit dem Werk beschäftigt zu haben.*

ÜBERLIEFERUNG

1916¹

N 1	E III 240.98ᵇ – *Gestrichene Notiz.* – 98ᵃ: *N 37.* – *Das Blatt ist Abriß von E III 240.89 (= N 59).*
N 2	H VII 11.21
N 3	E III 240.51ᵇ – *Gestrichene Notiz.* – 51ᵃ: *pag.* δ̲ *von 1 H¹.*
N 4	E III 240.46 – *Briefkopfbogen: Fritz Toepfers Hotel Prinz Friedrich Carl, Berlin.* – 46ᵇ: *Ballettentwurf* Till Eulenspiegel *(TBA Dramen VI 127).*
N 5	E III 240.90 – *Auf derselben Seite N 46.*
1 H¹	*E III 240.45, 47–70, 144–146, 148, 152 – Konvolutumschlag mit der Aufschrift*: Diamant des Geisterkönigs. Scenen der 4 Mädchen / (II Act) Geschrieben Ende Januar Anfang Februar 1916 / in Berlin. *(die Rückseite des Konvolutumschlags, E III 240.45ᵇ, hält Telephonnummern fest) sowie 29 Einzelblätter mit den vier Mädchenszenen, pag.* α, β., γ., δ., δ̲, ε, ζ, η. *(E III 240.47–54)*, α¹, β¹, γ¹, δ¹, ε¹,

---

¹ *Handschriften mit der Grundsignatur E III 240 sind Eigentum des FDH (Hs 20234).*

ζ^1, η^1 *(E III 240.55–61)*, $\alpha^2_\cdot$, $\beta^2_\cdot$, $\gamma^2_\cdot$, $\underline{\delta^2_\cdot}$, $\varepsilon^2_\cdot$, $\zeta^2_\cdot$, $\eta^2_\cdot$, $\vartheta^2_\cdot$, ι^2 *(E III 240.62–70)*, α_3, β_3, γ_3, δ_4, ε_4 *(E III 240.144–146, 148, 152). Zum Teil stark mit Tinte bearbeitete Niederschrift. Die Parallelität der Paginierung scheint Hofmannsthals Mitteilung zu bestätigen, daß diese vier Szenen innerhalb weniger Tage niedergeschrieben wurden (vgl. Brief an Beer-Hofmann vom 22. August 1917, S. 291, 19 f., und an R. Auernheimer vom 5. September 1917, S. 291, 29–31).*
Die eingefügte pag. $\underline{\delta}$ (E III 240.51) enthält die Neufassung der Szene I (Textbereich S. 63, 5 Mein *bis S. 63, 30* haben. *Vgl. S. 258, 35 bis 259, 13); auf der Rückseite von pag. $\underline{\delta}$ (E III 240.51^a) N 3; auf der Rückseite von pag η^1 (E III 240.61), als pag. δ^1 ursprünglich Teil der fortlaufenden Niederschrift, finden sich Vornotate zu den Textbereichen S. 68, 33–72, 2 und S. 72, 15 ff. (vgl. S. 260, 30 ff. und 261, 29 ff.); auf der Rückseite von γ_3 (E III 240.146): Notizen, möglicherweise zu den gleichzeitig entstandenen Molière-Bearbeitungen* Die Lästigen *und* Der Bürger als Edelmann *gehörend.*

N 6   *E III 240.108*

N 7   *E III 240.2 – Zweifach gefaltetes Blatt, von dem ein Viertel abgetrennt ist, auf welchem sich N 8 (E III 240.127) befindet. – Auf derselben Seite N 28 zu* Der Schwierige *(SW XII 233).*

N 8   *E III 240.127 – Abriß von E III 240.2 (N 7).*

N 9   *E III 240.79*

N 10   *E III 240.112 – pag. 1.*

N 11   *E III 240.109 – 109^b: Briefkopfbogen: Fritz Toepfers Hotel Prinz Friedrich Carl, Berlin.*

N 12   *E III 240.130*

N 13   *E III 240.105*

N 14   *E III 240.101 – 101^b: Brief von Katharina Kippenberg an Hofmannsthal vom 19. Januar 1916 (BW Insel-Verlag Sp. 620).*

N 15   *E III 240.102*

N 16   *E III 240.103 – Abriß von E III 240.3 (N 22).*

N 17   *E III 240.106*

N 18   *E III 240.110*

N 19   *E III 240.107*

N 20   *E III 240.104*

N 21   *E III 240.4^b – 4^a: unbeschrieben.*

N 22   *E III 240.3^b – 3^a: unbeschrieben; Abriß von E III 240.103 (N 16).*

N 23		E III 240.1^c – *Zu einem Umschlag gefaltetes Blatt; auf 1^a*: Hoffnung Notizen
N 24		E III 240.135
N 25		E III 240.17^b – *Gestrichene Notiz.* – 17^a: *pag.* 11. *von 2 H²*.
N 26		E III 240.134
N 27		E III 240.126^b – *Gestrichene Notiz.* – 126^a: *pag.* 10. *von 2 H²*.
N 28		E III 240.131 – *Untere Hälfte eines Blattes.*
N 29		E III 240.151^a – 151^b: *Briefkopfbogen: Fritz Toepfers Hotel Prinz Friedrich Carl, Berlin.*
N 30		E III 240.150 – *Abriß von E III 240.133 (N 36).*
N 31		E III 240.132^b – *Gestrichene Notiz.* – 132^a: *N 35.*
N 32		E III 240.149
N 33		E III 240.147 – *pag.* 1
N 34		E III 240.153^b – *Gestrichene Notiz.* – 153^a: *pag.* 1. *von 2 H².*
N 35		E III 240.132^a – 132^b: *N 31.*
N 36		E III 240.133 – *Abriß von E III 240.150 (N 30).*

2 H²   E III 240.116–126, 17–31, 33–43, 32, 44, 155, H III 283.8, E III 240.136–140, 115, 153–154, 156, 141–143. – Niederschrift des 1. Aktes. 52 Blätter und zwei Konvolutdeckblätter:
E III 240.116 *mit der Aufschrift:*
I. Longimanus-scenen.
(Act I. Scene 1–12.) / Text.
(Rodaun 29 IV – 7 V 1916),
sowie weiter unten auf der Seite:
Stammbuch: Wohl dir das⟨s⟩ du mit den Menschen nur gespielt, nicht sie erkannt ha⟨s⟩t: jeder wird in das verwandelt was er begreift und du wärest uns niemals zurückgekehrt.
L⟨ongimanus⟩: Das hat so was Berlinerisches!
E VIII 13.32 *mit der Aufschrift:*
I. / Scenen in Eduards Haus / Text.
Paginierungen: 1.–27, 27a *(aus 28)*, 28.–37., 39. 40., α., β., γ., δ., ε., ζ., (ηϑ)ι., κ., λ., A., B., C. – *Die 25. Szene endet auf pag.* 37. *(Text S. 133, 30), die 26. Szene beginnt auf pag.* 39. *(S. 134, 1 ff.). Eine pag.* 38 *ist nicht erhalten; da jedoch kein Text zu fehlen scheint, dürfte Hofmannsthals Paginierung irrig sein. – Dagegen sprechen zwei Umstände dafür, daß die zwischen pag.* 40. *und pag.* α. *fehlenden Szenen* 27 *und* 28 *nicht ausgeführt wurden: Zum einen scheint die Paginierung der Szene* 29 *mit griechischen Buchstaben darauf hinzu-*

deuten, daß die Szene entstand, bevor die Szenen 27 und 28 fixiert waren, so daß die Paginierung der Szenen 29 und 30 nur provisorisch erfolgen konnte. Daß es zur Niederschrift der Szenen 27 und 28 nicht mehr kam, dafür spricht zum anderen der Umstand, daß die vorhandenen Notizen diese Lücke kaum zu schließen vermögen; vor allem das für Szene 27 oder 28 zu erwartende Gespräch zwischen Eduard und Anna bleibt in den Notizen weitgehend ausgespart. Hinzu kommt, daß pag. 40. nach der Überschrift 27te Scene fast völlig leer bleibt.

Datierungen: pag. 1.: R⟨odaun⟩ 27 IV., *pag.* 5.: (28. IV), *pag.* 13.: 29 IV., *pag.* 14.: 1. V., *pag.* 17.: 2. V, *pag.* 22.: 7. V, *pag.* 26.: 9 V., *pag.* 31.: 10 V., *pag.* 39.: 11. V., *pag.* α.: 12. V., *pag.* λ.: 15. V.

Auf der Rückseite von pag. 10.: *N 27, von pag.* 11.: *N 25, von pag.* (ηϑ)ι.: *N 34.*

N 37	E III 240.98^a – 98^b: N 1. – Das Blatt ist Abriß von E III 240.89 (N 59).
N 38	E III 240.75
N 39	E III 240.76
N 40	E III 240.77
N 41	E III 240.78
N 42	E III 240.95
N 43	E III 240.97
N 44	E III 240.87
N 45	E III 240.86
N 46	E III 240.90 – *Auf derselben Seite N 5.*
N 47	E III 240.6
N 48	E III 240.16^b – *Gestrichene Notiz.* – 16^a: *pag.* 10. *von 3 H^3.*
N 49	E III 240.72^a – 72^b: *Teil einer Rechnung.*
N 50	E III 240.73
N 51	E III 240.74^a – *Gestrichene Notiz.* – 74^b: N 52.
N 52	E III 240.74^b – 74^a: N 51.
N 53	E III 240.80
N 54	E III 240.81
N 55	E III 240.94^b – 94^a: N 64.
N 56	E III 240.82 – *Abriß von E III 240.83 (N 57).*
N 57	E III 240.83 – *Abriß von E III 240.82 (N 56).*

N 58	E III 240.88
N 59	E III 240.89 – Abriß von E III 240.98 (N 1/N 37).
N 60	E III 240.91^a – 91^b: Überschrift Scene im Cabinet des Longimanus.
N 61	E III 240.92
N 62	H III 114.18^b – Gestrichene Notiz. – 18^a: gestrichene Notiz zum Vortrag in Kristiania und Notiz zu Der Emporkömmling (SW XXII).
N 63	E III 240.96
N 64	E III 240.94^a – 94^b: N 55.
N 65	E III 240.93 – Abriß von E III 240.84 (N 68).
N 66	E III 240.15^b – Gestrichene Notiz. – 15^a: pag. 9. von 3 H^3.
N 67	E III 240.99

3 H^3 E III 240.7–16 – Zehn Blätter, die den Anfang der 2. Szene des 2. Aktes bilden; pag. 1.–10. Hierzu gehört wahrscheinlich der Konvolutumschlag E III 240.71 mit der Aufschrift:
II^{ter} Act.
Scene des Zauberbaumes
Scene in Longimanus' Cabinet
Datierungen: pag. 1.: 24. (aus 23) VII. 1916., pag. 4.: 25 VII. und 26 VII ⟨1916⟩, pag. 7.: 27 VII. ⟨1916⟩, pag. 9.: 28 VII. ⟨1916⟩
Auf der Rückseite von pag. 9.: N 66, von pag. 10.: N 48.

N 68	E III 240.84 – dat. 19 VIII ⟨1916⟩ – Abriß von E III 240.93 (N 65).
N 69	E III 240.85
N 70	E III 240.113
N 71	E III 240.114

1917

4 D^1 Eduard und die Mädchen / Von Hugo v. Hofmannsthal / Phantasie über ein Raimund'sches Thema
In: Donauland. Illustrierte Monatsschrift. Begründet von Paul Siebertz und Alois Veltzé. Wien. 1. Jahrgang, Heft 6, August 1917, S. ⟨609⟩–615.

1918

5 D²   Der Sohn des Geisterkönigs /
Phantasie über ein Raimund'sches Thema
In: Hugo von Hofmannsthal: Rodauner Nachträge. Zweiter Teil.
Zürich: Amalthea Verlag 1918, S. ⟨59⟩–127.
Erster Abdruck der Szenenfolge Der Geisterkönig und leicht von
4 D¹ abweichender Zweitdruck von Eduard und die Mädchen

6 D³   Hugo von Hofmannsthal: Eduard und die Mädchen /
Phantasie über ein Raimundsches Thema
In: Insel-Almanach auf das Jahr 1919. Leipzig: Insel-Verlag ⟨1918⟩,
S. 69–92.
Gegenüber 4 D¹ und 5 D² verbesserter Druck. – Textgrundlage für
S. 61, 2–85, 9.

1921

7 D⁴   Der Geisterkönig. Aus den unveröffentlichten Phantasien
über ein Raimund'sches Thema
von Hugo von Hofmannsthal
In: Blätter des Deutschen Theaters. Herausgegeben vom Deutschen
Theater. Berlin. 8. Jahrgang, 1921/22, Heft 6 (Dezember 1921), S. 43
bis 46 (entspricht S. 108, 3–114, 3).

1922

8 D⁵   Der Geisterkönig. Phantasie über ein Raimundsches Thema
Von Hugo Hofmannsthal
In: Neue Freie Presse. Wien. Nr. 20940, 24. Dezember 1922, Weihnachtsbeilage, S. 31–33.
Gegenüber 5 D² verbesserter Druck. – Textgrundlage für S. 108, 3 bis
121, 10. Nach Zeile 121, 10 heißt es im Druck: Schluß des Fragmentes.

1922/23

N 72   Privatbesitz. – Zwei Einzelblätter in einem Konvolutumschlag mit
der Aufschrift:
Der Sohn des Geisterkönigs
Neueres 1922/23
Neue Motive (zu einem phant⟨astischen⟩ Schauspiel in Bildern)

1923

9 D⁶   Hugo von Hofmannsthal / Der Verarmte
In: Kunst und Volk. Eine Festgabe der Kunststelle zur 1000. Theateraufführung. Wien: Verlag Leopold Heidrich 1923, S. 92–94 und 97. – Textgrundlage für S. 141, 3–145, 12.
Dem Abdruck der Szene war folgende Einleitung vorangestellt:
Eduard, in Wahrheit der Sohn des Geisterkönigs, ist aufgewachsen im Hause seines vermeintlichen Vaters Zephises, eines reichen Privatiers; bei dessen Tode ergibt sich, daß das Vermögen nicht mehr vorhanden und Eduard kein reicher Erbe, sondern ein Bettler ist. Seine sogenannten Freunde verlassen ihn, seine Geliebte – Valerie – schreibt ihm einen Absagebrief.
Dieser Text ist handschriftlich überliefert auf Blatt E III 240.129ᵃ (129ᵇ: N 95 zu Der Unbestechliche; SW XIII 188). Titel: Der Verarmte (Aus den Phantasieen über ein Raimundsches Thema) *– Varianten: 254,7f.* ist aufgewachsen *aus* lebte; *254,9f.* das Vermögen] der Reichthum; *254,12* schreibt] schickt

Weitere Konvolutumschläge:

E III 233.106ᵃ: Diamant / [Erster Act]: Eduards Haus. / Scene mit Grünspan.

E III 240.128: Der Sohn des Geisterkönigs / nach F. Raimund.

E III 240.100: Scenen in Eduards Haus.

E III 240.5: Der Geisterprinz
II. / Scene im Cabinet des Longimanus

E III 240.111: III^{ter} Act. / Scenen: im Haus / im Wald. / vor dem Vorhang

E III 236.120ᵃ: Sohn des Geisterkönigs und Silvia *– Auf derselben Seite N 216 zu* Silvia im »Stern« *(SW XX 222, 30–37); 120ᵇ: obere Hälfte eines Briefes des Amalthea-Verlages an Hofmannsthal vom 19. Juni 1918. Vgl. auch SW XX 116, 33–117, 4.*

Zur Textkonstituierung:

Der Sohn des Geisterkönigs *ist kein reines Nachlaßwerk, sondern in Teilen schon von Hofmannsthal selbst publiziert worden. Da in der vorliegenden Edition die Textteile in ihrem Zusammenhang geboten werden sollen, und zwar in der Gestalt, die sie beim*

Abschluß des genetischen Prozesses erreicht hatten (s. die Editionsprinzipien S. 324, 3 f.), zugleich die Anordnung der Abschnitte die entstehungsgeschichtliche Abfolge zu wahren hatte, mußte in Kauf genommen werden, daß bei Lebzeiten gedruckte Partien durch solche aus dem Nachlaß unterbrochen werden.

Eine absolute Chronologie der Notizen konnte nicht erreicht werden, da nur eine einzige Notiz (N 68) datiert ist. Die vorgenommene Anordnung der Notizen stützt sich deshalb weitgehend auf inhaltliche Kriterien. Dabei wurde generell so verfahren, daß Notizen mit allgemeinerem Charakter früher eingestuft wurden als solche mit schon ansatzweise ausgeführtem Dialog. Weitere Hinweise für die (relative) Chronologie der Notizen gaben die Verwendung der Namen (z. B. heißt der zunächst anonyme Dichter *erst* Altenberg, *später* Grünspan*), die Differenzierung zwischen gröberer und feiner Szeneneinteilung (so wird z. B. die unter der Überschrift* I. B. *stehende Notiz N 12 vor die eine genauere Disposition voraussetzende Notiz N 35 mit der Überschrift* IX Scene. *gestellt), in einzelnen Fällen auch die verwendete Papiersorte oder die von Hofmannsthal vorgenommene Trennung ursprünglich zusammenhängender Blatthälften.*

Im einzelnen setzt sich der Text (S. 57, 2–166, 22) folgendermaßen zusammen:

Vorangestellt sind die Notizen N 2, N 4 und N 5, die – wie die gestrichenen Notizen N 1 und N 3 (s. S. 256, 23–257, 18) – vor bzw. im Zuge der Niederschrift von 1 H¹ entstanden sind, also im Januar, spätestens Anfang Februar 1916 (S. 57).

Der zusammenhängende Text Eduard und die Mädchen *wird so weit nach der auf Februar 1916 datierbaren Niederschrift 1 H¹ wiedergegeben, wie Hofmannsthal ihn nicht selbst veröffentlicht hat (S. 58, 2–60, 7); die vier Mädchen-Szenen dagegen hat Hofmannsthal sogar mehrfach drucken lassen (4 D¹, 5 D², 6 D³), wobei der letzte Druck (6 D³) als der zuverlässigste gelten kann und daher als Textgrundlage (für S. 61, 2–85, 9) gewählt wurde.*

Emendiert wurde: 68, 17 daß] das *(nach 1 H¹ und 5 D²).*

Die Texte der zweiten Bearbeitungsphase (S. 86 ff.) greifen auf von Hofmannsthal veranlaßte Drucke zurück, soweit solche vorhanden sind; dazwischen werden die nur handschriftlich überlieferten Textteile plaziert. Das Kapitel ›Varianten‹ bietet ausgewählte Außen- bzw. Binnenvarianten der übrigen Überlieferungsträger. – Der Text setzt sich folgendermaßen zusammen:

N 6 – N 36 (S. 86, 1–99, 15): Der Niederschrift 2 H², Ende April 1916 begonnen, sind diejenigen Notizen vorangestellt, die aufgrund ihrer Überlieferung bzw. ihres Inhaltes – ihrer Verwendung in 2 H² – in den Zeitraum v o r Ende April datiert werden können. – Es ist nicht auszuschließen, daß einzelne dieser Notizen zeitgleich mit N 1–N 5 oder 1 H¹ entstanden sind.

Erster Akt:

1. und 2. Szene (S. 100, 4–107, 24): Sie folgen der Handschrift 2 H², da von Hofmannsthal selbst nicht in Druck gegeben. Die Niederschrift ist auf den 27 und 28. IV ⟨1916⟩ datiert.

3. bis 12. Szene (S. 108, 3–121, 10): Textgrundlage der Szenenfolge ist der Druck 8 D⁵. – Emendiert wurden: 110, 23 Herbst,] Herbst *111, 10* auf] auf, *115, 19* nix«,] nix,«
13. bis 29. Szene (S. 122, 3–140, 36): Sie folgen wieder der Niederschrift 2 H², die zwischen dem 9. und 15. Mai 1916 erfolgte, jedoch lückenhaft ist (vgl. S. 250, 36–251, 9).
30. Szene (S. 141, 3–145, 12): Hofmannsthal hat diese Scene der Hoffnung *(S. 97, 22) 1923 publiziert (9 D⁶); dieser Druck ist Textgrundlage.*

Zweiter und dritter Akt:

N 37 – N 67 (S. 146, 2–156, 10): Diese weitgehend den – nur teilweise ausgeführten – 2. Akt vorbereitenden Notizen sind vermutlich vor Ende Juli 1916 entstanden (am 24. Juli beginnt Hofmannsthal mit der Niederschrift der Szene der Not, dem zweiten Teil des 2. Aktes; vorausgehen sollte, als Beginn des 2. Aktes, die Szene mit dem Zauberbaum), doch ergeben sich hier kaum Vergleichsmöglichkeiten zwischen Notizen und ausgeführtem Text, da nur ein kleiner Teil (3 H³) niedergeschrieben wurde. – Es ist nicht auszuschließen, daß einige dieser Notizen schon vor dem April 1916 entstanden sind.
Aus dem zweiten Teil des 2. Aktes (S. 157, 2–164, 31): Die zwischen dem 24. und 28. Juli 1916 in Aussee fixierten Szenen im Cabinet des Longimanus *(mit den Begegnungen mit der Not und mit Eduard) sind nur handschriftlich überliefert (3 H³).*
N 68 – N 72 (S. 165 f.): Dafür, daß diese Notizen der Schlußphase der Arbeit an dem Stück zuzuordnen sind, spricht in einem Fall (N 68) die Datierung Hofmannsthals, in den anderen Fällen die Tatsache, daß sie noch ganz unausgearbeitete Partien des Stückes betreffen.

VARIANTEN

N 1

Die vier Mädchen.
Netti – Malvine – Theres – Modestina
Jede gebracht von allegorischen Figuren mit *(1)* Walzer *(2)* Langaus | v⟨on⟩ Lanner .. v⟨on⟩ Strauss Sohn

Die Notiz ist gestrichen.

N 3

Die Stadt der Sitte [und der]

Marktplatz. Volksmenge im Halbzirkel. Erwartet den Herrscher der ein öffentliches Gericht abhalten wird. Chor: – Veritatius tritt auf: verkündet seine Weltanschauung (cant) [Seine Wendungen: Man lächle – man verstehe ihn auch nicht – man ärgere sich mit mir] Aladin: meldet die beiden Fremden von denen und deren Reichtum schon Kunde hierhergedrungen. König:

heisst sie vortreten. Eduard, führt sich ein. (Nicht eigener Wille sondern das Schicksal führt mich hierher) Florian, schon im Auftreten ängstlich: der sagt alleweil, wir sein die Fremden – aber wir sein ja nicht die Fremden, sondern hier is sehr fremd. (will mehrmals anfangen zu singen) Werd ich denn hier sterben müssen – Soll ich nicht die schöne Gegend – drauss bei Währing wiedersehen – nimmer mehr am heitern Ufer – beim Kanal spazierengehen? Und meine Mariandel – die wird zuhaus fragen u. s. f. (S. 29)
V⟨eritatius⟩ Das ist ein spassiger Mensch, ich muss über ihn lachen. Man lache auch ein wenig über ihn. Und nun zur Sache. Ich habe gehört dass du ein Mädchen suchest welches – Ich weiss nicht was mich antreibt so grossmütig zu sein – ich habe selbst eine Tochter: es könnte sein dass ich sie vor dich treten liesse – Florian bezeigt Angst.
Eduard: Lass ein einfaches Kind deines Volkes vor mich treten
Florian: Ja eine Greisslerische. Ich hab einen Greissler gekannt am Eck von der Neustiftgassen das war der aufrichtigste Mensch von der Welt.
V⟨eritatius⟩ Ich verstehe dich nicht. Man verstehe ihn auch nicht.
E⟨duard⟩ Ich erneuere meine Bitte.
Die Bevölkerung zieht sich in die Häuser zurück.

Die Notiz ist gestrichen.

1 H¹

58, 12   das is ein Wortverdreher! *aus (1)* er redet sehr schiach zu uns *(2)* das is ein Schwindler.

58, 27   hervor … Frack *aus* herauf in einem bunten Schlafrock

59, 17   fremd. *danach, gestrichen:* Sehr altertümlich riecht er.

59, 25   ein Haus *aus (1)* ein anderes Haus *(2)* die dumpfe Wohnung

61, 2–85, 9: Textgrundlage der Szenenfolge Eduard und die Mädchen *ist der im Insel-Almanach auf das Jahr 1919 erschienene, von der Handschrift 1 H¹ geringfügig abweichende Druck 6 D³ (vgl. S. 253, 8–13). Hierauf beziehen sich die folgenden Varianten von 1 H¹.*

61, 2–20:   *fehlt.*

61, 26   Kohl, *danach:* nach Weinberln,

61, 26   Greisler *ü. d. Z.:* hautain Victualienkrämer

62,13	ausgangen *danach:* ich sag aber noch dem Vatter – Vatter sag ich von dem feinen Briefpapier müssen die Couvert nachbestellt werden –
62,14	um. *danach:* man müsst halt bereits an zwei Stellen zugleich sein
62,26	Ochsen *danach:* wegen der Trockenheit
62,29:	*danach, gestrichen:* Kaufen Sie was.
63,6	Schreit hinaus] am Fenster
63,7	frischen, *danach:* hochdeutsch
63,8–10	Das .. Glastür] verliebte Leut schreiben Brief, ich hab keine Zeit zum Verliebtsein – *A. l. R.:* ein⟨em⟩ Mann ein Brief schreiben is a Falschheit. a nein – das passt nicht für unsereins horcht
63,15	Schließt die Tür.] Klingel draussen
63,15–28	Und … Mund.] Ah, ja gfallen hat mir schon manchmal ein Mann, das will ich gar nicht ableugn⟨en⟩, aber das is halt so bei mir – langsamer wenn mir einer gfallt, dann lass ich mirs partout nicht merken – Dann wissen Sie [im Gegenteil] das was einem Mann an uns gfallen könnt, das haben wir Frauen schnell heraus – und statt dass ich aber dann, wie eine andere, nur das vor mir herzeigen tät was ich ihm an die Augen ables, dass er sehen und hören möcht – so tu ich grad das Verkehrte. Und wenn ich ihn irr gemacht hab und er wäre ein so liebenswürdiges Mannsbild, dass er auch dann noch keine abstossende Seite herzeigt, – und ich will nicht leugnen, es gibt auch so liebenswürdige Männer – dann denk ich mir aus, wie er mit einer andern sein könnt – wenn sie recht unangenehm oder schielend wäre, aber reich – oder eine böse Sieben, aber leidlich sauber und er wär mit ihr allein wo per Zufall, wo keine Laterne steht – da spiel ich mir ein Theater vor und dazwischen fliegt die Arbeit hin, da notier ich Erdapfelsäck auf oder Florian ist sehr interessiert ich wieg Zimt ab, und auf einmal is der Galan dahin und ich bin wieder ganz frei. *(1)* Oder vielleicht is der Richtige noch nicht dagewesen. *(2)* Ich bin halt nicht die Richtige für so was | Pause
63,29	so … weg *fehlt.*

63,5–30 Mein … haben. *Die ursprüngliche Fassung dieser Rede wurde von Hofmannsthal durch eine zweite Fassung ersetzt, die auf dem eingeschobenen Blatt E III 240.51 (pag. δ) in Reinschrift (mit späteren Korrekturen) notiert wurde (vgl. S. 249, 8 f.). Die wichtigsten Varianten der zweiten Fassung sind:*

63, 6–8	Schreit … Tür.] läuft hinüber schneidet von einem Kranz ab für Sie – Fräulein Netti, weil sie's sind! Klingel
63, 10	An der Glastür] am Fenster
63, 18	nicht] nit
63, 23	wird, *danach:* das is ein zu glitschiger Tanzboden –
63, 24	Lacht treuherzig] schüttelt sich
63, 26	eins, *danach:* ein Kuss in Ehren darf niemand verwehren lacht treuherzig
63, 28	Warum … alles?] Ja ich weiss gar nit warum ich Ihnen das alles erzähl –
63, 29	so … weg] von dieser Sache
64, 9	Viecherl *danach:* schauns wie er pledert u sein Nürscherl umschmeisst!
64, 27:	*danach:* FLORIAN freut sich holt etwas aus der Tasche Melodie leise: Reich mir die Hand mein Leben!
	MALI
	Ja hat denn der Herr eine Spieluhr in der Taschen
	FLOR⟨IAN⟩
	Ah da is mir ein Blattl vom singen⟨den⟩ Baum in der Taschen blieben … wirfts weg; Melodie reisst ab
64, 28:	*danach, gestrichen bzw. zur Streichung eingeklammert: Vornotat für 64, 29 bis 65, 20.*
65, 17:	*danach:* [Stellst du mich] so selber auf die Probe, Geisterkönig? (Soll ich deinem Barometer mehr trauen als allen meinen Sinnen?)
65, 19	ein … verstohlen *fehlt.*
65, 35:	*fehlt.*
66, 2:	*davor:* (1) Laura (2) Malvine	am Clavier. spielt, singt, bricht ab. blättert. läuft an den Spiegel die Stimme der Mutter, antwortet,

läuft ab, zornig. Die Schwester soll nicht herein. Florian u. Eduard. Fl⟨orian⟩ ängstlich. Eduard sieht die aufgeschlagenen Noten. Florian seitwärts. Malvine zurück
(Später: das Ergreifen der Hand wird unter Lachen abgewehrt – dann Übergang zum Ernst bis zu Thränen)
A. r. R.: Eduard: süsse Reinheit im Lachen und Weinen – Kann in einer solchen Seele die Lüge wohnen!
Florian: Denken Sie an einen gewissen Baum! – reden Sie nichts auf mich!

66, 2	Zimmer … Hofratswohnung. *fehlt.*
66, 12	schaut … Füße] wie ein Falk auf ihre Füsse niederstossend
66, 25	Putzgredl diebische. *aus* wer sich fremde Sachen aneignet der is ein Dieb!
67, 17	schlampige *aus* Schmutzgredl schlampige!
67, 32:	*danach, gestrichen:* BETTI Contrār: sie mir ein gutes Beispiel
68, 14:	*danach, gestrichen:*
	MALVINE
	Das soll heissen – dass sie das Herzbinkerl is und ich – die ältere Tochter
	BETTI
	Da is ein frischer Caféfleck im Jean Paul!
68, 16	ist *danach, eingeklammert:* die nicht in jedem Elternhaus geübt wird –
68, 17	daß *danach, gestrichen:* eine Hofratstochter Ursache
68, 25:	*fehlt.*
68, 31	Haare, *danach:* freut sich über die Perlen.
68, 33	Gesicht, *danach:* Horcht.

Zum Textbereich 68, 33–72, 2 findet sich auf der Rückseite von pag. η¹ *(E III 240.61; vgl. S. 249, 10–13) folgendes (gestrichenes) Vornotat:*

Flor⟨ian⟩ riechend. Tür öffnend Malvine: als hörte sie nicht. E⟨duard⟩ u F⟨lorian⟩ treten ein. Malvine: masslos erschrocken. Malvine: Nein – nein – mich darf niemand belauschen – Eduard: was war es – Schiller – o singen

sie – M⟨alvine⟩ ziert sich. E⟨duard⟩ führt sie hin. Florian schlecht, gleich wieder besser. E⟨duard⟩ entzückt. Welche Reinheit der Seele wohnt in dieser Stimme!
E⟨duard⟩ Liebliches Mädchen ich weiss deinen Namen nicht – lass mich dich Laura nennen – Malvine (hold erschreckend) Laura – E⟨duard⟩ am Clavier – M⟨alvine⟩ Entzückung – E⟨duard⟩ erreicht das Buch – Jean Paul – Titan – Liane – alle Himmlischen hier vereinigt – ein Tempel dies Haus! M⟨alvine⟩ Einsames Herz unverstanden – E⟨duard⟩ o wie müssen deine Tage sein – Aeolsharfe – im Spiel der Luft –
M⟨alvine⟩ zwischen Tag u. Nacht:
E⟨duard⟩ Deine Hand: Sie ziert sich (Florian ist sehr auf ihrer Seite)
E⟨duard⟩ Liebe stürmt fort zu erkennen …

69, 1f.   , scheinbar … hätte] : Des Mädchens Klage.

69, 2f.   Plötzlich … Erschrecken.] Malvine springt auf: masslos erschrocken!

69, 7   Sie … ja] Ich spiele nicht wenn ein fremder Herr mir zuhört! Da müsst ich

69, 34   einer solchen Seele *ü. d. Z., gestrichen:* dieser Stimme

70, 2   Reden *davor:* Denken's an einen gewissen Baum

70, 24   sieht … an. *fehlt.*

70, 25   Der *davor, gestrichen:* Die Farben des Regenbogens.

70, 31   himmlischen Geister] Himmlischen hinter Rosenbüschen

71, 11–28:   Vater Mutter Kirchgang Schwester

72, 2:   *danach, gestrichen:* Wie stehts mit Dir Florian? *u. d. Z., gestrichen:* sie taucht lotrecht ins Meer und

72, 4   Junger … Einsehen. *aus* Er is ganz aus'm Häusel

72, 9:   *danach:* die Hand ganz oben

Zum Textbereich 72, 15 ff. findet sich auf der Rückseite von pag. η¹ (E III 240.61; vgl. S. 249, 10–13) folgendes Vornotat:

o Geisterkönig was für ein Lehrmeister bist du!
E⟨duard⟩: [Ich sehe Sie wieder]
F⟨lorian⟩ beschreibt sein Leiden. Nach Gastein –
Schluss: mit dem Spiegel – sie tanzt vor dem Spiegel verändert den Ausschnitt.

M⟨alwine⟩ zu Bettin⟨a⟩: Bin so gut wie Braut: er ist weg mit einem Blick – einem Blick –

72, 26:	*danach, gestrichen:* event⟨uell⟩ Schluss
73, 2	Malwin] du goldenes Malvinerl!
73, 23:	*danach Einweisungszeichen für weiteren Text, dazu a. l. R.:* über das Gespräch
73, 25	Kaschmirschal *aus* Mantel
74, 6–81, 13:	*in 1 H¹ heißt* Clotilde *noch* Elmire
74, 15	Bin ich begriffen? *aus* Capiert?
74, 30	hat *danach:* – Ein curioses Geschenk!
74, 31	vertuschen *danach, eingeklammert:* es soll da einen sehr unangen⟨ehmen⟩ Auftritt gegeben haben.
74, 33	auf der Welt *fehlt.*
75, 12	ein Hasardspieler *aus* eine Spielernatur
75, 15	stumpfsinnigen, stupiden Ausdauer *ü. d. Z.:* einer niedertr⟨ächtigen⟩
75, 17	Hörweite. *danach, gestrichen:* das heisst weit genug dass du nicht hörst was hier geredet wird aber nah genug um
75, 19 f.	Sie … nieder.] Sie steht jäh auf.
75, 20	ist. *danach, gestrichen:* instinctloses Gesindel!
75, 21 f.	auf … Hunden. *aus* der Jäger von seinen Vorstehunden.
75, 23	Moment] Augenblick
75, 24	Blick *aus* halbverschleierter Aufblick
75, 24	Parfüm.] Parfum – die Schattierung der Vertraulichkeit –
75, 26	Apparat *danach, eingeklammert:* sie hat ihren Unterton – ich vermag ihn in der Stimme dessen zu hören der mit mir redet
75, 34	Spitz *davor, gestrichen:* Sei wo immer aber

DER SOHN DES GEISTERKÖNIGS 263

76,4:	*fehlt.*
76,11:	*danach, eingeklammert:* ihn zu verlieren
76,26	Augen eines *davor, gestrichen:* arglosen
76,27:	*danach, gestrichen:* macht ihr Haar blitzschnell halb auf
77,14	mich *danach, gestrichen:* die Meisen und die Spechte, aber
77,17	Gewohnheit *danach, eingeklammert:* und um über die Schwierigkeiten des Anfangs hinweg zu kommen
	[ELMIRE Aller Anfang ist leicht.] sagt der Pater. Schweigen.
77,19	da. *danach:* Man muss nicht sprechen.
77,20	denken *danach:* das wäre ein Wald
77,27:	*danach:* Weil er alleweil in dem Schiller seinem Traumbüchel glesen hat.
77,29	seine *danach, gestrichen: (1)* alten *(2)* nicht mehr ganz jungen
77,32:	*danach, gestrichen:*
	ELMIRE sieht Florian an u. lacht Er soll bei uns bleiben. Steht auf streichelt Florians Kopf
	EDUARD fast unhörbar Sprich von dir!
	ELMIRE scheinbar ohne E⟨duard⟩'s Worte gehört zu haben Er soll bei uns bleiben, der da. Er hat ein gutes aufrichtiges Gesicht. Ich will Tiere um mich haben oder gute aufrichtige Menschen – er soll da bleiben.
	EDUARD sehr leise Und ich?
	ELIMIRE geht auf und ab, die Hände auf dem Rücken wie wenn sie allein wäre:
	263,22–27: a.r.R.: Eduard: Sie wissen nicht wer ich bin Sie sprechen zu mir so ⟨wie⟩ zum Arbeiter
78,5	in … Wasser] sich dann herumwälzen
78,11:	*danach, gestrichen, Vornotat zu S. 78, 13–19.*

	VARIANTEN UND ERLÄUTERUNGEN
78,19	Hören ... Schweigen. *fehlt.*
78,22	Haben ... Verstand? *davor:* EDUARD
78,23	Rasse *aus* Instinct
79,5:	*danach:* was mach ich derweil mit dem Mariandel!
79,21f.	mehr ... Graf, was] weniger als ein Bettler, vielleicht noch mehr als ein wirklicher Graf. Was
79,23	Blick *danach, gestrichen:* mit der gleichen Wahrheit
79,29:	*danach, gestrichen, Vornotat zum folgenden.*
79,30	trällert] träumt *a.r.R.:* (Zaubermantel Ach wärs nur!)
80,3	mich *danach:* mein Pferd versteht mich, die Bäume verstehn mich
80,14	Das *davor, gestrichen:* Fremder Mensch
81,11	führend *danach:* ELMIRE Dumme Creatur, von einem Vorstehhund ist man besser bedient als von Euresgleichen! ⟨EDUARD⟩
81,17	Damen. *danach, eingeklammert:* Candierte Früchte in Glasglocken auf Guéridons.
81,26	fürchten? *danach:* ALADIN Er hat der Prinzessin einen winzigen Zweig [scheinbar den natürlichen Zweig eines Baumes] ins Haus geschickt der die Arie der [berühm⟨ten⟩] Spini singt. [Er ist montiert in ein kleines Gefäss aus Gold, besetzt mit Smaragden] Der Hofjuwelier schätzt ein Kunstwerk ⌈das in keiner Kunstkammer eines europäischen Souveräns zu finden ist⌋ dieser Art dessen Mechanismus er auch nicht erklären kann samt der Fassung und Smaragden auf ein halbe Million. VERITATIUS nickt befriedigt vor sich
81,31	Staatsrede *aus* liberalisierender Thronrede

81, 33		leichte … Andeutung *aus (1)* conversationelle Ouverture *(2)* leichte confidentielle Ouverture
81, 34 f.		durch … wird] man durch eine veränderte Haltung eventuell desavouiert ohne sie dementieren zu müssen –
82, 1		die … Leichtigkeit] das berühmte Doigté
82, 9		Hagelstange *aus* Puchelwitz
82, 12		Festigkeit des Charakters] fermeté de caractère
82, 24		Antworten –] Boutaden –
83, 5		nichts. *danach:* Guten Tag, guten Tag. winkt ihm mit der Hand Sie haben meiner Tochter ein Andenken an die Spini überbracht – charmant – (sie waren selbst mit ihr liiert charmant – eine wundervolle Person, sie müssen mir von ihr erzählen. Ich rechne Abenteuer dieser Art zu der Erziehung eines jungen Mannes.

EDUARD
Um Verzeihung Die Spini, wie Eure Majestät sich zu erinnern die Gnade haben werden, ist sozusagen gestorben, da dürfte ich ungefähr vier Jahr alt gewesen sein – nur als Baum lebt sie fort)

VERITATIUS
Charmant – die diva als Baum. Ich habe von ihr gesagt: sie ist gezwungen, jede Arie [ihr ganzes Repertoire] vom Blatt zu singen. nein ich will ihnen nicht ein altes bonmot wiederholen, da ich ihnen etwas Schöneres zu enthüllen habe das gleichfalls meinem Kopf entsprungen ist.

83, 16	Ihre *davor, gestrichen:* Es gibt eine, und sie sind ihr Sendbote.
83, 27	usw.] und Handlungsbeflissenen
83, 32 f.	Dank sei Gott] grâce a Dieu
84, 5	Stille] Sensation
84, 10	sie … Rede *fehlt.*
84, 11	gehorchen – *danach:* Musik
84, 24 f.	vor … zurück. *fehlt.*

84,27	Keinen Eifer.] Pas de zèle. [Es ist nichts vorgefallen.]
84,31	gesunde Vernunft –] bon sens
85,7	Beschwerde] corvée
85,7	nur ein fremdes] nur ein fremdes
85,8	ab … Begleitung.] , unter Vorantritt.

N 7

86,22:	*danach, gestrichen:* zerreibt mich

N 10

87,19:	*danach, gestrichen:* Phantastische Landschaft. Palmenwald.

N 11

87,26:	*davor, gestrichen:* Barb⟨ara⟩
88,13	Mariandel *aus* Mali

N 12

88,30	Anna *davor, gestrichen:* Anna kommt hereingeschlichen *danach, gestrichen:* oder
88,33–35:	*Einschub.*
89,3	Kammer *aus* Dachkammer

N 13

89,18	an ihrem Tisch *aus* durch sie
89,24:	*Einschub.*
89,26f.:	*Einschub.*
89,28–90,2:	*Einschub a. r. R.:* Ihre perfide Liebenswürdigkeit. Ein junger Mann ist nicht liebenswürdig. ihre scheinheilige Jugendlichkeit, ihre infame Zurückhaltung: Sie haben sich die Mühe gegeben als Sohn des Herrn Zephises auf die Welt zu kommen Wären Sie wenigstens ein Roué – Sie sind es nicht. Valerie hat mir von ihnen erzählt. Ich glaube ihnen ihre Schüchternheit nicht. Sie haben sich in mein Vertrauen geschlichen. Wer bin ich Herr! Ihre anmassende Hochschätzung beleidigt mich. Was ist denn so elegant an Ihnen!

	Eduard: (Nach seinem Abgang) Er lässt ein Loch zurück in das ich hineinstürze Vater! Mutter! Die Manen legen sich so auf mich!
89,33	Grünspan *aus* Altenberg

N 14

90,6	Lindor *aus* Lothario
90,7:	*danach, gestrichen:* Sorge: Er hat seine Mutter nie gekannt. Ich rufe ihn: Edi – Eduard und er meint die Stimme seiner Mutter zu hören.

N 16

90,17	abscheuliche *ü. d. Z.:* jesuitische

N 21

92,20	Zufall *davor, gestrichen:* Mein Bruder der Zufall

N 24

93,32	Sommer *aus* Winter
94,2	die *aus* wir
94,6–9	Träume … an – – – – *Nachtrag.*

N 25

Antichambre:

Jetzt ist wieder Frühling. Da kriegt er seine alten Velleitäten.

Keine Anspielung darf man machen.

Er behandelt uns als sein Haustheater.

Zauberer: Sein Grimm: nur durch Verwandlungen u Entrückungen kann er sich ihnen fühlbar machen, durch geistige Gewalt im ganzen Lebensbereich. *(1)* Frau *(2)* eine Fee | : aber er spürt sie dabei nicht. Der Arme! Zauberer: Sie verlieren gewöhnlich ihr Herz.

II^te Scene:
Frag du den P⟨amphilius⟩ wie denn das war! wie denn das war! und wie das jetzt ist
nämlich das mit der Strafe? mit der Verwandlung. Am letzten Tag. Und dann wäre halt noch was. Ob – ja – ob – Buberl
Zerbinetta: Und jetzt!

1ter Zauberer: Ja wissen Sie denn so wenig von dem Amt zu dem sie selbst gehören. Sind wir nicht seine Diener seine Organe, die Vollstrecker seiner Launen. Kann denn ein Sperling vom Dach fallen ohne dass er es gewollt oder zugelassen hätte.
Zerbinetta: Aber er spürt nix dabei! Der Arme! Ich kann mich da so hineindenken.
Z⟨auberer⟩: Ich nicht. Was wollen Sie überhaupt! (Philister)

Die Notiz ist gestrichen.

N 26

| 94, 17 f. | es … dass *a. r. R.:* Winter: |
| 94, 19 | Grablaterne *aus (1)* Tod *(2)* Laterne des |

N 27

über Plutus

Longimanus: Er wird mir wieder vorreden, dass er alles ist – dass sogar die Menschen, ja die Länder sein Werk sind – das kann ich nicht ausstehen dass er an die Menschen gar nix eigenes lassen will

Es is sehr was gutes gegen ihn geschrieben worden: Eigenthum ist Diebstahl
Pamphilius: Er sagt die gegen ihn wettern, sind erst recht von ihm besessen

Die Notiz ist gestrichen.

N 31

(1) III^te *(2)* IV^te | Scene
die Jahreszeiten! was da die Menschen hinein schütten –
Mild gegen die Lüge – wofern man nur lebt.
    Mir heissen im Herbst
    mit mir is gut sein
    den Kindern an Apfel
    m Vater an Wein?
A. r. R.: Aber Onkerl was hat er denn davon wenn er nix spürt

Die Notiz ist gestrichen.

N 32

96, 15	Dicke *aus ungestrichen* Starke
96, 15:	*a. l. R.:* II (Schwechater Michl) (Diegelmann)
96, 20:	*a. l. R.:* Die Tant

96,23:	*a.l.R.:* I
96,29:	*a.l.R.:* III Der Baron
96,33	ihrer mehrere *ü.d.Z.:* zwei Doppelgänger
97,4f.	Wenn … wüssten *Einschub.*
97,9	Gauner *u.d.Z.:* Dicker

N 34

Scene. XIII u. s. f.

rückwärts drei Fenster.

Florian allein. Monolog. Mariandel kommt gestürzt: sie kommen jetzt auch hier herein! Die Räuberbande! Bild wird durchgetragen, Luster von links nach rechts. 1te Gerichtsdienerscene. Friseur herein. allein. Scene der Netterl und der Marianne. Netterl u der Friseur. 2te Gerichtsdienerscene: die Bibliothek. Eduard u. die Diener. Scene der Freunde. Scene der Hoffnung. Vergebliches Suchen. Netterl. Abfahrt.

kein Brief von Valerie: Sie soll abgereist sein. –

Mar⟨ianne⟩ Da sinds: die Räuber
Flor⟨ian⟩ Ja ich seh die Herren schon.

Abschied Eduards: Florian's Antwort: Ja ja wir sehen ja ein – aber wir wollen nicht.

Marianne (versteht, gibt sich drein)

Die Notiz ist gestrichen.

N 36

98,22f.	wie … unterhalten. *Einschub.*
98,27f.	die Jahreszeiten … Stund! *Einschub.*
98,31:	*Einschub.*
98,32f.	es … an *Einschub.*

⟨*Erster Akt*⟩

2 H²

100,4:	*a.l.R.:* R⟨odaun⟩ 27 IV. ⟨1916⟩
100,11f.:	*aus* An uns selber uns zu freuen brauchen wir des Königs Gunst

100,19:	*aus ungestrichen* ANDERER
101,3	März und April *ü.d.Z., gestrichen:* Lenz
101,4f.	die Gestirne ... verbieten *aus* er nicht kann
101,13	jemand ... Verbindungen *aus* ich
101,23	dort unten *aus (1)* menschliche Angelegenheiten *(2)* seine Abenteuer bei den Menschen
101,23f.	die Menschheit regieren *aus* sozusagen menschliche Eigenschaften sind
101,35:	*davor, im oberen Drittel des Blattes, gestrichener Beginn der 2. Szene.*
102,1	ZERBINETTA *ü.d.Z.:* Colombine
102,9	Liebschaft *aus* aventure
102,18	Privatier *aus* Zimmermeister
102,30:	*danach, u.d.Z.:* aber schon alle?
102,32	Mann *danach, gestrichen:* in den besten Jahren
104,4	der ... Laune *aus* seiner Melancholie
104,18	müssen *ü.d.Z.:* hören
104,18–23:	*durch Schweifklammer a.l.R. verbunden.*
104,18	da ... angezeigteste! *aus* warum nicht pantomimen
104,21:	*a.l.R.:* (28. IV) ⟨1916⟩
105,2	Africanische Insel *aus* wüste Insel in Africa
105,16:	*davor, gestrichen:* Und kann etwas was hör ich mit dieser interessanten Person zusammenhängt
105,22	einem *danach, gestrichen:* ungeboren⟨en⟩
105,26	Waise *danach, gestrichen:* in der Wiege
105,28	aus *wohl versehentlich gestrichen.*
106,22f.:	*aus* Du meinst, dass er, hör ich, das alles einmal hat spüren müssen.

107, 6	Ranges. *danach, gestrichen:* Kann wofern nur jeder von uns seine Pflicht tut, ein Sperling vom Dach fallen ohne daß er es gewollt oder zugelassen hätte!

108, 3–121, 10: Textgrundlage der Szenen 3 bis 12 ist der in der Weihnachtsbeilage 1922 der ›Neuen Freien Presse‹ erschienene Druck 8 D¹ (vgl. S. 253, 22–25). Darauf beziehen sich die folgenden Varianten von 2 H².

108, 3:	*davor:* IIIte Scene.
108, 14:	*danach:* PAMPHILIUS überreicht Schriften
108, 20 f.	die … liegen *fehlt.*
108, 22 f.	Veränderung *aus* Beförderung
108, 23 f.	lumpig … auch] mies is sind sie
108, 31	nimmt … heraus. *aus* behandelt sie zu sehr von oben herab.
109, 2	Die … sind *aus* Die Weisheit ist
109, 4	Eibenschitzer Spargel *aus* man gemeinen Spargel züchtet.
109, 6:	*davor:* Der Kerl wird von Jahr zu Jahr hochmütiger.
109, 18	Plutus? *danach:* Ich kann den Kerl nicht sehn und hören schon gar nit.
109, 24	zuckt … sagt *aus* sagt aber
109, 26	hält … Hand *aus* wirft die Bittschriften zur Erde
109, 33	zurückgekehrt.« *danach:* (Das hat so was Berlinerisches.)
109, 33	Soll heißen] Gottigkeit
109, 34	geworden *danach:* Fad is so was. Was aber wäre dann aus uns geworden!
109, 36:	*danach, eingeklammert:* Ich da unten ein blinder Passagier gewesen wär – wie der tanzen sieht und die Musik nit hört,
110, 3:	*danach:* IV Scene.
110, 17	Großmütig] gutmütig,
110, 18:	*danach:* Vte Scene

110,20	Wie ... alles *aus* Was ist es
110,26	modes. *danach:* Wie ihnen immer das ganze Leben wieder vorüber kommt!
110,31:	*danach:* VIte ⟨Szene⟩
111,6	vom ... word'n *aus* gstorben
111,6:	*danach:* blitzt ihm auf Na Ja! wenn ich hätt sterben können, da lebert ich vielleicht heut noch drunten auf der Welt!
111,7:	*davor:* VIIte Scene.
111,15	vier *danach, gestrichen:* Haimonskindern
111,17	Geld] Geldverdienen
111,35	große *danach:* herrliche
111,36	faden *danach:* bleigrauen
112,1 f.	einer ... können?] *(1)* einer hinten vorgehaltenen Grablaterne durchleuchten können wie ein Geburtstagstransparent! *(2)* einer dahintergehaltenen Grablaterne transparent machen können!
112,5:	*danach*: in Kindern an Apferl im Vatern an Wein.
112,6	ihm *danach:* wohlwollend
112,7 f.:	*a. l. R.:* 29 IV. ⟨1916⟩
112,9	Leut' *aus* Mandln und die Weiberln
112,9	Gibst] Gibts
112,10	in der Seilergassen *aus (1)* in der Stadt *(2)* ⟨auf dem⟩ Mehlmarkt
112,11	auf'm Hameau *aus (1)* im Wald *(2)* im Krapfenwald
112,11	die Jungen ... Alten *aus* die Manderl und die Weiberl so a bisserl
112,16	heraus ... Farb'! *aus* mach'n Mund auf!

112, 17 f.:	*a. r. R. Vornotat zu S. 112, 22–24:* Na schauts dass weiter kommts! Was nützt mir Euer Reigen! wenn nicht Furcht u Hoffen das entzückendste Prokrustesbett draus machen ..
112, 23	Ab und Auf *ü. d. Z., gestrichen:* quadrille
112, 23	Hoffnung] Hoffen
112, 27:	*davor:* IX Scene. *a. l. R.:* 1. V. ⟨1916⟩
112, 27 f.:	*a. r. R. Vornotat zu S. 113, 33.*
112, 32–34	Aber … sein. *aus* Aber diesmal ist rein als ob mir wer das auch noch gstohlen hätt was ich ohnedies nicht *danach Lücke*
113, 15:	*davor:* nicht ganz frei
113, 15	freilich. *danach, eingeklammert:* Es ist halt so dahergredt von der Weisheit.
113, 15 f.	den Humor verdirbt *aus* frappiert
113, 17	ausgegangen] ausgezogen
113, 25	spielt *danach:* nonchalant
113, 25	aus. *danach, eingeklammert:* Und dann hab ich ausgspielt –
113, 27	hätt'. *danach, gestrichen:* Aber jetzt kommen mir alle die verfluchten Redensarten zurück wie wenn sie mit Phosphorschrift auf einer schwarzen Mauer geschrieben stünden.
113, 33:	*danach, eingeklammert:* und ihrer einer steht vor Ihnen Herr
113, 35	Champagner! *danach:* (Es ist ja sehr täuschend was sie reden.) [Wenn ihnen einer zuhört und er war nie unter lebendigen Menschen so möcht er schwören sie sind welche.] Aber das Eigentliche, das is dahin. [Weisst. Nein, Pamphilius, die sind so unschuldig wie ich selber, die stellen auch nix mehr an.] *Danach gestrichenes Vornotat zu S. 114, 8–10.*
113, 36	sich, *danach:* so was für sich
113, 36 f.	so was B'sonderes *fehlt.*
114, 2	Sekunde] Stunde
114, 2	für *fehlt.*

114,10	sinnend *danach:* Pamphilius steht hinter ihm
114,13	Dunkles, *danach, eingeklammert:* innerlich Lebendiges
114,13	begierige *danach, gestrichen:* verträumte
114,14	gegenwärtige *danach, eingeklammert:* schwermütige leichtfertige
114,14	Schauerei *danach:* – so wie wenn immer noch was und noch was und noch was dahinter wär.
114,14	was *danach:* und noch was
114,23	hier] her
114,24 f.	seinem *aus* der Nacht u. dem
114,32:	davor: X Scene:
114,33 f.:	a. r. R.: 2. V ⟨1916⟩
114,37 f.	Bändchen im Knopfloch] Ohrring
114,38	Ballkleid *aus* Reitkleid
115,2	recht] recht eine
115,3	bleiben stumm] stoßen einander an
115,6	den Klienten] ihn
115,8	sogar] sauber
115,24:	*danach, eingeklammert:* aber es kommt ihm niemand zu hilfe!
115,25:	*danach:* schon zutraulich
115,33	Spieltisch. *danach, eingeklammert:* Ich spiel für ihn – aber er merkts nit.
115,38	andere? *danach:* Was für ein anderer?
116,7	ängstlich *fehlt.*
116,17:	GAUNER
116,23	Gott … Welt *aus* sich selber
116,27	Herr Eduard *aus* Client

117, 5:	*danach:* devot	
117, 12:	*danach:* , forschend	
117, 23	Katzelmacher] Wällischer	
117, 24	plötzlich] von Anfang an	
117, 24:	*danach:* sehr aufgeregt	
117, 34	einer *aus* ein Mensch	
118, 1:	*davor:* XIte Scene	
118, 7	atmet *aus* isst und trinkt	
118, 14:	*davor:* XII Scene. *a. l. R.:* 7 V ⟨1916⟩	
118, 25	hat *danach:* , in den Alcoven	
118, 34	Rossinischen *aus* Cherubinischen	
119, 4	auch? *danach:* Eine Pause.	
119, 5	160] Achthundert	
119, 7 f.	eine … weggerissen] die Erde sie verschluckt	
119, 9	Garten *danach:* , [in Hadersdorf] in unseren Garten	
119, 34	wie … ist *aus* dass mir ganz gut zumut ist	
119, 35	solchen traurigen] so lugubren	
120, 5	selbst] sonst	
120, 15	mich *danach:* mit dem größten Teil	
121, 10:	*danach:* Vorhang.	

122, 3–140, 36: *Für die folgenden Szenen ist die Handschrift 2 H² wieder Textgrundlage (vgl. S. 250, 17–251, 15).*

122, 3:	*a. l. R.:* 9 V. ⟨1916⟩	
122, 22	jetzt *danach, eingeklammert:* alles liegen u stehen liess und sich an andern Dienst suchet. –	

122, 26:	*danach, gestrichen:* FLORIAN nickt, unterm Staubabwischen Ja, freilich, der junge Herr, ja, ja, ja. Überhaupt – sagt die Mariann, jetzt wo er verarmt ist, darf er keinen Unterschied merken, und das wird unsere Sach sein, dass wir ihm nix Böses in die Nähe lassen, dass wir ihn behüten wie a wachsernes Türbildl
123, 9	Erbärmlichkeit *danach, gestrichen:* FLORIAN Ich mein nur, dass sie halt sozusagen in ihrem Recht sind MARIANDEL In ihrem Recht, das sagst du von die Klachln die einem sein Eigentum beim hellichten Tag wagenweis ausm Haus schleppen.
123, 18:	*danach, gestrichen:* MARIANDEL Hier habens nix zu suchen ANNA Sie sagen sie dürfen überall herein! weil sie vom Gericht sein schaut an der Tür Was soll i denn machen! MARIANDEL Hier is im jungen Herrn sein Schlafzimmer! Hier kommt mir das Räuberbagasch nicht herein!
123, 19:	*a. r. R.:* Nachmittagsschlaf
124, 21	Leut! *danach, gestrichen*: Vor an handfesten Auftreten hat so an Gerichts
126, 15:	*danach, gestrichen:* Anna seitwärts
126, 21:	*aus* Ah so! gehts aus der Tonart!
127, 6:	*aus* Hast recht, hast eh die Säck voll davon
127, 29:	*danach, gestrichen:* FLORIAN Wie ich gspürt hab das⟨s⟩ alles was ich vorbring ihm keine Angst macht – *a. r. R.:* 10 V. ⟨1916⟩
127, 34:	*aus* Is das wahr

DER SOHN DES GEISTERKÖNIGS   277

>FLORIAN
Ihrer drei haben ihn anpackt – aber ich hab nit locker lassen –
die haben nix zu lachen ghabt. Und derweil ich mich mit die
vier Kerl herumbalg packen die drei andern das Mobiliar da
und sind dir auf eins zwei bei der Tür hinaus

MARIANNE
Und du?

FLORIAN
Ich ihnen nach wie der Blitz

MARIANNE
Nicht wahr is! glogen is! du hast ihm tragen holfen!

128, 18:   *danach, gestrichen:* rückt den Vorhang Gott sei Lob dass nicht über
die Bücher kommen sind, das wär was wenn einer dem jungen
Herrn sein Heiligtum seine Bücher antasten wollt!

129, 14:   *davor, gestrichen:* Nein, gar kein Geld.
danach, gestrichen: die Not is zu ihm a kommen *ü. d. Z.:* Ironie

130, 18:   *danach, gestrichen:* Könnt ma so einstecken zum Andenken.

130, 25:   *aus* Friseur u. Raseur. Coiffeur pour dames!

131, 12   Mariann *danach, gestrichen:* s kommt wer!

131, 15   xxxxxxxx *aus (1)* Hofrätin *(2)* Kundschaft

132, 27   das rotsaffianene *darüber nachgetragen, Stift:* unterbrechen. *Tinte:*
Jetzt sagst du mir wieder Grobheit *Mit Einweisungslinie ange-
knüpft an 132, 27* hat

133, 7   aber *davor, gestrichen:* Du

134, 1:   *a. l. R.:* 11. V. ⟨1916⟩

134, 1–3:   *Vgl. hierzu auch die Varianz zu 141, 33.*

134, 29:   *danach, gestrichen:* 27te ⟨Scene⟩

*Pag. 40. (H III 283.8) enthält am oberen Rand folgendes Notat für das Ende der
26. Scene.:*

(ad 26   kein Brief von Valerie. Den Reitknecht geschickt: kam nicht mehr
zurück. Kutscher Stallknecht ist nicht mehr da Gärtner auch nicht.
Danach folgt:

27te Scene:
doch bleibt die Seite unbeschrieben; wahrscheinlich wurden die Szenen 27 und 28 nicht ausgeführt. Vgl. hierzu S. 246, 36–44.

135, 1:	*a. l. R.:* 12. V. ⟨1916⟩
135, 7	du auch *aus* dein getreuer Schatten
136, 15	mir ... Red. *aus* Das finde ich unerhört.
136, 22–24	die ... Lebens *aus* den guten Glauben zubilligen
136, 27:	*danach, gestrichen:*
	EDUARD
	Da habt ihr Eure Rechnung ohne den Wirt gemacht.
	GRÜNSPAN ist aufgestanden
	Das merk ich. Darauf war ich nicht gefasst.
137, 10	mir stehend Eure Vorwürfe *aus* das alles stehend
137, 11:	*danach, gestrichen:*
	GRÜNSPAN
	Deine [jesuitische] Gemessenheit imponiert mir nicht. An der is was Jesuitisches Ein junger Mann, der Blut in den Adern hat, ist nicht so höflich. *[*Du bist ein Schleicher. Du hast dich in das Heiligtum meiner Freundschaft eingeschlichen.*]*
	FLEDERL
	Gut gegeben!
	E⟨DUARD⟩ antwortet nicht.
137, 13	müssen ... abkürzen *aus* sind hier zur Last.
138, 5	Hofmeister *aus* Hauslehrer
138, 8	Hausherrn *davor, gestrichen:* (1) verarmten (2) verkrachten
138, 20:	*danach, gestrichen:* GRÜNSPAN Komm Flederl, wir haben einen langen
139, 9:	*a. l. R., gestrichen:* E⟨DUARD⟩ Das hat die Valerie von mir gesagt!
139, 22	Allerdings. *danach, gestrichen:* Da haben Sie es schwarz auf weiß.
139, 31	ist ... wert *ü. d. Z.:* is so weit her mit ihrer Liebe

139,35:	*aus* Nehmen Sie diesen Brief zurück.
140,6	anmaßende Höflichkeit *aus* jesuitische Gemessenheit
140,33–36:	*a. r. R.:* Das Kind holt die Lampe brennend aus der Falltür: bringt sie. Eduard will nicht das ärmliche Kind sehen. – Geh schlafen.

141,3–145,12: Textgrundlage der 30. Szene ist der von Hofmannsthal veranlaßte Druck 9 D⁶ aus dem Jahre 1923 (vgl. S. 254, 2–13). Hierauf beziehen sich die folgenden Varianten von 2 H².

141,3	allein … Zimmer *fehlt.*
141,7	Blickt … allein!] liest [Jetzt gilts!] Verschmäht, verlacht verachtet und ganz allein. [So schaut die Jugend des Armen aus.]
141,10	Schiller! *danach:* Jetzt gilts! Du Geist! Du grosser Geist! Jetzt komm zu mir!
141,15	einst *fehlt.*
141,15	dem *danach, gestrichen:* verlaufenen
141,16	im Schönbrunner] in einem fremden
141,17	diese … Akkorde *ü. d. Z., gestrichen:* mit m⟨einen⟩ zitternden Fingern
141,22	mich … verlieren! *aus* dich haben – nimm du mich hin!
141,33:	*davor, am oberen Blattrand, gestrichen:* 26te Scene. Florian öffnet die Tür links, Eduard tritt ein.
142,12	Seine … und] er
142,14	in mir *fehlt.*
142,22	öden] hurenhaften
142,25:	*a. l. R.:* 15. V. ⟨1916⟩ *danach eine halbe Seite unbeschrieben.*
142,26:	*davor:* Scene der Hoffnung.
142,26	DIE … Mädchen] Hoffnung ist aus der Wand hervorgetreten,

142, 28	zusammenschreckend *fehlt.*
143, 8	Wochen, *danach:* plötzlich liegt eines Morgens
143, 17	vor *danach:* wo wir warteten
143, 27	so ... Kraft *aus* dich so lieb
144, 7:	*danach, eingeklammert:* Was für abscheuliche Hypochondrieen!
144, 13	der Eduard] der ganze Eduard
144, 33	O du Kindskopf!] O du [kindischer] Kostverächter! Du [altkluger] Kindskopf! schau mir in die Augen! [Dein Kopf ist altklug]
145, 4	Tag zu Tag] Augenblick zu Augenblick
145, 4	menschliches *fehlt.*
145, 8	Unzählige *danach:* Sterbende sogar die mit dem letzten Hauch nach mir rufen.
145, 11 f.	Sie ... verschwunden] verschwindet

145, 12: Auf pag. C. (E III 240.143) hat Hofmannsthal hier anschließend mit Stift den folgenden Entwurf des Schlußteils des 1. Aktes skizziert:

E⟨duard⟩ Nein lass mich nicht
Hoffnung (auf der Schwelle mit Emphase) Der Palast ist erbaut: der Tempel umgibt dich. Was du suchst ist nahe.

Allmähliche Verwandlung in einen glänzenden Raum

Er rüttelt an der verschlossenen Tür, Glocken schlagen an stärker und stärker
Er denkt: Feuer! es brandet! es brennt! (Kinder aus der Wand) es dunkelt stärker Spalt durch die Tür
Er sieht durch die Tür: ein Wesen wie aus Diamanten. Eine Hand die einen Brief hält. Er kniet nieder, betet! er stürzt an die Tür, die Tür geht auf. Er hält Anna in den Armen, das Ganze stürzt zusammen. Florian u Mariandel herein: sie haben um Hilfe schreien gehört.
Florian: er hat ein Hörndl gesehen!
Was hast du gesehen? – Ja was hast du gesehen? Accurat das hab ich auch gsehen!

⟨*Zweiter und dritter Akt*⟩

N 42

147,30f.:	*Einschub.*
148,4f.	ohne ... niedrig *Einschub.*

N 43

148,25–33	in ... OberHollabrunn *Mit Einweisungszeichen nachgetragen.*
148,27	Brotherrn *aus* Chef
148,32	Reis *danach, gestrichen:* über
148,35–37	Hat ... singt. *Einschub.*
149,6	Zahlkellner *darunter:* Hausknecht
149,10:	*am unteren Blattrand.*

N 44

149,28	ohne ihm *und* Zunge zu lösen *Von fremder Hand nachgezogen; Hofmannsthals eigene Hand (Stift) ist nicht mehr zweifelsfrei darunter zu erkennen.*

N 45

149,33	Dessen ... erkennt. *Mit Einweisungszeichen nachgetragen.*
150,1f.	Die ... sein. *Mit Einweisungszeichen nachgetragen.*

N 48

Longimanus: wie ein Künstler der ins Stocken geraten – Wie er Eduard sieht, meint er nun könnte er weiter malen.

Aus der Abstammung erklärt ⟨er⟩ Eduards bedenkliche Seiten (worauf auch die Träume bezüglich) nun (seit der Begegnung) gibt er ihm zu viel mit: zu viel im Moment sicher. Träume sperren ihn in einen engen Raum, irdisches Schicksal

Auch die Hoffnung reflectiert auf Eduards bedenkliches: Zögern, nicht zugreifen können ...

Am Schluss der Scene die Hoffnung (im Cabinet)

Eduard stöhnt unter bösen Träumen – sieht schlecht aus

Die Notiz ist gestrichen.

N 49

151, 8   Ich ... Schutzgeist! *aus* Vor meinem guten Geist.

N 50

151, 12   werden! *danach, gestrichen:* Ahne
151, 17   Kind *danach, gestrichen:* der Neugier mit
151, 28 f. Über .. zittern! *Einschub.*

N 51

⟨Not⟩ Du warst ein Zauberer, jedoch ein unzulänglicher. Nun hast du ein neues Selbst gewonnen aus dem zitternden Leib einer Lügnerin – nun willst du abermals ins Leben gehen. Der Plutus will ein Gespenst aus ihm machen, Träume zerren an ihm u. saugen nachts von seinem jungen Blut er kennt die Angst, die Lust die Gier, den Wahn, den Kleinmuth doch nicht das Leid und nicht die Liebe.
Long⟨imanus⟩ Ganz richtig!
Not: Schlimmer. Er ist dem Plutus verfallen. Er ist so wenig klug als du. Allein sein Herz ist rein.
N⟨ot⟩ Zur Sache denn: Soll ich ihn führen oder nicht
Die Stimme (draussen) Du! ihr Kind! mein Kind!
Long⟨imanus⟩ Was wär denn das beiläufig für ein Weg
Not: Der den du nie betreten hast. (Darum bist du nie wiedergeboren worden. Du wähnst du bists in ihm – allein dazu fehlt viel.) Du hast auf Erden das Antlitz meiner Schwester nie gesehen: nie ihren Spiegel gesehn – vor dem der Zauberspiegel dort nur ein erbärmlich Instrument. Nie geahnt dass Liebe u Leid –
Long⟨imanus⟩ Ich habe wohl geliebt
Not: Geglaubt zu lieben. Wenige sind die lieben, wenige die geliebt werden. Ich kenne ihrer jeden einzelnen von Angesicht zu Angesicht. Wir haben uns dort unten nie gesehn.
Long⟨imanus⟩ Das stimmt. Is mir auch lieber.
Not: Ich warte. Meine Zeit ist gemessen.
Long⟨imanus⟩

Nachtrag am oberen und am rechten Rand:

Dein Erdenjahr vergeudet: den Augenblick nicht erkannt: Dich selber zu begraben hast du nie vermocht. Nun hockst du hier bist König über diese Welt u bist es nicht – statt dass sie sehn wie mächtige Träu⟨me⟩ durch deine Seele und die Menschen ziehen – sind sie von dir abgetrennt u hocken wie Larven auf deiner Brust mit kalten Klauen. Du hast sie nicht! Da wirft der Zufall der göttliche

Die gesamte Notiz ist gestrichen.

DER SOHN DES GEISTERKÖNIGS   283

N 55

153,10	von *danach, gestrichen:* dir
153,10	dir *aus* mir
153,12 f.:	*a. r. R.:* Aeolsharfe tanz

N 59

154,13   Florian *aus* Longimanus

N 62

Scene im Cabinet des Longimanus.
Long⟨imanus⟩ Pamph⟨ilius⟩.
Long⟨imanus⟩ Er muss jeden Augenblick da sein.
Pamph⟨ilius⟩ (sieht in den Spiegel) Ein schöner junger Herr. Einen Zweig in der Hand
Long⟨imanus⟩ Ich will keine Bilder sehen. – Nur so kurz ihn behalten dürfen – mich behalten dürfen. Weißt du denn nicht   ahnt dir denn nicht, wer ich bin?
Pamph⟨ilius⟩: –
Long⟨imanus⟩ Ein Geist der seinen Körper sucht. Wenn er ist wie ein Blick ihn mir gezeigt hat – so bin ich in ihm – aber mit einem andern Wegweiser will ich ihn hinunterschicken – der Plutus ist auf listige Weise Herr über ihn geworden – hat die Zaubermittel die ihn ins Leben führen sollten, ihrem Zweck entfremdet. Klopfts nicht? Aufmachen.
Pamph⟨ilius⟩ zurück: Ein unangenehmes altes Weib.
Long⟨imanus⟩ Die Not.
⟨Die Not⟩ Ich kann ihn führen. Meinen Weg. –
⟨Longimanus⟩ Was ist dein Tun?
⟨Die Not⟩ Ich führe empor – ich läut⟨ere⟩

Die Notiz ist gestrichen.

N 63

155,6	drängen – : *danach ungestrichener Schreibansatz:* Und
155,6	will *davor, gestrichen:* Die Not
155,21	sein? *danach, gestrichen:* Anna: Ich stick ja Ausstattung.

N 66

Lied.

Mi lagnero tacendo
Del mio destino avaro
Ma ch'io non t'ami o caro
Non lo sperar da me!

Crudele, in che t'offendo
Se resta a questo petto
Il misero diletto
Di sospirar per te?

Die Notiz ist gestrichen.

N 67

156,7:	*davor, gestrichen:* Zaubercabinet: Longiman⟨us⟩: Ich hab ausgesonnen dich herumzutreiben durch alle Gassen des Lebens – –

3 H³

157,2:	a. l. R.: *(1)* 23 *(2)* 24. | VII. 1916.
157,4	grosser ... verschliessend *aus* riesiger, verhüllter Zauberspiegel
157,12:	*davor, gestrichen:* Meine Geister sind stark u schnell.
157,16	Fäuste *aus* Händ
157,22f.	Ich ... sehn. *aus* Hab die Spiegelschauerei satt.
157,24f.	ihn ... ist. *aus* in seine Augen schauen.
157,26:	*versehentlich gestrichen.*
157,29	boshafte *danach, gestrichen:* tausendfüßige Geist! Dieser infame Taschenspieler!
157,33	ausdörren *danach, gestrichen:* und den Verstand verwirren
158,1	Aber *davor, gestrichen:* Aber dem Herrn werden wir noch den Riegel vorzu
158,21:	*danach, gestrichen:* auf seinem Lebenswege
158,30	Weib *davor, gestrichen:* altes
159,6	von ... ist, *aus* eine Post von der Weisheit hat,

159,17	Curios. *aus* Das wär doch sonderbar.
160,2f.:	*a.r.R.:* kürzer!
160,5	Ah. *danach, gestrichen:* Das is ein Irrthum.
160,5	Ich ... worden. *aus* Hier muss doch ein kleines Missverständnis vorliegen.
160,16:	*a.r.R.:* 25 VII. ⟨1916⟩
160,23:	*a.l.R.:* 26 VII ⟨1916⟩
160,23:	*danach, gestrichen:* du hast dich selber zu bezaubern nicht vermocht.
160,25:	*danach, gestrichen:*

LONG⟨IMANUS⟩
War das verlangt

DIE NOT
        Dann zöge diese Geisterwelt
in der du König [und Gefangner] bist
statt dass sie wie ein Schwarm von lästgen Larven
mit kalten Klauen auf der Brust dir hockt
durch deinen Busen hin in mächtgen Träumen
(statt dass wie jener Geist in seiner Flasche
du durch ein gläsernes Gefängniss starrst.)
ein steter Strom von süssen Melodieen

285, 11–17: a.r.R.: Versentwürfe; a.l.R.:

LONG⟨IMANUS⟩
Das is genau der Ton wie die Weisheit Das is schon eine Quart von Frauenzimmern der ihre Sprach hat ein eignes Geschmakkel!

⟨DIE NOT⟩
Dich zu verwandeln war dir auferlegt ..

160,30f.:	*aus* dir abermals des Fadens Anfang zu.
160,32	Kind. *danach, gestrichen:* die süsse Lügnerin aus ihrem zarten Leib
160,32:	*a.l.R.: (1)* sie die du grausam warst *(2)* die du so *(a)* finster *(b)* hart | gestraft

161, 2:	*aus* umso viel menschlicher gefährdeter
161, 8	allein ein ungeprüftes *aus* Ein Herz ist viel.
161, 10	am ... leichtesten *aus* leicht ist der Anfang
161, 15:	*danach, gestrichen:* *(1)* Er ist durch manche Schule schnell gestürmt *(2)* Er hat an mancher Flamme sich verbrannt
161, 16	Sehnsucht *aus* Kleinmuth
161, 17	Wahn *darüber, gestrichen:* Trauer
161, 17	die Not *aus* das Leid
161, 17:	*danach, gestrichen:* LONG⟨IMANUS⟩ Die gar noch nicht? gar nicht?
161, 20:	*aus* Ich habe wohl geliebt!
161, 23	die wahrhaft hoffen *aus* die glauben
161, 23 f.	wenige ... Aug. *aus* Ihrer jeglichen kenn ich von Angesicht zu Angesicht.
161, 27:	*aus* War mir auch lieber.
161, 36	Not *aus* Leid
162, 9 f.:	*a. r. R.:* 27 VII. ⟨1916⟩ er will in der Wollust das Angesicht der Wahrheit sehen.
162, 21	Händen *danach, gestrichen:* Dass ich sie noch einmal umarmen könnte!
162, 25	Baum *danach, gestrichen:* Musik, bis der Zweig bedeckt ist.
163, 18:	*davor, gestrichen:* Um Gotteswillen!
163, 23:	*davor, gestrichen:* Du riefest mich ich bin in deinem Haus. Das heisst ein Gastgeschenk:
163, 31:	*a. l. R.:* 28 VII. ⟨1916⟩
163, 32	schadt *danach, gestrichen:* Er schlagt die Augen auf.

DER SOHN DES GEISTERKÖNIGS   287

164, 31:   *danach, gestrichen:*

LONG⟨IMANUS⟩
Nicht sorgen! sei da! dein Aug wie ich es trinke, zu beglücken u beglückt zu werden! ahne das Glück des Augenblicks, dass dein Auge in sich hält Bändigung meiner Welt, spiegle du dich in mir, mein Sohn!

EDUARD
Mir ahnt, wer du mir bist! Der die Hoffnung mir sandte – bei der Erfüllung aller Wünsche! aller! lass mich zu deinen Füßen sinken!

4 D¹

Der Druck 4 D¹ unterscheidet sich von 6 D³ durch eine Vielzahl von Apostrophen bei dialektalen Formen; diese Abweichungen werden ebensowenig wie solche in der Interpunktion oder Orthographie verzeichnet. Die wichtigsten Varianten sind:

61, 14   woran] damit

61, 18 f.   pantomimisch] pantominiert

66, 3   sieht] sieht sich

80, 23   ein ganz] ganz ein

5 D²

Der im Zweiten Teil *der* Rodauner Nachträge *erschienene Teildruck* Der Sohn des Geisterkönigs Phantasie über ein Raimund'sches Thema *umfaßt die beiden Teile* I. Der Geisterkönig *und* II. Eduard und die Mädchen *Die wichtigsten Varianten:*

Teil I.:

108, 23 f.   lumpig … auch] mies ist, sind sie

109, 21   g'schrieben] g'sprochen

110, 20 f.   eigentlich und was] eigentlich, was

110, 26   erfinderische … modes.] erfinderische.

111, 6   vom nächstbesten] von ein'm nächstbesten

112,9	Gibst] Gibt's
112,15	letzte] letzten
112,22	Na] No
112,23	Hoffnung] Hoffen
113,15	einen] einem
114,2	Sekunde] Stunde
114,2	für ihrer] ihrer
114,18	das: »Lügen?«] das lügen?
114,23	hier] her
114,35	Tante] Tant
114,37f.	trägt ... Knopfloch] trägt einen Orden
115,2	eine recht hübsche] eine recht eine hübsche
115,6	den Klienten] ihn
115,8	er, sehr sogar] er sehr sogar
116,1	kapierst?] kapiert?
116,7	ängstlich *fehlt.*
117,23	Katzelmacher] Wällischer
118,6	lebt] lebt's
118,12	war *fehlt.*
119,4	Dem] Allen
119,5	160] 800
119,35	traurigen *fehlt.*
121,10:	*danach:* Vorhang

Teil II.:

61,4–11:	*fehlt.*

DER SOHN DES GEISTERKÖNIGS 289

61, 12	eines … namens] des	
61, 14	woran] damit	
61, 18 f.	pantomimisch] pantomimiert	
63, 4	denn ich] ich denn	
63, 11	Fräuln] Fräulein	
66, 3	sieht] sieht sich	
68, 30	Geht ab. *fehlt.*	
69, 30	gichtischen Zufällen] gichtische Zufälle	
80, 23	ein ganz] ganz ein	
82, 31	insistiert] beharrt	

7 D⁴

Auswahl der wichtigsten Varianten:

108, 3	Gemach] Schlafgemach	
108, 3	im reichen Empirestil *fehlt.*	
108, 3 f.	Longimanus … läutet. *fehlt.*	
108, 4	Pamphilius … herbei.] Der Kammerdiener Pamphilius tritt ein durch die Flügeltür.	
108, 7:	*danach:* im Vorzimmer unsichtbar	
108, 23 f.	lumpig … auch] mies ist, sind sie	
109, 14	mich] mich nur	
109, 20	nix] nichts	
110, 4	im] in	
110, 6	denn *fehlt.*	
111, 1–6:	*fehlt.*	
111, 22	Kindern] Kinder	

111,31	allerweil] alleweil
112,9	Gibst] Gibts
112,22	Na] No
112,23	Hoffnung] Hoffen
112,32	ist's] ist
112,34	so einen] einen so
113,15	einen] einem
113,18	einem] einen
114,2	Sekunde] Stunde
114,2	einen] einem

ZEUGNISSE

20. ⟨*Januar 1916*⟩, *an Gerty von Hofmannsthal*

Ich helfe spielender Weise und im geheimen Reinhardt einen kleinen Molière[1] u. einen Raimund zur Aufführung einzurichten, dichte auch ein paar Scenen hinein (das darf aber niemand wissen) – aber das Ganze zeigt mir mein natürliches Verhältnis zum Theater u. gibt mir viele Hoffnungen wieder.

(HB 8/9 [1972], S. 96)

⟨*25. August 1916*⟩, *an Arthur Schnitzler*

ich will Sie nicht bedrängen u. belästigen aber ich fühle wie wohltätig mir – so oder so – die Möglichkeit Ihnen diese problematischen Fragmente vorzulesen sein wird. Ich werde diese vielleicht allzu gewagte Arbeit nachher entweder weglegen oder mit größerer Zuversicht wieder anpacken.

Wäre es zu denken daß Sie diese 1½ Stunden in den allernächsten Tagen mir schenken könnten – in der Früh – am spätern Vormittag, am Abend oder wann immer?

(BW 280)

---

[1] *Die Lästigen (SW XVII)*.

5. September 1916, Arthur Schnitzler: Tagebucheintrag

Hugo kam. ⟨…⟩ Er las mir den Anfang einer neuen Komödie (nach Raimunds Geisterkönig) vor, die vielversprechend einsetzt. Er hatte »Lampenfieber«; und hörte Ermutigung und Ratschläge gerne an. Allgemein-aesthetisches. – Er hätte seine ganze dialectische Höhe, geistige Weite und Freiheit.   (Arthur Schnitzler, Tagebuch 1913–1916, S. 311f.)

15. Juni ⟨1917⟩, an die Redaktion der Zeitschrift ›Donauland‹

hiemit übersende ich der Abrede gemäss eine dramatische Arbeit[2] für »Donauland«. Da ich kriegsdienstlich verreisen muss, so bitte ich einen der Herren, vielleicht Herrn Dr Smekal, freundlichst für mich die Correctur zu lesen.

Ferner erlaube ich mir die Bitte zu stellen mir eine kleine Anzahl von Sonderabdrucken des Beitrages, auf ganz minderem Papier, gütigst zu eigenem Gebrauch zu hinterlassen. In der Erfüllung dieser Bitte, falls sie den Umständen nach möglich ist, würde ich eine besondere Freundlichkeit sehen.
     (Deutsches Literaturarchiv, Marbach a. N.: A: Hofmannsthal, 78.275)

22. August ⟨1917⟩, an Richard Beer-Hofmann

Das beiliegend Gedruckte[3] nur damit Sie es in einer ganz leeren Viertelstunde anschauen, z.B. beim Warten auf eine Badecabine. Es ist eine wahrhafte Improvisation, eine Antwort auf ein: Könnte man nicht? von Reinhardt – an zwei oder drei Nachmittagen im Hotel hingeschrieben, in den gleichen Wochen wie die Lästigen.   (BW 141)

5. September ⟨1917⟩, an Raoul Auernheimer

ich dachte, Ihnen diese kleinen Scenen[4] als einen Gruß zu schicken, eben die, über die Sie mir nun so Freundliches sagen. ⟨…⟩ Und doch, wenn man ein solches Ding[5] 8 oder 9 Jahre in sich trägt, und dann mit einem Ernst u. einer Hingabe deren Grenzen nur durch die Grenzen der individuellen Kraft gegeben sind, es an den Tag zu bringen sucht, so müßte es doch einmal gelingen – aus dem selben fonds von Begabung, aus dem es möglich ist, solche völlige Improvisationen, wie die 4 Scenen über die Sie mir so Freundliches sagen, oder die ›Lästigen‹ an je 2 oder je 4 Nachmittagen fast ohne Überlegung an einem Hôtelschreibtisch niederzuschreiben. Oder nicht?

⟨…⟩ Auf Wiedersehen im October, u. wenn es Ihnen ein bißchen Spaß machen kann, zeige ich Ihnen dann weit mehr von diesem Pseudo-Raimund. Es gibt ganze Acte.   (HB 7 [1971], S. 71f.)

---

[2] *Die Szenenfolge* Eduard und die Mädchen *(vgl. S. 252, 30–34 zu 4 D¹).*

[3] *Gemeint ist der Druck 4 D¹.*

[4] Eduard und die Mädchen *(4 D¹).*

[5] *Gemeint ist* Der Schwierige *(SW XII).*

16. Januar 1918, an Rudolf Pannwitz

Sie haben zuweilen gesagt, Sie wünschten gelegentlich alles zu kennen was ich geschrieben hätte. Dies ermutigt mich, Ihnen allen möglichen fragmentarischen dramatischen Kram[6] zu schicken: darunter ⟨...⟩ der erste Act einer ganz freien Transcription von Raimunds »Diamant des Geisterkönigs«. Der Stoff geht ins ganz Grosse, Faustische, im Wienerischen Gewand. Aus eben diesem Stück waren die 4 Scenen: »Eduard u. die Mädchen«. *(BW 180)*

25. Januar 1918, Rudolf Pannwitz an Hofmannsthal

Ich habe bis jetzt »die Lästigen« und das bruchstück »Der Sohn des Geisterkönigs« gelesen[7]. ich glaube Sie dürfen sich vollständig verlassen auf Ihre improvisationen. es gehört zum höchsten was ich als lustspiel kenne ja es ist vielleicht das höchste. die bindung ist:

1. das breite bürgerliche oder spitze adlige als soziales und als dort bequeme lebensluft hier elektrische atmosfäre.

2. im gegensatze dazu ein eignes geistigsinnliches zauberhaftes und vollkommen halkyonisches

3. absolute sentimentalitätslosigkeit tendenzlosigkeit ziellosigkeit freiheit in einem äussersten masze bis zur kälte und gleichgiltigkeit – dennoch hierin nicht ein artistentum sondern eine ungebundenste und darum liebevollste umfassendste menschlichkeit.

Einwände hier überhaupt keine. nicht gegen ein einziges wort. vollkommen sicher gang – ob tag ob nacht ob sonne ob mond nicht zu unterscheiden. *(BW 194f.)*

23. April 1918, an Katharina Kippenberg

Für den Insel-Almanach hätte ich diesmal zwei Beiträge verschiedener Art, und beide recht passend, wie ich hoffe: 4 kleine Comödienscenen in F. Raimund'scher Manier[8], wahrhaft almanachmäßig, und eine kurze Prosa zu Ehren von Jacob Burckhardts Centenar[9], die ich eben zu schreiben im Begriff bin. *(BW Insel-Verlag 702)*

25. Mai 1918, Katharina Kippenberg an Hofmannsthal

Für den soeben empfangenen Almanach-Beitrag »Eduard und die Mädchen« sprechen wir Ihnen unseren herzlichsten Dank aus ⟨...⟩. *(BW Insel-Verlag 705f.)*

---

[6] *Die* Rodauner Nachträge. Zweiter Teil *(vgl. S. 253, 2–7 zu 5 D²).*
[7] *Im Zweiten Teil der Rodauner Nachträge*
[8] *Vgl. S. 253, 8–13 zum Druck 6 D³.*
[9] *Der Beitrag wurde nicht abgeschlossen.*

26. Juni 1918, an Katharina Kippenberg

Für den Almanach lassen wir es bei dem Schema [10] und den Scenen: Eduard
u. die Mädchen. *(BW Insel-Verlag 709)*

20. Februar 1919, Anton Wildgans an Hofmannsthal

Ich habe heute gleich den Insel-Almanach zur Hand genommen und Ihre Phantasie über ein Raimundsches Thema gelesen. Dieser Titel resp. Untertitel scheint mir ausgezeichnet gewählt, denn in der Tat handelt es sich um eine – musikalische Angelegenheit, um ein überaus feinfühliges Sich-Ergehen in den Tonfällen der Raimund-Zeit. Und diese Tonfälle bringen auch den Geist, die Art, zu raisonnieren etc. von selbst mit sich herauf. Ein feines, geschmackvolles, geistreiches Kunststückchen, Geschöpf einer spielerischen Laune; man müßte diese vier Scenen spielen und Leute von Bildung würden ein behaglich-geistiges Vergnügen daran finden. Das gewöhnliche Theater würde dieses Gebilde brutalisieren, das gewöhnliche Publikum würde das Reizendste daran nicht verstehen: den Hauch der Vergangenheit, das Virtuose daran, die liebevolle Einfühlung, erst recht das Psychologische in der Differenzierung des Lügnerischen: die Greislerstochter Lügnerin aus Naturel, ganz amoralisch, die Hofratstochter bereits inficiert von der Lüge einer Societät, (Sociales spielt hier herein, das Talmi eines Standes, sehr grausam gesehen übrigens), dann die Contesse ganz Kulturlüge, und schließlich die Prinzessin – aufgehobene Freiheit des Willens zur Wahrheit. Die Klimax ist köstlich in ihrem Beziehungsreichtum. Aber wer versteht das? Wer ahnt es bloß, hinter der Augenblickswirkung des gehörten Dialogs? Ich selbst kaum, wenn ich's bloß hörte. Wir wirken von der Bühne herab doch immer nur durch Homogenität und durch die unbewusste Beimischung jenes Gemeinen, das die Brücke bildet von dem Einen zu den Vielen. Alles dies sage ich nur, weil Sie gestern die rein praktische Frage hingeworfen haben, ob man diese Scenen aufführen könnte. Gewiss im Grunde nur eine rhetorische Frage; denn die Aufführbarkeit beweist nichts für und nichts gegen die Geistigkeit der Sache. *(BW 21)*

9. August 1920, an Fritz Adolf Hünich

So ist es auch mit dem Almanach [11] mißlich, in dem ich wirklich sehr ungern fehlen würde. Ich wollte vorschlagen daß man den Amalthea-verlag um Überlassung der Scene der ›Träume‹ aus dem ›Sohn des Geisterkönigs‹ (Rodauner Nachträge, Band der dramat. Fragmente [12]) bäte – aber das gibt wieder Schreibereien ⟨...⟩. *(BW Insel-Verlag 772)*

---

[10] Preusse und Österreicher *(TBA RuA II 459–461)*.

[11] Insel-Almanach auf das Jahr 1921. Hofmannsthal war mit zwei Beiträgen vertreten: mit Szenen aus dem Lustspiel Silvia im »Stern« *(SW XX)* und dem Gedicht Ein Knabe aus dem Jahre 1896 *(SW I 58)*.

[12] Vgl. S. 253, 2–7 zu 5 D².

16. August 1920, an Fritz Adolf Hünich

Andernfalls, da ich ungern im Almanach unvertreten wäre, bliebe nur übrig Dr Heinrich Studer, Chef des Amalthea-verlages Wien IV Hauptstraße 1 um Autorisation zum Abdruck einer Scene aus den Rodauner Nachträgen zu ersuchen u. da würde ich die Scene der Träume aus dem ›Sohn des Geisterkönigs‹ vorschlagen. *(BW Insel-Verlag 774)*

6. September 1921, Christiane von Hofmannsthal an den Insel-Verlag

Erbittet Sendung des Insel-Almanachs auf das Jahr 1919 mit den Szenen ›Eduard und die Mädchen‹ an Direktor Heinz Saltenburg, Berlin SW, Friedrichstr. 236, Lustspielhaus.
(BW Insel-Verlag 822)

13. Januar 1923, Leopold von Andrian an Hofmannsthal

In Salzburg noch hatte ich die Freude, Deine sehr schöne u. bedeutende Variation über Raimund in der Weihnachtspresse[13] *zu lesen* ⟨…⟩. *(BW 341)*

9. November 1925, an Otto Nirenstein

Überaus gern würde ich Ihnen etwas geben[14] aber es gibt leider Gottes garnichts Ungedrucktes. Wenn Sie aus einem so wenig gekannten Sammelband wie die ›Rodauner Nachträge‹ etwas nachdrucken wollen etwa aus der dramatischen Phantasie über ein Raimund'sches Thema so steht alles zur Verfügung.
(HB 23/24 [1980/1981], S. 17)

Vermutlich 1925[15]*, Aufzeichnung:*

Opus Theatricum

Diamant d⟨es⟩ Geisterkönigs
Dame Kobold
Impresario v⟨on⟩ Smyrna   *(FDH/HvH Bibl.: Gottfried Benn, Gehirne. Novellen.*
Leipzig: Kurt Wolff 1916, hinteres Vorsatzblatt)

ERLÄUTERUNGEN

57,2 Greisslerische *Tochter eines Greißlers (Viktualien-, Lebensmittelhändlers). Vgl. Hofmannsthals Hinweis in dem Aufsatz* Grillparzers politisches Vermächtnis: *Vielleicht darf man hier zwei Gestalten etwas überraschend zusammenstellen:*

---

[13] *In der Weihnachtsbeilage der ›Neuen Freien Presse‹ vom 24. Dezember 1922 (s. S. 253, 22–27 zu 8 D¹).*
[14] *Für die von Otto Nirenstein (besser bekannt unter seinem späteren Namen Otto Kallir) 1924 gegründete Johannes-Presse.*
[15] *Zur Datierung vgl. SW XIV 559, 4ff.*

Rudolf II. und die Frau aus dem Volke im ›Armen Spielmann‹, die Greislerstochter. Beide zusammen geben symbolisch Grillparzers Österreich. *(TBA RuA II 407)*

57,13 Longimanus *Der von Raimund (›Diamant des Geisterkönigs‹) geprägte Name des Geisterkönigs wird in der Ausgabe: Raimunds Werke in drei Teilen. Herausgegeben mit einer Einleitung und Anmerkungen versehen von Rudolf Fürst. Berlin, Leipzig, Wien, Stuttgart: Bong & Co. ⟨1908⟩, Erster Teil, S. XL erläutert: »Bei der Premiere spielte Raimund den Florian, Korntheurer, auf dessen Langarmigkeit der Namen ›Longimanus‹ gemünzt war, den Geisterkönig.«*

57,23 Raute *Rautenbrillant: ein minderwertiger Stein. Bei den Diamantschleifern ein Stein, der oben lauter flache, vierseitige Facetten, unten aber lauter Querfacetten hat (Grimm, Deutsches Wörterbuch).*

58,2–60,7: *Vgl. die Szenen II,9 und 10 in Raimunds ›Diamant des Geisterkönigs‹.*

58,6 Stadt der Sitte *Die entsprechenden Szenen bei Raimund spielen im »sittlichen Land«.*

58,8 ALADIN *Aus Raimunds ›Diamant des Geisterkönigs‹ übernommen.*

58,24–26: *Aus Raimunds ›Diamant‹, Szene II,14, übernommen.*

58,26 Währing *Vorort von Wien, seit 1891 eingemeindet.*

58,26 Seite 29 *Die von Hofmannsthal benutzte Raimund-Ausgabe, aus der Florians Lied stammt, konnte nicht ermittelt werden; möglicherweise bezieht sich die Seitenangabe auf ein im Deutschen Theater benutztes Exemplar. – In der von Hofmannsthal benutzten, mit Anstreichungen versehenen Ausgabe ›Ferdinand Raimunds sämtliche Werke‹ beginnt Florians Lied auf S.109.– Möglich ist aber auch, daß Hofmannsthal die Zitatangabe Seite 29 irrtümlich machte, da beide in seiner Bibliothek erhaltenen Raimund-Ausgaben jeweils auf S. 29 ein Lied enthalten.*

58,28 Veritatius *Aus Raimund übernommen: von lat. ›veritas‹, die Wahrheit.*

59,2–5: *Aus Raimunds ›Diamant‹, Szene II,14.*

59,2 Stammersdorf *Ort in der Nähe Wiens am linken Donauufer.*

59,19 Modestina *Aus Raimund übernommen; von lat. ›modestas‹, die Bescheidenheit.*

61,4: *Aus Raimund übernommen.*

61, 5: Aus Raimund übernommen, dort mit dem Namen Florian Waschblau.

61, 6 Greislerstochter *Vgl. zu 57, 2.*

61, 9 Modestine *Vgl. zu 59, 19.*

61, 10 Veritatius *Vgl. zu 58, 28.*

61, 10 Aladin *Vgl. zu 58, 8.*

61, 12 Zephises *Aus Raimund übernommen; möglicherweise hat Raimund den Namen in Anlehnung an Cephisus, den Vater des Narcissus, gebildet.*

61, 27 Waschblau *Vgl. zu 61, 5.*

61, 30f. Rennweg ... Marokkanergass'n *Im 3. Wiener Gemeindebezirk, unmittelbar neben der Salesianergasse, in der Hofmannsthal bis zu seiner Heirat 1901 lebte.*

62, 5 Weinbeerln *Wiener Mundart: Rosinen.*

62, 13 Peperl *Wiener Mundart: Josef(a).*

62, 14 die Budel *Wiener Mundart: Verkaufspult.*

62, 15 Polditant' *Wiener Mundart: Tante (Leo)poldi(ne).*

62, 21 Wascheln *Wiener Mundart: Knäuel aus Stroh, Bast und dergleichen zum Scheuern.*

62, 27 Kagraner Gäns' *Kagran: 1904 als 21. Wiener Stadtbezirk eingemeindet, berühmt für seine Gänse- und Entenzucht (R. Groner, Wien wie es war, S. 203).*

63, 11 Zwiefel *Wiener Mundart: Zwiebeln.*

63, 13f. Zwiefelkrawat *Wiener Mundart: Kroate, Serbe oder Slowene, der Zwiebeln verkauft.*

63, 22 halberten *Wiener Mundart: halben.*

63, 25 Busserl *Wiener Mundart: Kuß.*

63, 30 Gschau *Wiener Mundart: Gesicht.*

65, 21 Stiegn *Wiener Mundart: Treppe.*

65, 23 Schaffel *Wiener Mundart: Gefäß, Bottich.*

65, 24f. Frau von Huber *Der Herr von Huber ist eine von mehreren Bezeichnungen für die Hauptfigur in dem – anfangs gleichzeitig mit dem* Sohn des Geisterkönigs *– im Februar 1916 in Berlin entworfenen Lustspiel* Der Emporkömmling *(vgl. SW XXII).*

66, 2f. ›Des Mädchens Klage‹ *Unter diesem Titel erschien das (erweiterte) Lied der Thekla aus Schillers ›Die Piccolomini‹ (III, 7) im Musenalmanach 1799. Vertont wurde es von Johann Rudolf Zumsteeg (vgl. Richard Exner, Index Nominum zu Hugo von Hofmannsthals Gesammelten Werken. Heidelberg 1976, S. 205). Schiller-Zitate und -Parodien sind in den Dramen Raimunds häufig zu finden.*

66, 25 Putzgredl *Wiener Mundart: putzsüchtiges Frauenzimmer.*

67, 5 schlag ... Strauch *Wiener Mundart: ›am Strauch schlagen‹ (›auf den Busch klopfen‹): einem listig die Wahrheit entlocken.*

69, 2 Der Eichwald ... ziehen. *Anfang von Theklas Lied (vgl. zu 66, 2f.).*

69, 31 Gastein *Kurort im Land Salzburg; vgl. Raimunds ›Diamant des Geisterkönigs‹, II, 13.*

70, 12 Laura am Klavier *Gedicht von Schiller.*

70, 31 Liane *Figur aus Jean Pauls Roman ›Titan‹.*

70, 31 Liane ... Mädchen. *Vgl. dazu Jean Pauls ›Titan‹, 20. Zykel: »durch den Tempel, worin Liane war, ging kein Durchgang für ihn« (Jean Paul, Werke. Hrsg. von Norbert Miller. 3. Band. München: Hanser 1961, S. 111); 23. Zykel: »O wo wohnest du, gute Liane? In jenem weißen Tempel?« (ebd., S. 124); 34. Zykel: »Dem Jünglinge war nun, als drehe sich die schwere Tür eines heiligen stillen Tempels auf.« (Ebd., S. 171)*

71, 2 Äolsharfe *Vgl. Jean Pauls ›Titan‹, Zykel 64ff.*

71, 6f. Mein ... gehört. *Vgl. Jean Pauls ›Titan‹, 61. Zykel: »O ich wurde noch wenig von den Menschen verstanden in meiner Jugend.« (A.a.O., S. 318)*

72, 22 das Hinfallende *Fallsucht, Epilepsie.*

74, 2f.: *Das Zerbrechen eines Spiegels bringt dem Eigentümer sieben Jahre Unglück bzw. einem Mädchen sieben Jahre lang keinen Mann: Handwörterbuch des deutschen Aberglaubens. Hrsg. von Hanns Bächtold-Stäubli. Bd. 9. Berlin 1938/41, Sp. 752.*

75,12–14 Große ... gelingen. *Zugrunde liegt Goethes Satz aus einem Brief an Frau von Stein (4. August [?] 1787):* »*Marcktschreyer, große Herren und Propheten lauter Menschen die gerne viel mit Wenigem thun, gerne oben an sind pp.*« *(WA IV/8, S.239) In N 68 des Andreas–Romans hat Hofmannsthal den Satz bereits umformuliert:* Große Herren u. Gauner gleichen einander darin / Daß sie Vieles mit Wenigem machen wollen. Goethe *(SW XXX 103, 10f.). Hofmannsthal zitiert die Stelle auch in einem Brief an Leopold von Andrian am 24. 8. 1913 (BW 199).*

77,12 Buckerl *Wiener Mundart: Bückling, Verbeugung.*

77,31 träumen ... Jagdhund *Vgl. Kleists ›Käthchen von Heilbronn‹, IV,2:* »*Dreierlei hat er mir gesagt: einmal, daß sie einen Schlaf hat, wie ein Murmeltier; zweitens, daß sie, wie ein Jagdhund, immer träumt, und drittens, daß sie im Schlaf spricht*« *(H. v. Kleists Werke. Im Verein mit Georg Minde-Pouet und Reinhold Steig hrsg. von Erich Schmidt. Leipzig und Wien: Bibliographisches Institut o.J. Bd.2, S.276; FDH/HvH Bibl.). Vgl. die Parallelstellen in* Ödipus und die Sphinx *(SW VIII 44,11f.) und* Cristinas Heimreise *(SW XI 576, 28).*

78,4–7 Ein Wasserfall ... Kuckuck *Vgl.* Vorspiel für ein Puppentheater *(TBA Dramen III 485–490).*

78,7 Pastoralsymphonie *Wohl Anspielung auf Beethovens 6. Symphonie (›Pastorale‹).*

79,5 Pystian *Bad Pistyan an der Waag, ungarischer Ort mit heilkräftiger Schwefeltherme.*

79,12 Tantalus *Figur in der griechischen Mythologie, Sohn des Zeus, Vater des Pelops und der Niobe; wurde für seinen Übermut in der Unterwelt bestraft, indem sein Hunger und Durst nie gestillt wurden.*

81,4 blauen ... Hosen *Vgl. Werthers berühmte Kleidung: blauer Frack mit gelber Weste (Hinweis Heinz Rölleke, Wuppertal).*

81,16–85,8: Vgl. dazu die Vorlage bei Raimund, Szene II,7 ff.

81,30 Bassesse *Französisch: Niedrigkeit, Erbärmlichkeit.*

81,31 Odeur *Französisch: Geruch, Fluidum.*

82,24 ferocesten *Französisch ›féroce‹: wild, grimmig.*

83,4 kondezendieren *sich herablassen.*

84,11 Gewohnt ... gehorchen *– Zitat aus Raimunds ›Diamant‹, II,15.*

86,16: *Vgl. den Auftritt der personifizierten Hoffnung in Raimunds* ›Diamant‹, *I, 18. Vgl. auch zu 94, 22.*

86, 17 Ruben *Wiener Mundart: Rübe.*

86, 19 Indius *Nicht ermittelt.*

87, 10 Wertbewusstsein geschwunden *Das von Hofmannsthal häufig verwendete Motiv stammt aus einem psychiatrischen Aufsatz von Pierre Janet: La perte des sentiments de valeur dans la dépression mentale. In: Journal de psychologie normale et pathologique 4 (1908), Nr. 6, S. 481–487 (FDH/HvH Bibl.; vgl. auch SW XX 283, 29–284, 17). Im folgenden greift Hofmannsthal Formulierungen aus diesem Aufsatz z. T. wörtlich auf. Im einzelnen:*

87, 11 Die Zeit … unwichtig. *»Nous constatons d'abord un sentiment singulier ⟨…⟩ de ne pas se rendre compte du temps« (S. 482).*

87, 11 f. Die Blumen … schlecht. *»les fleurs ⟨…⟩ lui paraissent toujours fanées et pourries. ⟨…⟩ puis elle dit avec un petit air attristé, vraiment touchant:* ›Maintenant les fleurs se fanent dans mes mains dès que je les touche.‹*« (S. 486; den letzten Satz hat Hofmannsthal am Rand angestrichen.)*

87, 13 Schmutz überall. *»Le sentiment de malpropreté devient prédominant pour une foule de choses« (S. 486).*

87, 16 Kommt … vor. *»C'est comme si on m'avait fait avaler quelque chose qui m'a changée en dedans, on a tout changé en moi« (S. 483).*

87, 32 Geist … Flasche *Vgl. das Märchen der Brüder Grimm (Kinder- und Hausmärchen Nr. 99) sowie die Geschichte von Sindbad dem Seefahrer (dazu TBA Erzählungen 487).*

89, 17 f. Herr von Gunkel *Josef Gunkel (gestorben 1879), berühmter Schneidermeister in Wien, zu dessen Kundschaft seit den 1820er Jahren der ganze österreichische Adel gehörte (R. Groner, Wien wie es war, S. 384).*

89, 30 Goldma⟨nn⟩ *Paul Goldmann (1865–1935) war Literaturkritiker bei der* ›Neuen Freien Presse‹ *und gehörte dem Freundeskreis um Arthur Schnitzler und Richard Beer-Hofmann an; er kritisierte scharf Hofmannsthals* Elektra, Das gerettete Venedig, Ödipus und die Sphinx *und* Cristinas Heimreise. *Nach 1911 kam es auch zum Zerwürfnis zwischen Schnitzler und Goldmann (vgl. BW Hofmannsthal-Schnitzler 135, 139, 176 und 260; ferner die Tagebucheintragungen Schnitzlers vom 28.12.1910, 7.6.1911, 23. 9. 1911 und 14.8.1912: Arthur Schnitzler, Tagebuch 1909–1912, S. 206, 245, 266 und 348).*

90,6 Lindor *Ein in den Komödien Goldonis mehrfach vorkommender Name (›Gli amori di Zelinda e Lindoro‹ etc.), von Hofmannsthal zunächst als Name für den späteren* Florindo *(SW XI 504,12) vorgesehen. Vgl. auch den Lindoro in Rossinis ›Il barbiere di Seviglia‹.*

90,6 Puppe ... Häckerling *Im 5. Akt von Goethes »dramatischer Grille« ›Der Triumph der Empfindsamkeit‹ (1777) wird die von dem empfindsamen Prinzen Oronaro verehrte Geliebte als Doppel der Königin Mandandane erkannt, allerdings als leblose Puppe, die mit Häckerling und Büchern empfindsamer Autoren ausgestopft ist (WA I/17, S. 54). Zur Bedeutung des ›Triumphs der Empfindsamkeit‹ für Hofmannsthal vgl.* Ariadne auf Naxos *(SW XXIV 63) und das Komödienfragment* Der Dichter *von 1919 (SW XXII).*

90,19 7 Häutchen *Das Gleichnis von den sieben Häutchen einer Zwiebel hat Hofmannsthal häufig verwendet. Vgl. SW XI 157,18 und 849, 27–31, SW XX 268, 23–43, SW XXIX 345, 23–29, SW XXX 150, 29f. sowie SW XXXI 203, 29–31 und 501, 34 bis 502, 6. – Vgl. auch S. 114,19.*

91,14 die ... lesen *Vgl.* Der Rosenkavalier*: Kann Sie Geschrieb'nes lesen? (SW XXIII 70, 28; Nachweis Heinz Rölleke, Wuppertal); ferner* Das Salzburger Große Welttheater *(SW X 14,32).*

91,20 Altenberg *Peter Altenberg ist das Pseudonym des Schriftstellers Richard Engländer (1859–1919), den Hofmannsthal im Februar 1894 kennenlernte (SW I 234, 26–30). 1896 besprach Hofmannsthal Altenbergs aufsehenerregendes Buch ›Wie ich es sehe‹*: Ein neues Wiener Buch *(TBA RuA I 222–229). Im selben Jahr schrieb Hofmannsthal an Hermann Bahr*: der Engländer ist überhaupt einer der unzuverlässlichsten, frauenzimmerhaft gemeinsten Menschen, die es giebt *(zitiert nach Rudolf Hirsch, Brief an die Redaktion. In: Literatur und Kritik, Heft 49 [Oktober 1970], S. 546). 1904 versuchte Hofmannsthal, in dem Fragment* Carl *(SW XVIII) den ihm von Bahr aus dem Kreis Peter Altenbergs zugetragenen Stoff um den Selbstmord des jungen Heinz Lang (SW XVIII 528,1) zu gestalten, der auch Schnitzler zu der gleichfalls unvollendet gebliebenen Tragikomödie ›Das Wort‹ (hrsg. von K. Bergel, Frankfurt 1966) veranlaßte. Von Altenbergs später zunehmend deprimierenden Lebensumständen legt das Tagebuch Schnitzlers Zeugnis ab. Was Hofmannsthal dazu veranlaßt haben könnte, Altenberg ein solches – später durch die Änderung des Namens in* Grünspan *wieder kaschiertes – Portrait zu setzen, läßt sich nur vermuten. Hinzuweisen wäre auf einige Taktlosigkeiten in Altenbergs Buch ›Fechsung‹ von 1915 (dort wird Hofmannsthal S. 96 einmal flüchtig erwähnt). – Vgl. Randolph J. Klawiter, Peter Altenberg and das Junge Wien. In: Modern Austrian Literature 1 (1968), S. 1–55.*

91, 32f. Gedicht von Schiller *›Hoffnung‹ (»Es reden und träumen die Menschen viel ⟨...⟩«); Erstdruck in den ›Horen‹ 1797.*

93, 3 Sei ... unverlierbar ist *Vermutlich Zitat. Quelle nicht ermittelt. Vgl. auch S. 98, 16 f.*

93, 6 wie ... von Orléans? *Anspielung auf die Szene I, 10 in Schillers Drama.*

93, 23 Merlin *Sagenhafter Zauberer, auch von Immermann gestaltet; vgl. zu 93, 26.*

93, 24 elysischer Zustand *In der griechischen Mythologie ist das Elysium der Aufenthaltsort der glückseligen Schatten.*

93, 26 Merlin ... Grab *Vgl. Goethes ›Kophtisches Lied‹, V. 8: »Merlin der Alte, im leuchtenden Grabe« (WA I/1, S. 130). Auch im Gespräch mit dem Kanzler von Müller vom 29. April 1818 sowie im Brief an Zelter vom 14. Dezember 1830 zieht sich Goethe hinter die Figur Merlins zurück (Hinweis Jutta Rißmann, Solingen). Vgl. auch SW XXXI 37, 30–33 und 272, 29–273, 3.*

93, 31 Motiv ... Sohn. *Vgl. Der Abenteurer und die Sängerin oder Die Geschenke des Lebens (SW V).*

94, 1–3 Wie ... auffangen! *Hofmannsthal kannte dieses Zitat aus Brentanos ›Frühlingskranz‹ (Nachweis SW XXIII 717, Anm. 267) vermutlich (so Norbert Altenhofer in HB 19/20 [1978], S. 48) aus Gustav Landauers Buch ›Skepsis und Mystik. Versuche im Anschluß an Mauthners Sprachkritik‹. Berlin 1903 (FDH/HvH Bibl.). Landauer zitiert Brentano S. 30 folgendermaßen: »Leben ist nichts als die Ewigkeit, die wir uns zueignen dadurch, daß wir uns ein Stückchen von ihr mit einem hinten vorgehaltenen Tod auffangen.« Vgl. SW XX 162, 24 f. und 270, 9–20, SW XXIII 205, 27–36 und TBA RuA I 452.*

94, 10 Welch ... nur! *Goethe, Faust I, V. 454.*

94, 13 Trud *Die Druiden (sie treten in Raimunds ›Diamant‹, I, 9, auf) gelten als Geister, die für Alpträume verantwortlich sind.*

94, 14 Plutus *In der antiken Mythologie der Gott des Reichtums, bisweilen auch der Unterwelt (vgl. Faust II, 1. Akt); vgl. die Figur des* Mammon *im Jedermann (SW IX 78, 3–80, 24).*

94, 17–20 ist es ... können – *Vgl. zu 94, 1–3.*

94, 18 prae *Lateinische Vorsilbe und Präposition: vor, vor andern, voraus.*

94, 22 Furcht u Hoffnung *Vgl. Faust II, 1. Akt, V. 5407–5440. (Hinweis Heinz Rölleke, Wuppertal) In Raimunds ›Diamant‹ tritt ebenfalls die Hoffnung in personifizierter Gestalt auf (I, 18) und bezeichnet die Furcht als ihre Feindin.*

94, 23 Prokrustesbett *Prokrustes: Räuber aus der griechischen Mythologie, von Theseus überwältigt: Er verkürzte oder streckte alle seine Gäste gewaltsam, bis sie in das vorbereitete Bett paßten.*

95, 1 Pamphilius *Der aus Raimunds ›Diamant‹ übernommene Name wird von Eduard Castle (Ferdinand Raimunds sämtliche Werke, S. LXIII) erläutert als Anspielung auf das in Österreich geläufige Schimpfwort Pamphili (Vieh); bei Rudolf Fürst (vgl. zu 57, 13, Erster Teil, S. XXXVIII) heißt es:* »*Dem Publikum mag ja überhaupt im ›Diamant des Geisterkönigs‹ das gute Alte mehr Freude bereitet haben als das bessere Neue.* ⟨...⟩ *das Feen- und Geistervolk, das so signifikante Namen trägt, wie z. B. Pamphilius, von Pamfili, einem in Wien beliebten, die Geisteskraft der Beschimpften anzweifelnden Schimpfworte*«. – *Zu denken ist aber auch an den in Terenz' Komödie ›Andria‹ gebrauchten Namen Pamphilius; Hofmannsthal las (erneut) alle sechs Terenzkomödien für den* Timon *im Spätsommer 1916 (SW XIV 535, 5 f.).*

95, 9 Es geht ... nah *Vgl.* Jedermann, *SW IX 56, 11 f.:*
    Daß es mir nit so nahe ging
    Als eines Fingernagels Bruch.
(Hinweis Heinz Rölleke, Wuppertal)

95, 22 Bettina *Die Frau des Zephises, nach S. 102, 16 Bettina di Spini, läßt sich als historische Figur im Umkreis Rossinis nicht nachweisen. Es dürfte sich um eine literarische Figur handeln; möglicherweise steht die Opern- und Rossinisängerin Bettina aus Mussets gleichnamiger Komödie von 1851 Patin; dieses Stück ist die Quelle für eine* Comödie *Hofmannsthals (H II 56; vgl. SW XXII).*

95, 30 lugubren *düsteren.*

96, 20 Die Sorge *Vgl. diese Gestalt im 5. Akt von Faust II, wo sie zusammen mit den Figuren Mangel, Schuld und Not auftritt. Die Figur der Not hat Hofmannsthal in Anlehnung an Goethes Sorge-Gestalt entworfen; vgl. S. 159, 9 ff.*

96, 36 Wurstelprater *Wiener Gaststätten- und Vergnügungsbezirk am Eingang zu den Praterauen.*

97, 4 f. Wenn ... wüssten *Hofmannsthal notiert 1909 im Tagebuch:* ›Si jeunesse savait, – si vieillesse pouvait!‹ (Memoiren des polnischen Obersten Chlaponski) *(TBA RuA III 498). Vgl. auch S. 152, 18 f.; ferner SW II 181, 27 und SW X 159, 7.*

97, 18 Wenn ... gruseln thät! *Vgl.* Kinder- und Hausmärchen *der Brüder Grimm, Nr. 4 :* ›Märchen von einem der auszog das Fürchten zu lernen‹: »*Ach wenn mir's nur gruselte ...*«

97,20 Hadersdorf *Stadtbezirk am westlichen Rand von Wien, zu Penzing gehörend.*

97,20 Petersdorf *Das in der Nähe von Rodaun gelegene Perchtoldsdorf.*

98,16f. Du hast ... ist! *Vgl. zu 93,3.*

98,24f. Wenn ... hört *Vgl. hierzu Eichendorffs ›Ahnung und Gegenwart‹, 1. Buch, 6. Kapitel: »›Oh, ich könnte mir‹, sagte Leontin, ›kein schauerlicheres und lächerlicheres Schauspiel zugleich wünschen, als eine Bande Musikanten, die recht eifrig und in den schwierigsten Passagen spielten, und einen Saal voll Tanzender dazu, ohne daß ich einen Laut von der Musik vernähme.‹ – ›Und hast du dieses Schauspiel nicht im Grunde täglich?‹ entgegnete Friedrich. ›Gestikulieren, quälen und mühen sich nicht überhaupt alle Menschen ab, die eigentümliche Grundmelodie äußerlich zu gestalten, die jedem in tiefster Seele mitgegeben ist, und die der eine mehr, der andere weniger und keiner ganz auszudrücken vermag, wie sie ihm vorschwebt? Wie weniges verstehen wir von den Taten, ja, selbst von den Worten eines Menschen!‹« (Joseph von Eichendorff, Werke. Bd. 2. München 1970, S. 60 f.)*

98,24 Tepp *Wiener Mundart: Trottel, ungeschickter Mensch.*

100,6 Hass Neid *In Raimunds ›Das Mädchen aus der Feenwelt oder Der Bauer als Millionär‹ erscheinen beide als »Milchbrüder« in allegorischer Gestalt.*

101,3 Velleitäten *Französisch: Gelüste, Anwandlungen.*

102,1 ZERBINETTA *Der schon in* Ariadne auf Naxos *(1912/1916) aufgenommene Name wurde entweder Philippe Monniers ›Venise au XVIIIe Siècle‹ (Paris: Perrin 1907, S. 203) oder Molières ›Les Fourberies de Scapin‹ entnommen. Vgl. SW XXIV 239, 26–29.*

102,20 Hadersdorf *Vgl. zu 97, 20.*

104,7 Morgenstunden ... Vortanzen *Vgl. das Ballett ›Tanz der Stunden‹ aus Amilcare Ponchiellis (1834–1886) Oper ›La Gioconda‹ (Text: Arrigo Boito, 1842–1918). In Hofmannsthals Ballett* Der Triumph der Zeit *von 1900/01 steht der 2. Aufzug unter der Überschrift* Das Zwischenspiel: Die Stunden *(Hinweise Heinz Rölleke, Wuppertal).*

104,8 Schottischen *Der schottische Tanz heißt in der Musik »Ecossaise«.*

104,35 singenden Baum *Vgl. S. 244, 3–8.*

107,16–23: *Aus Raimunds ›Diamant‹ (I, 3) übernommen.*

108,6 schlierfst *Wiener Mundart: ›schliafen‹, schlüpfen, kriechen; aus Raimunds ›Diamant‹ (I,3) übernommen.*

109,4 Eibenschitzer Spargel *Eibenschitz (Ivančice): Ort in der Nähe von Brünn in Mähren; bekannt durch den Obst-, Spargel- und Weinanbau. Im Juni 1908 weilte Hofmannsthal als Gast der Familie Gomperz auf Schloß Oslavan bei Eibenschitz (s. BW Kessler 182).*

109,11 Furcht ... Hoffnung *Vgl. zu 94,22.*

109,22 Franzosen *Vgl. S. 268,17 und die Erläuterung dazu.*

109,22 Berliner *Georg Simmel. Seine ›Philosophie des Geldes‹ (Leipzig 1900; FDH/ HvH Bibl., mit Anstreichungen und Annotationen) war u. a. schon für* Dominic Heintls letzte Nacht *(SW XVIII) und* Jedermann *(SW IX) von Bedeutung (Hinweis Heinz Rölleke, Wuppertal).*

109,24f. Die ... besessen. *Vgl. Hofmannsthals Aufsatz* Das alte Spiel von Jedermann: was wir besitzen sollten, das besitzt uns *(TBA Dramen III 90).*

109,31f. ein ... begreift *Vgl. Goethe, Faust I, V. 512f.: »Du gleichst dem Geist den du begreifst,/ Nicht mir!«*

110,2 Melancholie ... schwarzen Gedanken *Die Melancholie gilt seit der Lehre Galens als ›Schwarzgalligkeit‹; für den* Jedermann *hatte Hofmannsthal besonders Robert Burtons ›The Anatomy of Melancholy‹ (1621; FDH/HvH Bibl.: London 1898) genutzt.*

110,3 Morgenstunden *Vgl. zu 104,7.*

110,26 Marchande de modes *Französisch: Modistin, Putzmacherin. Vgl.* Der Rosenkavalier *(SW XXIII 29,26) und* Das Caféhaus oder Der Doppelgänger *(SW XXII).*

111,7–112,26: Vgl. den Auftritt der vier Jahreszeiten in Raimunds ›Diamant‹, I,14.

111,35–112,2: Vgl. zu 94,1–3.

112,10 Seilergassen *Im 1. Wiener Gemeindebezirk.*

112,10 Waldveigerln *Wiener Mundart: Waldveilchen.*

112,11 Hameau *Im Nordwesten Wiens, ursprünglich eine Siedlung im holländischen Stil, später ein Lokal.*

DER SOHN DES GEISTERKÖNIGS   305

112,21 die Drud *Vgl. zu 94,13.*

112,24 Hutschen *Wiener Mundart: Schaukel.*

114,13f. geistesabwesende … Schauerei *Vgl. die berühmte Stelle in C. F. Meyers ›Die Versuchung des Pescara‹: »und der Feldherr sagte: ›Die Gegenwart ist frech. Die Abwesenheit aber, die vergißt, ist gedankenlos. Ich preise die gegenwärtige Abwesenheit: die Sehnsucht.‹« (C. F. Meyer, Sämtliche Werke. Historisch-kritische Ausgabe. Hrsg. von Hans Zeller und Alfred Zäch. Bd. 13, Bern 1962, S. 223.)*

114,19f. Haut … im andern *Vgl. zu 90,19.*

114,27 Bandel *Wiener Mundart: Bändchen, Reihe.*

114,34 Schwechater Michel *Nicht ermittelt. Schwechat: Vorort Wiens.*

115,11 wie ein Lampelschweiferl *Wiener Mundart: wie ein Lämmerschwänzchen; ›er zittert wiar a Lamplschwaf‹: er ist feig. – Zur Herkunft dieser Redensart aus dem Märchen ›Das tapfere Schneiderlein‹ (Kinder- und Hausmärchen der Brüder Grimm, Nr. 20) und dem Barockroman ›Die drey ärgsten Ertz-Narren in der gantzen Welt‹ (1672) von Christian Weise vgl. Heinz Rölleke: ›Wie ein Lämmerschwänzchen‹. Zur Herkunft einer Redensart in Grimms Märchen. In: H. Rölleke, Wo das Wünschen noch geholfen hat. Gesammelte Aufsätze zu den ›Kinder- und Hausmärchen‹ der Brüder Grimm. Bonn 1985, S. 142–144.*

115,13: *Vgl. auch S. 96,18f.*

115,31 Alzerl *Wiener Mundart: fingerbreit.*

115,32 zacksel *Wiener Mundart: ›zackseln‹, gängeln, zerren.*

116,8 Wurstelprater *Vgl. zu 96,36.*

116,23 Irr ist fesch. *Vgl. auch S. 97,7.*

116,26 wegkletzerln *Wiener Mundart: wegkratzen.*

117,6 Hadersdorf *Vgl. zu 97,20.*

117,21 Wuzerl *Wiener Mundart: etwas Kleines.*

117,23 Katzelmacher *Wiener Mundart: Italiener (nach den aus Italien stammenden ›Figurimännern‹, die einst aus Gips gefertigte Katzen verkauften).*

118,29 Café ... Padua *Karl Baedekers ›Oberitalien mit Ravenna, Florenz und Livorno. Handbuch für Reisende‹ (Leipzig ¹⁸1911; FDH/HvH Bibl.) führt auf S. 293 zu Padua aus: »Caffè Pedrocchi ‹...›, bei Piazza Cavour, als das damals größte Kaffeehaus Europas von Gius. Japelli 1831 im klassizistischen Stil erbaut, noch jetzt der Stolz der Stadt, die ganze Nacht geöffnet«.*

118,33 Nymphe vom See *Hofmannsthal scheint hier eine Stelle aus Raimunds Erstlingsdrama ›Der Barometermacher auf der Zauberinsel‹ aus dem Gedächtnis zu zitieren. In der 2. Szene des 1. Aufzuges spricht Bartholomäus Quecksilber die Nymphe Lidi als »krudelschöne Person«, als »Nymphe des Waldes, oder Donna del Lago« an (Ferdinand Raimunds sämtliche Werke, Teil 1, S. 22). Raimund spiegelt hier – wie auch im ›Diamant des Geisterkönigs‹ – die Rossini-Begeisterung seiner Zeit wider: Die ›Donna del lago‹ – Eduard Castle hat sie in der zitierten, von Hofmannsthal benutzten Ausgabe als Rossini-Oper erläutert – ist eine Vertonung von Walter Scotts ›The Lady of the Lake‹ (Libretto: A. L. Tottola), die am 24. September 1819 in Neapel uraufgeführt wurde. Die Titelrolle wurde von Rossinis späterer (erster) Frau, Isabella Colbran (1785–1845), kreiert.*

125,5 ausgschamte *Wiener Mundart: unverschämte.*

126,7 Schamster *Wiener Mundart: Gehorsamster.*

127,17 Klachl *Wiener Mundart: riesiger Kerl, Lümmel.*

128,2 Lugenschippl *Wiener Mundart: Gewohnheitslügner.*

129,23 Tschapperl *Wiener Mundart: Kind, ungeschickte Person.*

130,11 Z'erscht *Wiener Mundart: zuerst.*

132,26 f. das rotaffianene *Vermutlich dachte Hofmannsthal an die in rotem Leder gebundene Großherzog Wilhelm Ernst-Ausgabe von Schillers Werken (FDH/HvH Bibl.).*

134,2–23: Aus Raimunds ›Diamant‹, I, 17, weitgehend übernommen.

134,26 Feuerstein ... Pistolen *Das Motiv aus Raimunds ›Diamant‹, I, 16, übernommen.*

137,29 Zeiserlwagen *Der Vorläufer des Stellwagens; der erste Unternehmer in Wien war Anton Zeisl; vgl. SW III 256,16 und die Erläuterung dazu.*

140,15 Herrn von Gunkel *Vgl. zu 89,17 f.*

140, 21f.: *Vgl. zu 90, 19.*

141, 8f. Ja ... zusammenhielt? *Vgl. die Aufzeichnung aus dem Jahr 1891: Mein Ich von* gestern *geht mich so wenig an wie das Ich Napoleons oder Goethes (TBA RuA III 333).*

141, 14f. Die Götter Griechenlands *Gedicht von Schiller (»Da ihr noch die schöne Welt regiertet ...«).*

141, 16 Die Ideale *Gedicht von Schiller (»So willst du treulos von mir scheiden ...«).*

141, 16f. die Künstler *Gedicht von Schiller (»Wie schön, o Mensch, mit deinem Palmenzweige ...«).*

141, 19f. »Sehnsucht!« *Gedicht von Schiller.*

141, 25–142, 11: *Die 1., 2. und 4. Strophe aus Schillers Gedicht ›Sehnsucht‹.*

142, 26–145, 12: *Der Auftritt der Hoffnung hat zahlreiche Parallelen in Raimunds ›Diamant‹, I, 18.*

143, 29 Alservorstadt *Stadtbezirk in Wien.*

146, 16 Mittel aller Mittel *Vgl. den Aufsatz* Das alte Spiel von Jedermann: *was wir besitzen sollten, das besitzt uns, und was das Mittel aller Mittel ist, das Geld, wird uns in dämonischer Verkehrtheit zum Zweck der Zwecke. (TBA Dramen III 90)*

147, 15 es ... könnte! *Vgl. Jedermann: Da ist kein Ding zu hoch noch fest, / Das sich um Geld nicht kaufen läßt. (SW IX 44, 24f.; Hinweis Heinz Rölleke, Wuppertal.)*

147, 29 Langaus *(Nieder-) Österreichischer Bauerntanz.*

147, 30 ergel *Verballhornung für lateinisch: ergo, ›also‹; von A. W. Schlegel in seiner Shakespeare-Übersetzung verwendet in der Totengräber-Szene des ›Hamlet‹ am Beginn des 5. Aktes.*

148, 13 Hebbel Schnock *Friedrich Hebbels Erzählung ›Schnock. Ein niederländisches Gemälde‹, erschienen 1848.*

148, 32f. Groß-Weikersdorf ... OberHollabrunn *Orte im österreichischen Waldviertel.*

149,12–14 wo ... Bezauberung! *Vgl. den Gedanken im* Buch der Freunde*: Wo ist dein Selbst zu finden? Immer in der tiefsten Bezauberung, die du erlitten hast. (Hugo von Hofmannsthal, Buch der Freunde. Mit Quellennachweisen hrsg. von Ernst Zinn. Frankfurt a. M. 1967, S. 35.)*

150,17 Quart *Wiener Mundart: Gesindel.*

151,1–3: Vgl. Der Tor und der Tod, *besonders SW III 79, 19–22:*
In eine Stunde kannst du Leben pressen,
Mehr als das ganze Leben konnte halten,
Das schattenhafte will ich ganz vergessen
Und weih mich deinen Wundern und Gewalten.

151,11–13 Nicht ... Blick *Vgl. dazu die folgende Strophe aus Goethes Marienbader ›Elegie‹ (1823):*
»*Drum thu' wie ich und schaue, froh verständig,*
Dem Augenblick in's Auge! Kein Verschieben!
Begegn' ihm schnell, wohlwollend wie lebendig,
Im Handeln sei's zur Freude, sei's dem Lieben;
Nur wo du bist sei alles, immer kindlich,
So bist du alles, bist unüberwindlich.« (WA I/3, S. 24)

151,22 Siegel Salomonis *Dieses bei Hofmannsthal mehrfach (etwa im* Andreas, *SW XXX 164,3) belegte Motiv wird SW XXX 421, 8–16 auf Friedrich Hebbels Epigramm ›Philosophenschicksal‹ zurückgeführt:*
»*Salomons Schlüssel glaubst du zu fassen und Himmel und Erde*
Aufzuschließen, da lös't er in Figuren sich auf,
Und du siehst mit Entsetzen das Alphabet sich erneuern,
Tröste dich aber, es hat während der Zeit sich erhöht.«
Friedrich Hebbel's sämmtliche Werke. 7. Band: Gedichte I. Hamburg: Hoffmann und Campe 1891, S. 199 (FDH/HvH Bibl.; mit Anstreichungen).
Eine Parallelstelle findet sich in den Notizen zu einem Grillparzervortrag *(TBA RuA I 26), ferner in den Aufzeichnungen zur* Verteidigung der Elektra *(TBA RuA III 443).*
Vgl. ferner Lessings ›Nathan der Weise‹, II, 3: »Ists möglich? daß ein Mann / Dir so verborgen blieb, von dem es heißt, / Er habe Salomons und Davids Gräber / Erforscht, und wisse deren Siegel durch / Ein mächtiges geheimes Wort zu lösen?« *Gerd Hillen (Lessings Werke. München 1971. Bd. 2, S. 755 ff.), kommentiert die Stelle:* »*Salomon soll seinem Vater David große Schätze mit ins Grab gegeben haben. Sein Siegelring galt als Talisman der Weisheit und Zauberei*«.
Auch in Brentanos ›Märchen von Gockel und Hinkel‹ ist von »*Salomons Petschaft*« *bzw.* »*Salomons Siegelring*« *die Rede (Clemens Brentano, Werke. Hrsg. von W. Frühwald und F. Kemp. München. Bd. 3, ²1978, S. 509 und 665), was S. 1114 wie folgt kommentiert*

wird: »*In der jüdischen Legende wurde dem König Salomo wunderbare Macht über Geister und Dämonen zugeschrieben, die er mit Hilfe eines zauberkräftigen Siegelrings beherrschte; der Stein dieses Ringes gilt hier als das Mittel, jeden Wunsch zu erfüllen.*« – *Seit dem 14. Jahrhundert weit verbreitet war die ›Clavicula Salomonis‹, die Beschwörungen der Geister zu mannigfachen Zwecken enthielt (Handbuch des deutschen Aberglaubens. Hrsg. von E. Hoffmann-Krayer und Hanns Bächtold-Stäubli. Bd. II. Berlin und Leipzig 1929/30, S. 88–93).*

152,17 Siegel Salomonis *Vgl. zu 151,22.*

152,18f. Si ... savait! *Vgl. zu 97,4.*

153,3 eintrillen *›Eindrillen‹: (nachdrücklich) einüben, ›einpauken‹.*

154,7 a Hafer hab ich! *Sprichwörtlich. Einen Hafer haben: durcheinander sein, verwirrt sein.*

155,10 à la Buber *Eine nicht näher ermittelte Anspielung auf Martin Buber.*

155,25 A. E. *Anna Eduard. Indem sie die Wäschestücke mit diesen Initialen versieht, nimmt Anna ihre spätere Verbindung mit Eduard vorweg.*

155,29 Pasca *Figur aus Cristinas Heimreise (vgl. SW XI).*

156,7 Longimanus ... Felsplateau *Vgl. Raimunds ›Diamant‹, II, 20:* »*Longimanus:* 〈...〉 *Du hast geglaubt, ich werd meine Braut mit Donner und Blitz empfangen? Nein!*«

157,12 : *Vgl. Lessings ›Faust‹-Fragment und die Szene ›Faust und Sieben Geister‹ (Hinweis Heinz Rölleke, Wuppertal).*

157,18 vom singenden Baum *Vgl. S. 244,3–8.*

159,15 Ich ... Not. *Vgl. Goethe, Faust II, V. 11385.*

161,10f. am Anfang ... schwersten *Vgl. dazu Goethes Aphorismus aus ›Wilhelm Meisters Wanderjahre oder Die Entsagenden‹ (Aus Makariens Archiv):* »*Mit den Jahren steigern sich die Prüfungen.*« *(WA I/42.2, S. 193) Vgl. ferner den ›Lehrbrief‹ Wilhelm Meisters am Ende des 7. Buches von ›Wilhelm Meisters Lehrjahre‹:* »*Aller Anfang ist heiter*« *(WA I/23, S. 124), und ›Wilhelm Meisters Wanderjahre‹, 1. Buch, 4. Kapitel:* »*Aller Anfang ist schwer! Das mag in einem gewissen Sinne wahr sein; allgemeiner aber kann man sagen: aller Anfang ist leicht, und die letzten Stufen werden am schwersten und seltensten erstiegen.*« *(WA I/24, S. 50)*

162,4–7 und 15–18: *Es handelt sich um ein Lied aus Pietro Antonio Metastasios (1698–1782) Libretto ›Siroe, re di Persia‹ (Vertonung: Leonardo Vinci, 1690–1730; Uraufführung: Venedig 1726), II,1 (Opere del Signor Abate Pietro Metastasio. Tomo Terzo. Parigi 1780, S. 271), das Giacchino Rossini (1792–1868) in zahlreichen Gelegenheitswerken vertont hat. Alexis-Jacob Azevedo (G. Rossini, Sa Vie et ses œuvres. Paris 1864, S. 199) schätzt, daß Rossini diesen Text etwa dreihundertmal komponiert hat. Seine wohl letzte Vertonung stammt aus dem Jahr 1857: Musique anodine. Prélude pour le piano suivi de six petites mélodies composés sur les mêmes paroles ⟨Mi lagneró tacendo⟩; vgl. Richard Osborne, Rossini. London 1986, S. 107 und 265 f.; Herbert Weinstock, Rossini. A Biography. New York 1987, S. 467, 515 und 530. – Vgl. die Rede des »bösen Genius« Koliphonius am Ende von Raimunds ›Diamant‹, I, 26:* »Tut eure Schuldigkeit, ihr singenden Zweige, lockt sie hinauf. Singt! bezaubernde Melodien singt, singt Rossinische! Sie locken ja ins Schauspielhaus, so werden sie auch hier ihre Wirkung nicht verfehlen.«

163,22 haucht ... an *Vgl. die Sorge-Szene aus dem 5. Akt von Faust II; dort nach V. 11498 die Regie:* »Sie haucht ihn an«; *ferner das* Vorspiel zur Antigone*:* GENIUS: So hauch ich deine beiden Augen an *(SW III 217, 15); sowie den* Prosa-Jedermann *(SW IX 15, 22 f.).*

165, 25 f. Mann ... an! *Aus Mozarts ›Zauberflöte‹.*

165, 27 Wald ... Wind. *Vgl. Raimunds ›Diamant‹, II, 17:* »Fürchterlicher Wald. Nacht. Blitze leuchten.«

165, 29 Knopfgießer *Gestalt aus Ibsens ›Peer Gynt‹.*

166, 19 Rosenblütchen u. Hyacinth *Märchen aus Novalis' ›Die Lehrlinge von Sais‹.*

166, 22 Kathis *Der Name begegnet nur an dieser Stelle des* Geisterkönigs; *er erinnert an Kathi Fröhlich, die langjährige Verlobte Grillparzers.*

256, 25 Modestina *Vgl. zu 59, 19.*

256, 26 Langaus *Vgl. zu 147, 29.*

256, 27 Lanner *Joseph Lanner (1801–1843), österreichischer Komponist, schrieb vorwiegend Walzer und Ländler.*

256, 27 Strauss Sohn *Johann Strauß (1825–1899), der berühmte Wiener Walzerkomponist.*

256, 32 Veritatius *Vgl. zu 61, 10.*

256, 33 cant *Englisch: Jargon, Kauderwelsch, Gefasel.*

256, 33 f. Man ... mir *Vgl. Raimunds ›Diamant‹, II, 15.*

256,34 Aladin *Vgl. zu 58,8.*

257,4–7 Werd ... (S. 29) *Vgl. zu 58, 24–26 und 58, 26.*

257,14 Greisslerische *Vgl. zu 57, 2.*

257,15 Neustiftgassen *Im 7. Wiener Gemeindebezirk.*

257,21 schiach *Wiener Mundart: zornig, wild, häßlich, greulich.*

259,14 pledert *Wiener Mundart: flattert, schlägt.*

259,14 Nürscherl *Wiener Mundart: Napf für Vogelfutter.*

259,17 Reich ... Leben! ›La ci darem la mano‹ *aus Mozarts ›Don Giovanni‹.*

259,30 Laura ... am Clavier *Vgl. zu 70, 12.*

260,18 Herzbinkerl *Wiener Mundart: Liebling; aus Raimunds ›Diamant‹, I, 22.*

261,7 Liane *Hauptfigur in Jean Pauls ›Titan‹.*

261,7 Tempel ... Haus! *Vgl. zu 70, 31.*

261,31 Gastein *Vgl. zu 69, 31.*

263,9 Aller ... Pater. *Vgl. zu 161, 10 f.*

263,12 in dem Schiller seinem Traumbüchel *Nicht ermittelte Anspielung.*

264,20 Guéridons *Französisch: Leuchtertische; kleine, runde Tische.*

265,5 Doigté *Französisch: Fingerfertigkeit, Fingerspitzengefühl.*

265,8 Boutaden *Französisch: Geistesblitze, Einfälle, Launen.*

265,22 f. vom Blatt zu singen *Aus Raimunds ›Diamant‹, I, 3.*

266,3 corvée *Französisch: undankbare Aufgabe, Last.*

266,9: *Vgl. Ibsens ›Peer Gynt‹, 4. Akt; ferner S. 165, 29 und die Erläuterung dazu.*

266,26 Roué *Französisch: Durchtriebener, Gerissener.*

267,4 Altenberg *Vgl. zu 91, 20.*

267,6 Lothario *Name einer Figur in Goethes ›Wilhelm Meisters Lehrjahre‹.*

267, 20 Velleitäten *Vgl. zu 101, 3.*

267, 32 Zerbinetta *Vgl. zu 102, 1.*

268, 3f. Kann ... hätte. *Vgl. Matth. 10, 29: »Kauft man nicht zwei Sperlinge für einen Groschen? Dennoch fällt keiner von ihnen auf die Erde ohne euren Vater«. Von Shakespeare aufgegriffen in ›Hamlet‹, V, 2: »There is special providence in the fall of a sparrow.«*

268, 17 Eigenthum ist Diebstahl *»Le propriété c'est le vol«: Schlagwort aus der im Juni 1840 der Akademie von Besançon vorgelegten Schrift ›Qu'est-ce-que la propriété? ou Recherches sur le principe du droit et du gouvernement‹ von Pierre-Josephe Proudhon (1809–1865).*

268, 32 Schwechater Michl *Vgl. zu 114, 34.*

268, 32 Diegelmann *Wilhelm Diegelmann (1861–1934), Schauspieler an Max Reinhardts Deutschem Theater in Berlin; spielte 1910 in der Uraufführung von* Cristinas Heimreise *den Kapitän.*

270, 20 wüste Insel *Das Motiv der* wüsten Insel *durchzieht das gesamte Werk Hofmannsthals. Belege finden sich ab dem Jahr 1897, so in dem Gedicht* Gespräch *(SW I 80, 6; vgl. dazu SW III 810, 8) und in der Prosa* Französische Redensarten *(TBA RuA I 237), 1906 in einem Brief an Eberhard von Bodenhausen (BW 88), 1907 in* Silvia im »Stern« *(SW XX 59, 7 und 255, 1–22) und in N 9 zu* Der Frohe und der Schwermütige *(SW II 173), 1908 im* Gespräch über den »Dominic Heintl« *(SW XXXI 181, 19), 1910 im dritten Akt von* Cristinas Heimreise *(Erste Fassung, SW XI 237, 31), 1911/12 in der ersten Fassung der* Ariadne auf Naxos *mit dem* Bürger als Edelmann *als Rahmen (TBA Dramen V 234f., 274f., 277, 278) sowie dem Operntext selbst (SW XXIV 19, 1), später – 1916 – in den* Lästigen *(TBA Dramen VI 422), in den Notizen zum* Schwierigen *(vgl. SW XII 300, 19, 358, 33 und 542, 16–26) und noch in* Timon der Redner *(SW XIV 475, 6).*

271, 1–3 Kann ... hätte! *Vgl. zu 268, 3f.*

271, 21 Gottigkeit *Wiener Mundart: was sagen soll, gewissermaßen (von lateinisch: quod dicat; italienisch: codiga).*

271, 25 wie ... hört, *Vgl. zu 98, 24f.*

272, 9 Haimonskindern *Sage aus dem karolingischen Sagenkreis, Volksbuch 1493, deutsch 1531, Tiecks Bearbeitung 1797; vgl. Raimunds ›Diamant‹, I, 14.*

272, 13–15: *Vgl. zu 94, 1–3.*

272,21 Mehlmarkt *Der Neue Markt im 1. Wiener Gemeindebezirk.*

272,22 Krapfenwald *»Krapfenwaldl heißt eine Ansiedlung auf dem Abhange des Kahlenberges, jetzt zum 19. Wiener Stadtbezirk gehörig« (R. Groner, Wien wie es war, S. 244).*

273,3 Prokrustesbett *Vgl. zu 94,23.*

273,18f. mit Phosphorschrift ... geschrieben *Vgl. das Belsazar-Motiv von der Schrift an der Wand aus dem alttestamentarischen Buch Daniel.*

274,4 schwermütige leichtfertige *Vgl. Hofmannsthals Gedichtentwurf Der Frohe und der Schwermütige (1901–1917) nach Milton, SW II 170–176.*

275,3 Wällischer *Italiener.*

275,15 Hadersdorf *Vgl. zu 97,20.*

275,17 lugubren *Vgl. zu 95,30.*

276,12 Klachln *Vgl. zu 127,17.*

280,28 er ... Hörndl gesehen! *Vgl. Raimunds ›Diamant‹, I, 23: »Florian:* ⟨...⟩ *Das wird eine schöne Reise werden, nicht einmal einen Koffer, und der Postknecht! sein Posthörndl ist größer als er, den verlieren wir unterwegs.«*

282,36f. hocken ... Klauen. *Hofmannsthal scheint hier an bildliche Darstellungen des Alptraums zu denken; bekanntestes Beispiel ist Johann Heinrich Füßlis ›Nachtmahr‹.*

284,3–10: Vgl. zu 162,4–7 und 15–18.

285,16f.: Vgl. zu 282,36f.

285,19 Geist ... Flasche *Vgl. zu 87,32.*

285,24 Quart *Vgl. zu 150,17.*

286,3: Vgl. zu 161,10f.

287,3f. Nicht ... Augenblicks *Vgl. zu 151,11–13.*

288,17 Wällischer *Italiener.*

NACHWORT

Der vorliegende Band versammelt Lustspielfragmente Hofmannsthals aus der Zeit zwischen 1889 und 1916; den Abschluß bildet der umfangreiche Komplex Der Sohn des Geisterkönigs. *Zwischen dem Beginn der Arbeit am* Geisterkönig *und den ersten Notizen zum* Emporkömmling, *Anfang 1916, liegen zwar nur wenige Wochen, doch fiel aus äußeren Gründen die Bandgrenze zwischen diese beiden Fragmente: Band XXII (Dramen 20) wird Lustspielfragmente Hofmannsthals zwischen 1916 und 1929 enthalten, beginnend mit* Der Emporkömmling.

Mein herzlicher Dank gilt Herrn Dr. Rudolf Hirsch, Frankfurt/M., für vielfältige Beratung und Unterstützung sowie die Überlassung von Handschriften – ohne seine Kenntnisse wäre der Band nicht zur vorliegenden Form gekommen; Herrn Prof. Dr. Heinz Rölleke, Wuppertal, für zahlreiche Hinweise und Erläuterungen, die den Kommentar bereichert haben; Herrn Dr. Klaus-Dieter Krabiel, dessen Gewissenhaftigkeit und Spürsinn für verschüttete (oder falsche) Fährten die redaktionelle Arbeit zu einem wesentlichen Bestandteil des Bandes haben werden lassen.

Wertvolle Hinweise zu den Erläuterungen gaben Frau Dr. Jutta Rißmann, Solingen, Frau Ellen Ritter, Bad Nauheim, Frau Dr. Martina Schmidt, Wien, Frau Alexandra Tischel, Frankfurt/M., Herr Dr. Klaus Bohnenkamp, Tübingen, und Herr Dr. Christoph Michel, Freiburg i. Br., wofür auch an dieser Stelle herzlich gedankt sei. Für zwei Quellennachweise ist Frau Helga Weidmann zu danken.

Das Deutsche Literaturarchiv, Marbach a. N., die Bibliotheca Bodmeriana, Genf, The Central Zionist Archives, Jerusalem, sowie die Wiener Stadtbibliothek stellten Handschriften zur Verfügung; auch dafür sei vielmals gedankt.

Bad Homburg, im September 1993   *Mathias Mayer*

WIEDERHOLT ZITIERTE LITERATUR

I. WERKAUSGABEN

Hugo von Hofmannsthal, Gesammelte Werke in Einzelausgaben. Herausgegeben von Herbert Steiner. Frankfurt a.M.:
L III   *Lustspiele III, 1968.*

SW   *Hugo von Hofmannsthal, Sämtliche Werke (vorliegende Ausgabe).*

SW Aufzeichnungen   *Hugo von Hofmannsthal, Sämtliche Werke, Bde. XXXVI bis XXXVII: Aufzeichnungen und Tagebücher 1/2.*

TBA *Hugo von Hofmannsthal, Gesammelte Werke in zehn Einzelbänden. Hrsg. von Bernd Schoeller in Beratung mit Rudolf Hirsch. Frankfurt a.M. 1979 (Taschenbuchausgabe):*
Dramen II–VI
Erzählungen Erzählungen, Erfundene Gespräche und Briefe, Reisen
RuA I   Reden und Aufsätze I
RuA II   Reden und Aufsätze II
RuA III   Reden und Aufsätze III, Buch der Freunde, Aufzeichnungen

II. BRIEFE UND TAGEBÜCHER

B I *Hugo von Hofmannsthal, Briefe 1890–1901. Berlin 1935.*

B II *Hugo von Hofmannsthal, Briefe 1900–1909. Wien 1937.*

Hugo von Hofmannsthal – Leopold von Andrian, Briefwechsel. Hrsg. von Walter H. Perl. Frankfurt a. M. 1968.

Hugo von Hofmannsthal – Richard Beer-Hofmann, Briefwechsel. Hrsg. von Eugene Weber. Frankfurt a. M. 1972.

Hugo von Hofmannsthal – Eberhard von Bodenhausen. Briefe der Freundschaft. Hrsg. von Dora Freifrau von Bodenhausen. Düsseldorf 1953.

Hugo von Hofmannsthal – Carl J. Burckhardt, Briefwechsel. Hrsg. von Carl J. Burckhardt und Claudia Mertz-Rychner. Erweiterte und überarbeitete Neuausgabe. Frankfurt a. M. 1991.

Hugo von Hofmannsthal, Briefwechsel mit Ottonie Gräfin Degenfeld und Julie Freifrau von Wendelstadt. Hrsg. von Marie Therese Miller-Degenfeld unter Mitwirkung von Eugene Weber †. 2., verb. und erw. Auflage. Frankfurt a. M. 1986.

Hugo von Hofmannsthal, Briefwechsel mit dem Insel-Verlag 1901-1929. Hrsg. von Gerhard Schuster. Frankfurt a. M. 1985.

Hugo von Hofmannsthal – Edgar Karg von Bebenburg, Briefwechsel. Hrsg. von Mary E. Gilbert. Frankfurt a. M. 1966.

Hugo von Hofmannsthal – Harry Graf Kessler, Briefwechsel 1898-1929. Hrsg. von Hilde Burger. Frankfurt a. M. 1968.

Hugo von Hofmannsthal – Max Mell, Briefwechsel. Hrsg. von Margret Dietrich und Heinz Kindermann. Heidelberg 1982.

Hugo von Hofmannsthal – Rudolf Pannwitz. Briefwechsel 1907-1926. In Verbindung mit dem Deutschen Literaturarchiv hrsg. von Gerhard Schuster. Mit einem Essay von Erwin Jaeckle. Frankfurt a. M. 1993.

Hugo von Hofmannsthal – Arthur Schnitzler, Briefwechsel. Hrsg. von Therese Nickl und Heinrich Schnitzler. Frankfurt a. M. 1964.

Arthur Schnitzler, Tagebuch 1879–1892. Hrsg. im Auftrag der Österreichischen Akademie der Wissenschaften von Werner Welzig. Wien 1987.

Arthur Schnitzler, Tagebuch 1893–1902. Hrsg. im Auftrag der Österreichischen Akademie der Wissenschaften von Werner Welzig. Wien 1989.

Arthur Schnitzler, Tagebuch 1909–1912. Hrsg. im Auftrag der Österreichischen Akademie der Wissenschaften von Werner Welzig. Wien 1981.

Arthur Schnitzler, Tagebuch 1913–1916. Hrsg. im Auftrag der Österreichischen Akademie der Wissenschaften von Werner Welzig. Wien 1983.

Richard Strauss – Hugo von Hofmannsthal, Briefwechsel. Hrsg. von Willi Schuh. Zürich, Freiburg i. Br. ⁵1978.

Hugo von Hofmannsthal – Anton Wildgans, Briefwechsel. Hrsg. und kommentiert von Norbert Altenhofer. Heidelberg 1971.

Hugo von Hofmannsthal – Stefan Zweig: Briefe (1907–1928). Mitgeteilt und kommentiert von Jeffrey B. Berlin und Hans Ulrich Lindken. In: HB 26 (1982), S. 86–116.

III. SONSTIGE LITERATUR

Goethes Werke. Hrsg. im Auftrage der Großherzogin Sophie von Sachsen. Weimarer Ausgabe (WA). Weimar 1887–1919.

Groner, Richard: Wien wie es war. Wien und Leipzig 1922.

Ferdinand Raimunds sämtliche Werke in drei Teilen. Mit einer Einführung und Anmerkungen. Hrsg. von Eduard Castle. Leipzig: Max Hesse's Verlag o. J. ⟨1903⟩. (FDH/HvH Bibl.)

Taine, Hippolyte: Geschichte der englischen Literatur. Autorisierte deutsche Ausgabe. 3 Bde. Bearbeitet von Leopold Katscher (Bd. 1) und Gustav Gerth (Bde. 2 und 3). Leipzig: E. J. Günther 1878–1880. (FDH/HVH Bibl.)

ABKÜRZUNGEN

a. l. R. am linken Rand
a. r. R. am rechten Rand
BW Briefwechsel
DVjS Deutsche Vierteljahrsschrift für Literaturwissenschaft und Geistesgeschichte
E in Signaturen: Eigentum der Erben Hugo von Hofmannsthals
FDH Freies Deutsches Hochstift
FDH/HvH Bibl. Der erhaltene Teil von Hofmannsthals Bibliothek im Besitz des Freien Deutschen Hochstifts, Frankfurt am Main.
H in Signaturen: Eigentum der Houghton Library, Harvard University
HB Hofmannsthal-Blätter
IN Inventarnummer
JDSG Jahrbuch der Deutschen Schillergesellschaft
pag. pagina, paginiert; Seitenzählung Hofmannsthals
PMLA Publications of the Modern Language Association
u. d. Z. unter der Zeile
ü. d. Z. über der Zeile
V. Vers
WA Goethe: Weimarer Ausgabe (s. oben)

EDITIONSPRINZIPIEN

I. GLIEDERUNG DER AUSGABE[1]

Die Kritische Ausgabe Sämtlicher Werke Hugo von Hofmannsthals enthält sowohl die von Hofmannsthal veröffentlichten als auch die im Nachlaß überlieferten Werke.

GEDICHTE 1/2

I   Gedichte 1*
II Gedichte 2* ⟨Nachlaß⟩

DRAMEN 1–20

III   Dramen 1*
Kleine Dramen: Gestern, Der Tod des Tizian, Idylle, Der Tor und der Tod, Die Frau im Fenster, Das Kleine Welttheater, Der weiße Fächer, Der Kaiser und die Hexe, Vorspiel zur Antigone des Sophokles, Landstraße des Lebens, Gartenspiel, Das Kind und die Gäste, Die treulose Witwe, Die Schwestern u. a.

IV   Dramen 2*
Das gerettete Venedig

V   Dramen 3*
Die Hochzeit der Sobeide, Der Abenteurer und die Sängerin

VI   Dramen 4
Das Bergwerk zu Falun, Semiramis

VII   Dramen 5
Alkestis, Elektra

VIII   Dramen 6*
Ödipus und die Sphinx, König Ödipus

---

[1] Erschienene Bände sind durch Sternchen gekennzeichnet.

IX   Dramen 7*
Jedermann

X   Dramen 8*
Das Salzburger Große Welttheater – Christianus der Wirt, Gott allein kennt die Herzen ⟨Pantomimen⟩

XI   Dramen 9*
Florindos Werk, Cristinas Heimreise

XII   Dramen 10*
Der Schwierige

XIII   Dramen 11*
Der Unbestechliche

XIV   Dramen 12*
Timon der Redner

XV   Dramen 13*
Das Leben ein Traum, Dame Kobold

XVI 1/2   Dramen 14 1*/2
Der Turm

XVII   Dramen 15
Die Heirat wider Willen, Die Lästigen, Die Sirenetta, Fuchs, Der Bürger als Edelmann ⟨1911 und 1917⟩, Die Gräfin von Escarbagnas, Vorspiel für ein Puppentheater, Szenischer Prolog zur Neueröffnung des Josefstädter Theaters, Das Theater des Neuen u. a.

XVIII–XIX   Dramen 16*/17
Aus dem Nachlaß: Ascanio und Gioconda, Die Gräfin Pompilia, Dominic Heintls letzte Nacht, Herbstmondnacht, Xenodoxus, Phokas, Die Kinder des Hauses u. a.

XX   Dramen 18*
Silvia im »Stern«

XXI–XXII   Dramen 19*/20
Lustspiele aus dem Nachlaß: Der Sohn des Geisterkönigs, Der Emporkömmling, Das Caféhaus oder der Doppelgänger, Die Freunde, Das Hotel u. a.

OPERNDICHTUNGEN 1–4

XXIII   Operndichtungen 1*
Der Rosenkavalier

XXIV Operndichtungen 2*
Ariadne auf Naxos, Die Ruinen von Athen

XXV Operndichtungen 3
Die Frau ohne Schatten, Danae oder die Vernunftheirat, Die aegyptische Helena u. a.

XXVI Operndichtungen 4*
Arabella, Lucidor, Der Fiaker als Graf

BALLETTE – PANTOMIMEN – FILMSZENARIEN

XXVII Der Triumph der Zeit, Josephslegende u. a. – Amor und Psyche, Das fremde Mädchen u. a. – Der Rosenkavalier, Daniel Defoe u. a.

ERZÄHLUNGEN 1/2

XXVIII Erzählungen 1*
Das Glück am Weg, Das Märchen der 672. Nacht, Das Dorf im Gebirge, Reitergeschichte, Erlebnis des Marschalls von Bassompierre, Erinnerung schöner Tage, Lucidor, Prinz Eugen der edle Ritter, Die Frau ohne Schatten

XXIX Erzählungen 2*
Nachlaß: Amgiad und Assad, Der goldene Apfel, Das Märchen von der verschleierten Frau, Knabengeschichte, Die Heilung u. a. – Prosagedichte

ROMAN – BIOGRAPHIE

XXX* Andreas – Der Herzog von Reichstadt, Philipp II. und Don Juan d'Austria

ERFUNDENE GESPRÄCHE UND BRIEFE

XXXI* Ein Brief, Über Charaktere im Roman und im Drama, Gespräch über die Novelle von Goethe, Die Briefe des Zurückgekehrten, Der Revenant, Essex und sein Richter u. a.

REDEN UND AUFSÄTZE 1–4

XXXII–XXXV Reden und Aufsätze 1/2/3/4

AUFZEICHNUNGEN UND TAGEBÜCHER 1/2

XXXVI–XXXVII Roman des inneren Lebens, Buch der Freunde, Ad me ipsum, Aufzeichnungen und Tagebücher

II. GRUNDSÄTZE DES TEXTTEILS

Ob der Text einem Druck oder einer Handschrift folgt, ergibt sich aus der Überlieferungssituation. In beiden Fällen wird er grundsätzlich in der Gestalt geboten, die er beim Abschluß des genetischen Prozesses erreicht hat.

Sind im Verlauf der Druckgeschichte wesentliche Eingriffe des Autors nachzuweisen, wird der Druck gewählt, in dem der genetische Prozeß zum Abschluß gelangt ist. Kommt es zu tiefgreifenden Umarbeitungen, werden die entsprechenden Fassungen geboten.

Dem Text werden Handschriften bzw. Typoskripte zugrunde gelegt, wenn der Druck verschollen, nicht zustande gekommen oder die Werkgenese nicht zum Abschluß gelangt ist. In diesen Fällen erscheint im Textteil die Endphase der (des) spätesten, am weitesten fortgeschrittenen Überlieferungsträger(s); dazu treten ggf. Vorstufen besonderen Gewichts und inhaltlich selbständige Notizen. Um von kleinen unvollendeten Nachlaßwerken – unabhängig von ihrem Rang – eine Vorstellung zu geben, muß das Vorhandene, das in diesen Fällen oft nur aus Notizen besteht, mehr oder minder vollständig geboten werden (vgl. IV).

Im Textteil wird soweit irgend möglich auf Konjekturen und Emendationen verzichtet. Orthographische und grammatische Abweichungen von der heutigen Gewohnheit und Schwankungen in den Werken werden nicht beseitigt. Nur bei Sinnentstellungen und bei eindeutigen Druck- bzw. Schreibfehlern korrigiert der Editor. Handschriftliche Notizen und Entwürfe werden in der Regel typographisch nicht normiert.

III. VARIANTEN UND ERLÄUTERUNGEN (AUFBAU)

1. Entstehung

Unter Berücksichtigung von Zeugnissen und Quellen wird über die Entstehungsgeschichte des jeweiligen Werkes referiert (vgl. III/4).

2. Überlieferung

Die Überlieferungsträger werden (möglichst in chronologischer Folge) sigliert und beschrieben.

a) Die Handschriften- bzw. Typoskriptbeschreibung nennt: Eigentümer, Lagerungsort, gegebenenfalls Signatur, Zahl der Blätter und der beschriebenen Seiten[2], Aufschrift der Konvolutumschläge, vorhandene Daten; sofern sie wesentliche Schlußfolgerungen

---

[2] Beispiel: Die Signatur E III 89.16–20 bedeutet: Handschriftengruppe III, Konvolut 89, Blätter 16–20 einseitig beschrieben. Ein ^{b} (z. B. E III 220.1^b) bezeichnet die nicht signierte Seite eines Blattes; ^{c} und ^{d} bezeichnen entsprechend die dritte und vierte Seite eines Doppelblattes. – Ausführliche Beschreibung des Sachverhalts kann hinzutreten.

erlauben, auch Format 〈Angabe in mm〉, Papierbeschaffenheit, Wasserzeichen, Schreibmaterial, Erhaltung.

b) Die Druckbeschreibung nennt: Titel, Verlagsort, Verlag, Erscheinungsjahr, Auflage, Buchschmuck und Illustration; bei seltenen Drucken evtl. Standort und Signatur.

Die Rechtfertigung der Textkonstituierung erfolgt bei der Beschreibung des dem Text zugrundeliegenden Überlieferungsträgers.

3. Varianten (vgl. IV und V)

4. Zeugnisse

Dieser Abschnitt enthält in signifikanten Ausschnitten Arbeitsbelege und werkbezogene Äußerungen aus Briefen von und an Hofmannsthal oder Dritter, aus Tagebüchern und anderen Aufzeichnungen des Autors und seiner Zeitgenossen.

5. Erläuterungen

Der Kommentar besteht in Wort- und Sacherklärungen, Erläuterungen zu Personen, Zitat- und Quellennachweisen sowie Hinweisen auf Anspielungen und wichtige Parallelstellen. Auf interpretierende Erläuterungen wird grundsätzlich verzichtet.

IV. GRUNDSÄTZE DER VARIANTENDARBIETUNG

Die vollständige Darbietung der Vorstufen und Lesarten erwies sich angesichts der besonders reichen Überlieferungslage als unangemessen. Der große editorische Aufwand zur Erfassung der gesamten Varianz steht in keinem Verhältnis zu der durch sie vermittelbaren Erkenntnis. Unter Berücksichtigung des parallel mit der Edition entstehenden Hofmannsthal-Archivs, in dem das gesamte Material gesammelt und für spezielle Forschungsvorhaben zugänglich bleibt, entschlossen sich die Herausgeber zu folgendem, aus Variantenabhebung und Variantenbericht kombinierten Verfahren.[3]

1. Nicht das gesamte überlieferte Material wird dargestellt, sondern nur ein ausgewählter Teil, während alles übrige berichtet wird. Die Berichte können auch Zitate enthalten. Auswahl und Umfang der Variantenverzeichnung richten sich nach der Qualität des zu edierenden Überlieferungsmaterials. Der Apparat soll die Entstehung und Entwicklung des jeweiligen Werkes in seiner Gesamtheit erkennbar und durchschaubar machen. Daher wird vom Ganzen zum Einzelnen gegangen, nicht die punktuelle Genese hat Vorrang, sondern die des gesamten Werks.

---

[3] Ödipus und die Sphinx und Timon der Redner, deren editorische Bearbeitung vor der Entwicklung dieser entlastenden Verfahrensweisen schon beendet war, erscheinen mit vollständiger Variantendarbietung. Diese dient zugleich als Beispiel für Art und Umfang der Gesamt-Varianz Hofmannsthalscher Werke. Für die Variantendarbietung im Rosenkavalier wurde ein eigenes Verfahren entwickelt.

2. *Die Veränderungen eines Werks im Laufe seiner Entwicklung werden im Variantenteil auf zweifache Weise aufgezeigt:*
   a) *durch Darstellung von Vorstufen und Varianten oder*
   b) *durch Bericht über solche Überlieferungsträger und Varianten, die nicht notwendig in extenso dargestellt werden müssen.*
   Die Textentwicklung wird auf die jeweils letzte Fassung bzw. Zwischenfassung hin geboten, wobei der Besonderheit der Varianten, die sich nicht in der Endstufe wiederfinden, Rechnung getragen wird.

3. *Auf Wiedergabe von Binnenvarianten wird in der Regel verzichtet. Ausnahmen werden jeweils begründet. Auch bei völligem Verzicht auf Darstellung von Binnenvarianz erhält der Leser einen Hinweis über deren Quantität im Manuskript.*

4. *Geboten werden:*
   a) *»echte« Fassungen bzw. Teilfassungen, das heißt solche, die entweder stilistisch (z. B. Prosa- und Versfassung) oder im Handlungsablauf von der im Textteil gebotenen Fassung grundlegend verschieden sind.*
   b) *Materialien (Notizen, Entwürfe, Varianten), die erste Anregungen, die Keimzelle, den Ausgangspunkt des Werkes bzw. einer neuen Fassung enthalten; die Quellen enthalten, die zum Verständnis des Werks, seines Stils oder einer bestimmten Textstelle unentbehrlich sind.*

5. *Zusammenfassend berichtet wird, ggf. an Hand repräsentativer Beispiele, über:*
   a) *durchgehende stilistische Veränderungen, sofern sie nicht eine neue Fassung bedingen.*
   b) *Änderungen von Eigennamen,*
   c) *kleinere Änderungen im Handlungsablauf,*
   d) *mehrmals ähnlich wiederkehrende Passagen.*

6. *Außenvarianten können wie Binnenvarianten behandelt werden.*

V. SIGLEN · ZEICHEN

AUTOR- UND HERAUSGEBERTEXT

Texte Hofmannsthals werden recte, Herausgebertext und Texte Dritter kursiv gedruckt.

SIGLIERUNG DER ÜBERLIEFERUNGSTRÄGER

H	*Handschrift Hofmannsthals*
h	*Abschrift von fremder Hand*
t	*Typoskript (immer von fremder Hand)*
tH	*eigenhändig überarbeitetes Typoskript*
th	*von fremder Hand überarbeitetes Typoskript*

D   autorisierter Druck
DH   Druck mit eigenhändigen Eintragungen (Handexemplar)
Dh   Druck mit Eintragungen von fremder Hand
d   wichtiger postumer Druck
N   Notiz

ZÄHLUNG

Alle Überlieferungsträger eines Werks werden in chronologischer Folge durchlaufend mittels vorangestellter Ziffer und zusätzlich innerhalb der Gruppen H, t, D mittels Exponenten gezählt: $1\,H^1\quad 2\,t^1\quad 3\,H^2\quad 4\,D^1$.

Ist die Ermittlung einer Gesamt-Chronologie und also eine durchlaufende Zählung aller Überlieferungsträger unmöglich, so werden lediglich Teilchronologien erstellt, die jeweils die Überlieferungsträger der Gruppen H, t, D umfassen. Die vorangestellte Ziffer (s. o.) entfällt hier.

Gelingt die chronologische Einordnung nur abschnittsweise (z. B. für Akte oder Kapitel), so tritt entsprechend ein einschränkendes Symbol hinzu: $I/1\,H^1$.

Da eine chronologische Anordnung von Notizen *oft schwer herstellbar ist, werden diese als N 1, N 2 usw. durchlaufend gezählt, jedoch – wenn möglich – an ihren chronologischen Ort gesetzt.*

LEMMATISIERUNG

Das Lemmazeichen] *trennt den Bezugstext und die auf ihn bezogene(n) Variante(n). Die Trennung kann auch durch (kursiven) Herausgebertext erfolgen. Umfangreiche Lemmata werden durch ihre ersten und letzten Wörter bezeichnet, z. B.:* Aber ... können.]

Besteht das Lemma aus ganzen Versen oder Zeilen, so wird es durch die betreffende(n) Vers- oder Zeilenzahl(en) mit folgendem Doppelpunkt ersetzt. Das Lemmazeichen entfällt.

STUFUNG

Die Staffelung von Variationsvorgängen wird durch folgende Stufensymbole wiedergegeben:

I	II	III
A	B	C
(1)	(2)	(3)
(a)	(b)	(c)
(aa)	(bb)	(cc)

Leseregel: Eine (2) hebt alles auf, was hinter (1) steht, ein (b) den gesamten Text hinter (a) und entsprechend.

Die Darstellung bedient sich bei einfacher Variation der arabischen Ziffern. Bei stärkerer Differenzierung des Befundes treten die Kleinbuchstaben-Reihen hinzu. Nur wenn diese drei Reihen zur Darbietung des Befundes nicht ausreichen, beginnt die Darstellung bei der **A**- *bzw.* **I**-*Reihe.*

Das Grenzzeichen | *kennzeichnet das Ende eines varianten Bereichs, z. B. (1) ...*
    (2) ... | ...

Das stufende Verfahren kann durch verbale Kennzeichnungen ergänzt oder ersetzt werden, z. B. »danach/davor:«, »danach/davor, gestrichen:« u. a. Ist die letzte Stufe eines Variationsvorgangs mit dem Lemmatext identisch, tritt vor die Varianten ein »aus«.

Ein Sternchen in Verbindung mit einem Stufensymbol (1)* (2)* (3)* signalisiert, daß die angegebenen Varianten eine Auswahl aus mehreren im Manuskript vorhandenen sind.

SCHICHT

Lassen sich innerhalb eines Überlieferungsträgers – aufgrund evidenter Kriterien – durchgängige Variationsschichten, z. B. im Zusammenhang mit Umarbeitungen, unterscheiden, so werden sie fortlaufend entsprechend ihrer chronologischen Abfolge gezählt: $1{,}1\,H^1$
$1{,}2\,H^1 \quad 1{,}3\,H^1.$

TILGUNG · TEXTERWEITERUNG

Um Unterapparate zu Notizen oder innerhalb von Lemmaapparaten zu vermeiden, wird ersatzlose Autotilgung durch recte eckige Klammern [...], erwogene Autotilgung durch kursive eckige Klammern [...] dargestellt. Nachträgliche Einfügungen werden durch Einweisungszeichen ⸢...⸥ *markiert, wenn ihre genaue Plazierung unsicher ist oder wenn sie den Textzusammenhang unterbrechen.*

HERAUSGEBEREINGRIFFE

Werden Abkürzungen aufgelöst, so erscheint der ergänzte Text recte in Winkelklammern. Bei Ergänzung ausgelassener Wörter und Daten wird analog verfahren. Auslassungen werden durch drei Punkte in Winkelklammern markiert.

Kürzel und Verschleifungen werden stillschweigend aufgelöst, es sei denn, die Auflösung hätte konjekturalen Charakter.

UNSICHERE LESUNGEN · UNENTZIFFERTES

Unsicher gelesene Buchstaben werden unterpunktet, unentzifferte durch möglichst ebensoviele xx *vertreten.*

INHALT

Einacter (1889/90) .... 7 ... 169
⟨Entwurf eines Epilogs⟩ (1891) .... 8 ... 170
Eine mythische Komödie (1891) .... 8 ... 171
Prolog zu einer fantastischen Komödie (1892) .... 9 ... 172
Maximilian I. (1892) .... 9 ... 174
Marie B. (1892/93) .... 9 ... 175
Comödie (1893) .... 10 ... 179
⟨Arlecchino und Don Juan⟩ (1893) .... 12 ... 183
⟨Verkaufte Geliebte⟩ (1893) .... 12 ... 185
Phantastisches Volksstück (1894) .... 15 ... 188
Phantastische Komödie (1895) .... 15 ... 189
Ein mögliches Lustspiel (1897) .... 16 ... 191
Eine Comödie (1897) .... 17 ... 192
Idyllische Comödie (1898) .... 17 ... 193
Liebescomödie (1899) .... 18 ... 195
Mutter und Tochter (1899/1900) .... 20 ... 197
Paracelsus und Dr Schnitzler (1900) .... 23 ... 200
Cocottencomödie (1900) .... 25 ... 206
Epicoene (1900/01) .... 27 ... 207
Volksstück (1901) .... 27 ... 208
Das Mondscheinhaus (1901) .... 28 ... 209
Günther der Dichter (1901) .... 29 ... 211
Volpone (1904) .... 30 ... 212
Comödie (1904?) .... 32 ... 215
Lysistrata (1905) .... 32 ... 215
Ferdinand Raimund. Bilder (1906) .... 36 ... 218
Die Frau von fünfzig Jahren (1908) .... 39 ... 222
Die Missverständnisse (1908) .... 41 ... 224
Die Lügnerin Coralina (1909) .... 42 ... 225
Die beiden Liebhaber (1909) .... 42 ... 227

Der Mann von fünfzig Jahren (1909/11)	*43*	*228*
Lustspiel für Musik (1909/10)	*48*	*234*
Comödie (1909)	*49*	*235*
Comödie der zwei jungen Cocotten (1910)	*49*	*236*
Die Lügnerin (1910/13)	*50*	*237*
Eine kleine Comödie (1911)	*51*	*238*
Einactige Comödie (1912)	*52*	*239*
Der Verführer (1914)	*52*	*240*
Komödie (1916)	*52*	*240*
Komödienmotiv (1916)	*53*	*241*

Der Sohn des Geisterkönigs. Phantasie über ein Raimundsches Thema (1916/23) *55*
   N 2–N 5 .... *57*
   1 H¹ *58*
   6 D³: Eduard und die Mädchen *61*
   N 6–N 36 .... *86*
   ⟨*Erster Akt*⟩ *100*
      ⟨*1. und 2. Szene*⟩: *2 H²* *100*
      ⟨*3. bis 12. Szene*⟩: *8 D⁵* *108*
      ⟨*13. bis 26. Szene, 29. Szene*⟩: *2 H²* *122*
      ⟨*30. Szene*⟩: *9 D⁶* *141*
   ⟨*Zweiter und dritter Akt*⟩ *146*
   N 37–N 67 .... *146*
   II. (b.): 3 H³ *157*
   N 68–N 72 .... *165*

Entstehung *242*
Überlieferung *248*
Varianten *256*
Zeugnisse *290*
Erläuterungen *294*

Nachwort *315*
Wiederholt zitierte Literatur *317*
Abkürzungen *320*
Editionsprinzipien *321*

Einband- und Umschlaggestaltung: Dieter Kohler
Satz: Bibliomania GmbH, Frankfurt am Main
Druck: Wagner GmbH, Nördlingen
Einband: Realwerk G. Lachenmaier GmbH u. Co. KG, Reutlingen
Papier: Gebr. Buhl Papierfabriken, Ettlingen
Iris-Leinen der Vereinigten Göppinger-Bamberger Kaliko GmbH, Bamberg